金融革命

1985～2008

社会構造の大転換！ そのメカニズム

✣

服部正喜

JN257836

はじめに

私たちを取り巻く大きな社会的な課題は、一つは「格差」の拡大であり、もう一つは、「デフレ」ではないだろうか。このいずれもが、「金融革命」と深く結び付いている。格差は、直接的には労働者の状況の変化であるが、その背景には社会構造の大転換があり、さらに金融革命に伴う収奪システムという原因がある。デフレはグローバル化に伴う生産力構造の根本的変化によっているので、国際的な価値関係の解明が必要である。いずれも、資本主義の歴史的大転換を見ることで解明できる。この解明なくして、効果のある政策は望めないし、社会の進む方向を見定めることはできない。「格差社会」も「デフレ」も金融革命という時代の変化の解明なくして、把握することはできないのである。

私たちは確かに新しい時代に入っている。かつての正社員が主流の時代、7割以上の人々が、中流と意識できた時代、学歴がものを言った時代、系列・大企業が社会の大きな部分を構成していた時代、このような意識・社会通念は、古い原理となろうとしている。金融の変化が社会構造の変化を引き起こしている。アメリカでは、リーマンショックは社会を根底から揺さぶった。金融は略奪的なものになった。それは、収奪システムを高度化し、1%の人が大金持ちとなり、99%の人が貧困化してゆく時代を生み出した構造だとも考えられる。

20世紀は世界の国々が経済成長を政治課題の第一に置く。あらゆる社会価値に経済成長という価値が優先する時代である。その時にデフレは経済成長を停滞させるものとして、悪として捉えられる。デフレの時代が始まって、デフレ脱却が政治のテーマとなる。日本銀行がそのための金融政策を推し進めても、効果があがらない。デフレの真の原因は、グローバル市場の形成やＩＴ技術の発達による生産力構造の変化にある。これまでの経済の前提が変わっているので、金融政策が効果を持たなくなってしまっているのである。政策当事者、日本銀行には、社会のこの大きな転換の構造に関する認識が欠如している。デフレの原因を通貨現象のみで捉えるというのは、国民経済という前提でグローバル経済を理解しようとすることでしかない。経済は金融革命を経て根本的な構造転換を成し遂げている。発達した金融機構によって国民経済を超えたグローバルな世界経済の動きをもたらしているのである。

　地球の至るところで、今、急速に市民社会が形成されているといえる。インド、タイ、フィリピン、ロシア、中国、ブラジルなどで、市民社会は、20％から40％、形成されてきている。かつて、近代国家が形成されたのは、オランダが先頭を切って１５８０年代にハプスブルク帝国からの独立達成によって世界で最初の近代国家を共和国として実現した。イギリスがそれに続いた。１６４２年からの市民革命の中で、共和国Commonwealthを樹立し、産業革命で資本主義を確立する。世界がイギリスになった時代が、19世紀のヴィクトリア朝のイギリスであった。日本は、ずっと遅れて、明治維新で半近代国家を樹立する。半近代国家である日本は、世界的に帝国主義の時代に直面し、自ら日清戦争、日露戦争、日中戦争、太平洋戦争へと突き進んでゆく。しかし、第二次世界大戦の終了時で、まだ、日本人の半数は農村部に住む農民であり、自給自足的側面を持った自然経済が半分残っていた。高度成長期（１９５５～１９７０年ごろ）に工業化が達成され、１９７０年ごろ近代国家を実現しているといえるのではないだろうか。福祉元年といわれたのが、１９７３年である。市民道徳や市民社会の公共性はまだ日が浅い。

　近代化の時代に、人々の意識の中から、道徳心、文化、人倫は消滅していった。ヘーゲルは、市民社会を「欲求の体系」と呼び、人倫の解体と捉えた。カントやアダム・スミスは、市民社会の中に近代道徳の成立を見た。人倫の消滅は、ＩＴ化、金融活動の広がりとともにさらに強くなっている。しかし、世界の多くの部分は、まだこれから市民社会の形成に向かおうという時点なのである。経済成長を唯一の価値とする考え方の愚かさは、社会のあらゆるところに浸透してしまっている。

人類は、近代精神をbon sens（良識）として理性の時代の誕生として迎えた。近代数学物理学の可能性をデカルトは、『方法序説』の最初でbon sensという事実に求めた。「良識はこの世でもっとも公平に配分されている」。デカルトは真理の根拠をすべての人間に備わっている自我cogitoに求めた。近代の自我と理性への信頼は近代科学の原理と結びついている。カントはその自我に理性の根源を見出し、道徳原理を発見したことを自己の哲学の最大の功績と考えたのであった。モラルは市民社会の重要な要素であったのである。コモンセンスを支えた公共性が、新聞や書物・テレビ・ラジオ・演芸といった公共の場の消滅とともに、今では消滅しかけている。新しい公共性といえそうな、ウエッブ検索、ＳＮＳ、スマートフォンアプリは、どのような文化創造と人のつながりをもたらしてゆくのだろうか。

ＶＲ（バーチャルリアリティ）が外科手術に応用され、３Ｄプリンターが金型に置き換わり、自動運転技術が自動車産業を塗り替えようとしているように、一方で世界の変化に目がくらむ現実がある。ところが他方では、システムＤと言われる自由世界があり、税制や政府の規制が届かない世界が全世界の60％を占めているという現実がある。鎌倉時代から明治まで、「無尽」や「ユイ」と呼ばれることもある「頼母子《たのもし》講」があった。同じようなものは、多くのアジア地域で生きている。人倫的金策と言える。このような古い世界と新しい世界が混在するのがグローバル資本主義の現状である。何が残り、何が消滅するかは市場の論理と様々なイデオロギー主体の相克の中で決定されてゆく。イデオロギー主体というのは、国家もその一つで、様々な国際機関やＮＰＯなどもイデオロギー主体に数えられるのである。

ヨーロッパ先進諸国は近代国家の主権を放棄し始めている。主権とはつまるところ最終手段としての戦争を行使できる権利のことである。そのことへの反省が、EUを生んだ。第一次世界大戦と第二次世界大戦でヨーロッパが戦場となり、悲惨の極みを体験した人たちが、戦争放棄を目指したのが、EUの指導理念であったはずである。ところが、ヨーロッパ軍の創設と原子力の管理機関EURATOMは設立を目指しながら確固とした力を持ったものとしての設立には至らなかった。EUは、まだしばらくは、解体と統一を繰り返しそうである。

経済システムの根本的な構造転換の実態を捉えたい。その根本には、金融の変化がある。金融資本主義からグローバル資本主義への変化といってもよい。その変化によって格差社会やデフレといった経済現象がもたらされた。そのうえに、人倫の崩壊や公共性の変化といった社会現象が起きている。

本書の意図は、現在起こっている変化の構造を明確にすることである。その根は、深い。20世紀末から21世紀初頭にかけての変動は、小さい変動、変化ではなく、現代社会が生まれて、その本質が転換したのである。その転換は、金融システムの変化として出現した。「金融革命」ということが変化の内容といえる。ITを核とした技術の発達と国家という単位が希薄となり、グローバル市場、グローバル資本主義の登場が、この金融革命につながっていった。この時代は、新しい金融システムが社会の動きの根幹となっている。投資銀行は時代の主役となっている。デリバティブ、ヘッジファンド、プライベート・エクイティ・ファンド、アクティビストファンド、などが活躍する時代である。M&Aは多くの企業の戦略の大きな部分を占めている。技術も商品開発も、M&Aを戦略の一つとしながら、経済活動が動いている。国家ファンドが国を超えたインフラにもかかわりながら投資活動を行う。新しい金融機関が、新しい金融商品やデリバティブの売買を行いながら、あらゆる投機市場を動かしている。この時代は、今、始まったばかりである。その基本構造を解き明かしておくことがまずは出発点となるはずである。そこに本書の課題がある。

本書の出版にあたり、創元社の紫藤崇代さんにご尽力いただきましたことを、この場をお借りして感謝いたします。

２０１７年３月

服部正喜

◆目次

第1章

金融資本主義から新しい金融システムへの転換

【1】金融資本主義

1．金融の歴史

金融とは

金融とは、おカネを融通すること。おカネを融通してもらえると、多くの企業の危機が回避できる。しかし、下手な融通は傷口を広げるだけの結果に終わる。個人の場合も、企業の場合も、国家の場合も同じことである。個人が借りたおカネで夜遊びしたり、競馬、博打につぎ込むと大きな借金を背負い込むことになる。企業は経済状況を見誤って無理な経営で破綻する。国家は緩慢な支出で財政収支を増加させることが近年多い。地方財政は無謀な開発計画などでさらに不用意な支出をしてきた。

おカネを貸すという生業は、古くは金貸し、高利貸し、質屋などがあり、また、共同の資金を集める頼母子講や貸付組合、貯蓄組合などがあった。また、金細工師や両替商がおカネを扱っていた。これらの金融機関が銀行へ発展した。銀行は、第一におカネを貸し付ける機関である。そして通貨をその信用をバックとして発行するという仕事をした。通貨を発行するということは、おカネは自分の蔵に残したまま券を発行するのだから、これはおカネの量が飛躍的に増大する。

銀行はもともと他人の褌で相撲をとる。自分のおカネを貸し付けるのではなく、預金されたおカネを貸し付けて利ザヤを稼ぐ仕事である。その貸し付けが甘く、貸し付けたおカネが返らなくなると銀行は不良債権を発生させてしまう。不良債権が多くなりすぎると、銀行は預金されているおカネが引き出されようとしたとき、支払えなくなる。取り付け騒ぎが起こる。モラトリアムである。

信用制度

銀行が信用制度として金融制度の核になる以前から、会社間の信用が形成されていた。支払いを自社の信用で先延ばししてもらうというものである。いわゆる「商業信用」である。仕入れの支払いを手形によって延期してもらうというものである。手形は裏書によって他の会社の支払いに充てられて流通するようになる。資本主義の信用システムが自然に構築されることになる。時として現金が必要な会社が出る。その時、銀行が手形を割り引いてキャッシュを渡す。このようにして、銀行信用によって手形の流通が社会性を制度的に確立するようになる。信用制度は、資本家的生産様式に不可欠なものとなった。

自然経済と商品経済

人類はほかの動物と同じように、自然の中で食べ物を求めて生きていた。狩猟採取の時代である。約1万年前に食べ物を栽培し、家畜を飼うことが始まり、大きな変化を迎えることになった。毎日、20キロメートル歩くという生活を脱して、定住するようになった。余剰が生まれ富の蓄積ができるようになった。人々の中に、階層が生まれ支配者が発生した。そして、権力構造が構築されていった。権力構造は、その富の源泉である生産手段＝土地の領有と結びつく。土地支配ということが権力構造を作るものであった。律令制も、荘園制も、封建制も、土地支配と結びついた権力構造である。
物の所有には、1．先占（先に見つけたものが発見されたものの所有者になること）、2．生産（栽培や家畜の飼育などを含め、生産物は生産者のものになること）、3．略奪（他人の所有物を暴力や権力・権威で奪い取ること）、4．交換　という、四つの発生形態がある。この4種類は食料の手に入れ方の決定的な違いとなり、社会の構造の根本を形作るものである。先占と生産は、自給自足の自然経済を作るものであった。略奪による社会も、自給自足といえる。それらに対立する原理として、交換がある。交換が広がる世界は、商品経済の世界で、商品の論理が社会を覆うことになる（服部正喜『近代人の自由と宿命』創元社、1991年、第2章第3節を参照）。商品の論理というのは、平等、人格、契約、計算、合理性、理性など、近代思想を生み出す論理である。

図1　商品の発生　簡単な価値形態

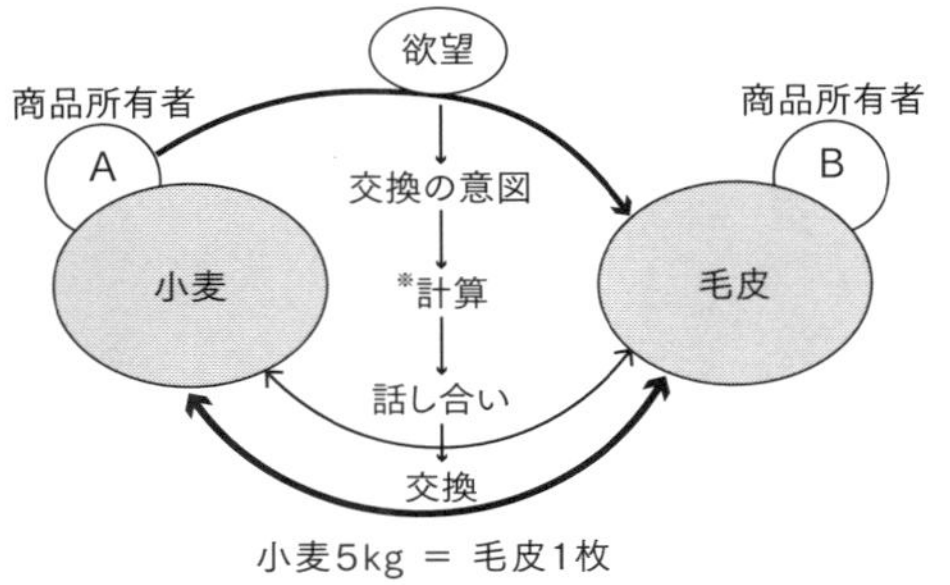

※「計算」：「価値尺度」へ：毛皮の使用価値を小麦の交換価値で測る

商品の論理

商品は資本主義社会の原理を生み出すものである。商品が人間社会を作り人間の近代的世界観・思想・哲学の源であった。その論理は、マルクスが「単純な価値形態」と呼んだもののうちに潜んでいる（図1）。

市場の広がり

11世紀から13世紀にかけて、地中海世界の商業圏の復活が商業圏をヨーロッパにもたらしてゆく。内陸の商業路の拠点に、アウグスブルク、ニュルンベルク、ケルンなどの都市が発展する。北イタリアの商業圏を担っていたのがメディチ家であり、商業路の拠点であるアウグスブルクにフッガー家が栄え、そしてブルゴーニュ地方に最大の商業圏が栄えてゆく。近代を切り開く地域は、このブルゴーニュ地方であり、ハプスブルグ家のヨーロッパ支配はブルゴーニュから広がったといえる。ブルゴーニュ地方の商業圏は、羊毛工業を生み出し、商品生産の先駆けとなる。その原料供給地としてイングランドで囲い込みによる羊の飼育・牧畜が始まる。イギリスは原料供給からやがて羊毛工業を発生させる。毛織物工業はイギリスの伝統産業として育つまでになる。イギリスにおける資本主義の誕生である。

自由の原理

市場の広がりは、市民を育てる。絶対王政は中央集権を商業圏の形成によってもたらした。絶対王政を支えた階層が大商人層である。大商人に特権を与えることで、王室財政はうるおい、常備軍を配備し、官僚制を作り強力な国家を作り上げていった。その強力な国家を、トマス・ホッブズは、「リバイアサン」と呼んだ。しかし、この商業圏の広がりは、多くの人々の生活をも変えてゆく。小生産者が生まれ、独立自営農民が生まれ、中産層が育ってゆく。この人々は特権を持たない。必要なことはすべてのものに平等な「営業の自由」である。市民革命で求められた自由の最大のものが、営業の自由である。

自由は近代の理想である。近代思想のかなめである。「自我」や「理性」といったものが近代思想の原理であるが、「自由」はその中でも核になる思想である。個人の自覚と理性によって近代の強烈な自己意識が形成される。自由は、理性に基づく意志に他ならない。具体的には、職業選択の自由と結婚の自由が中世的な人倫からの解放を意味していた。そして、同時に営業の自由が自由の政治的重要性を持っていた。

市民社会の形成

市民社会は、市場が多くの地域を覆うようになり、国民経済的な単位となるところに形成される。度量衡が統一され、市民法が整備されてゆく。公共性が形成され、ニュース媒体や公共の広場、人が集まるコーヒーハウスやパブができる。パン屋、金物屋、洋服店、日用雑貨を売る店が立ち並ぶ。市場が都市を形成し、商品は国民経済を支える広がりを持つ。ブルゴーニュ地方の毛織物工業は、大きな原動力であった。その市場がイギリスの都市と農村を商品経済の渦の中に巻き込んでいく。イギリスで貨幣が普及し、地代の金納化へと進む。そして羊毛工業の広がりはイギリスに第一次囲い込み運動をもたらすようになる。

市民社会の形成は市民層を形成させる。市民層の要求は、所有権を確実にすること、それを自然法として時の支配者のわがままを超えて「神の法」に仕立て上げる必要がある。自由意志が法律の根源と意識され、所有権、営業の自由が貴族階級や土地支配者、大商人の特権よりもより根本的に重要なものと考えられるようになる。営業の自由を小生産者の自然法として確立させるための権力を構築することが絶対王政を否定し、市民政府を樹立するための最大の正義となる。

市民社会の形成は、ヨーロッパでは14世紀ごろから始まる。16世紀末には共和国がオランダに誕生する。イギリスのピューリタン革命期には、イギリスに国民経済ができてきており、やがて18世紀にはフランスにも多くの市民層が形成されている。ドイツの産業は、１８４０年代に生まれたといえる。ロシアは、市民社会層を形成しないまま、日露戦争を戦い、国内的動揺が日本の勝利の一つの要因となるまでになる。そして、１９１７年に社会主義革命を迎える。日本の本格的な市民社会形成は、明治維新以降徐々に進むが、半隷農的と言われるように農村の自然経済を多く残しながらの近代国家建設であった。完全な市民社会形成は戦後の高度成長期とみるべきであろう。

今、世界のあらゆる地域で市民社会が形成されようとしている。アラブの春の民主化の要求もその流れとして理解できるが、市民社会の未成熟の故に、成功しない。経済の比重に、ＢＲＩＣｓと言われる巨大な国土と人口を抱えた国が市場化の中に登場している。その市民社会形成率は、30％程度とみていいのではないだろうか。インドネシアでは、月収５００万ルピー（約４・６万円）を超える世帯が嗜好品消費を急増させる（日本経済新聞、２０１５年、7月15日）。

金融の意義

銀行の役割を考察するには、資本主義における金融の本質から検討する必要がある。「金融」は資本主義経済にとって不可欠と言えるような役割を持ってきた。金融とは言い換えれば、「おカネを借りること」といっていい。おカネを借りることができれば個人の生活でも助かることはあるし、企業活動ではより効果が大きくなる。資本主義にとって大事なことはもちろん、金融が企業の経営にとって大きな役割を持つということである。

例えば：

ある製品を製造し、その一定量が５００万円で10月20日に売れたとしよう。支払いが、11月の20日の約束で売掛金ができるが会社に現金がない。仕入れの支払いが11月10日で、給与支払いが5日であるとすると、「黒字倒産」が起こりかねない。その時、どこかで11月1日に３００万円借りることができると、給与を支払うことができ、仕入れ代金も支払うことができ、倒産は防ぐことができる。20日に５００万円の入金があれば、借りたおカネは返却できる。利子が年利率で５％だとすると、この場合、借入日を11月1日だとすると、借入期間は20日だから、3,000,000×0.05×20÷365=8,219円の利子払いになる。このわずか8、000円余りのコストで倒産を防ぐことができる。おカネを借りることができれば、経営に多くの便宜を図ることができるのである。

金融商品

金融資産ができると、資金の流れを作ることができる。おカネを稼ぐと、まず、できたおカネを現金として蓄えておく、かつてはコメが価値の代表であったので、蔵にはコメを蓄える。価値あるものを蔵にしまっておくということが富の蓄蔵の第一の形である。資本主義の発展につれて、それ以外にさまざまな貯蔵の方法が発達してきた。株式、国債、社債、外貨預金、投資信託などは、価値貯蔵手段となる。

これらの金融商品は何らかの担保価値を持っていて、それを担保として借り入れできる。また、これらの金融商品が売れるのは、それぞれが持つ付随的な価値が販売力になっている。株式は、元来、配当を求めた投資であるが、企業の成長性を価値に還元できる。それによって将来の株価の値上がりが期待でき、キャピタルゲインを得ることを期待できる。定期預金は銀行の企業への貸し付けによって利ザヤを稼ぐことを根拠に高率の利子を銀行が保証するものである。銀行は、企業への貸出債権を証券化して定期預金証書を売っているという見方である。国債は国家の徴税権や通貨発行権を担保として売っているということもできる。

銀行の機能

銀行は、両替商と金貸しから発展してきた。そして遠隔地の為替を行う為替銀行としての役割が、近代以前の役割であった。産業が発達するにつれて、産業と結びつくようになる。資本家の活動と連携して発達してゆく。銀行の機能は為替から出発しているが、それに、いくつかの機能が付け加わって、銀行の古典的な役割は、次の四つの機能がある。

1. 貸付
2. 手形割引
3. 為替
4. 発券

これらは、現在でも重要な銀行の機能であり続けている。

その第一は、資金の貸付である。それによって資本家は手元におカネがなくても、運営が可能であるだけでなく生産拡大のための投資を行うことができる。銀行は貸し付けることによって利ザヤを稼ぐという銀行の業務を行う。資本主義社会においては、これが銀行の本来的な役割と言える。

第二の役割は、手形割引である。現金が必要な資本家に対して手形を割り引くことで、資本家は現金資金を手にすることができる。

第三の役割は、為替である。例えば、ブルゴーニュ地方と北部のイタリアで交易はあったが通貨が違っていた。毛織物を仕入れてその代金を支払うのに通貨が違うと支払えない。そこで、銀行が両替するわけである。

第四の役割は、通貨を供給することである。アメリカでは南北戦争のとき、まだドル紙幣が確立されていなかった。多くの銀行が銀行の信用で通貨を発行する。貨幣は何とでも交換できるという価値物であるが、銀行はその貨幣に代わって自分の発行する券を貨幣として流通させようとする。国家は通貨発行を銀行にゆだねることもあるし、自ら貨幣を鋳造することもある。

産業資本主義と銀行の役割

資本家は、現金が手元にあることがある。商品が売れておカネが入ったきたが、労賃の支払日までまだ日数があったり、仕入れの代金を支払うまでに期日がまだ残っていたりといったとき、資本家はその現金を銀行に預けることができる。銀行にはそのような資金が集まってくる。いわゆる「遊休貨幣資本」と呼ばれるものである。そこで銀行の機能が、産業資本に対応したものとなる。

資本が生産にかかわることによって、資本は自ら価値増殖するようになる。銀行の役割はその資本の生産活動に貨幣という血液を流し続けることである。貸付、手形割引、通貨の供給はいずれも銀行が産業資本に対して行う金融の機能である。

2. 金融と独占の歴史

近代と現代

近代社会は、オランダとイギリスで誕生した。19世紀はイギリスが世界であった。世界中にイギリスの植民地が築かれ、イギリスは世界の工場と呼ばれた。工場の意味は綿工業を核としていた。現代社会は、そのような産業構造と根本的に違っているし、社会の在り方も大きく変質している。それは、「近代」という時代と「現代」という時代で区別されてきた。20世紀は現代であり、労働者の権利と福祉という理念を多くの先進国の国家が取り入れているということが特徴であった。

では、「現代」の社会体制は、独占資本の時代、金融資本主義の時代のものであるが、それは、いつ頃できてどのような構造をもつものであったのであろうか。大不況期（1873年~1896年）から20世紀初頭にかけて世界の金融資本主義の体制ができた。独占資本主義、国家独占資本主義とも呼ばれる時代である。巨大産業が、装置産業という形で形成され、20世紀の資本主義は重化学工業優先の時代となる。現在もその生産力構造は継続しているが、ただ多くの重化学工業は頭打ちとなっている。新しい資本主義の形が生まれてきている。

a. 銀行の役割

金融資本主義の時代の新しい銀行の役割

以上の銀行の機能が産業資本主義の時代の銀行の役割である。個人資本家の時代から株式会社の時代に移行する中で、銀行は新しい業務を行うようになる。企業に株式発行の手配をするという業務である。ここに銀行は変質する。証券会社（日本）、マーチャントバンク（イギリス）、信用銀行（ドイツ）、投資銀行（アメリカ）といった銀行が株式にかかわる新たな業務を担うものとして登場することになる。銀行自体も株式保有などで企業との結びつきを持つようになる。独占資本の形成は、銀行と産業の融合として実現される。銀行も巨大銀行に集中されるようになり独占化してゆく。第一に、銀行は貨幣の取引を独占し、銀行簿記を通して産業の簿記を統括するようになる。企業が当座勘定を開設すれば、企業の状態を正確に把握することができる。第二に、貸付取引を大銀行が独占し、貨幣市場を支配する。第三に、銀行に長期資金が流入するようになる。資金供給を銀行が調整できるようになる。銀行独占と産業独占は相互に作用しあうようになる。銀行は資本のますます多くの部分を産業に固定化するようになる。いわば銀行はますます大きな範囲で産業資本家になるのである。

このようにして成立した産業資本と独占資本の融合を、ヒルファーディングは「金融資本」と呼んでいる。レーニンは、金融資本主義を資本主義の新たな段階と捉え、資本主義の「最終段階」と考えた。このような新しい銀行の機能が、金融資本主義の中心に銀行を置くことになる。銀行の役割が企業と結びついて、独占資本のグループを形成させるところから、この時代は「金融資本主義」と呼ばれるようになった。スイージーは、「独占資本」と呼ぶべきだとしている。いずれにしても、このような資本のかたちは、20世紀を通じて支配的な資本形態であるということができる。

イギリスの銀行の変化

産業資本主義から金融資本主義への移行は、大不況期（1873年〜1896年）に始まる。この時期のイギリスでは、産業の発展が停滞した結果、過剰資金が累積して商業銀行の預金を増大させる。銀行からの借り入れ需要も減少する。イギリスでも企業合同運動が起こる。そして大企業は過剰資金を持つようになり、商業手形の決済が減ってゆく。

1890年代には、銀行の合同運動が最盛期を迎え大型貸付と外国業務に向かうようになる。ロイズ銀行とミットランド銀行が典型的である。商業銀行と金融市場の変貌を背景にして、資本輸出が1860年代以降激増する。1910年代にかけて資本輸出は約20倍に膨らんでゆく。資本輸出の大部分は鉄道であった。

ドイツの信用銀行

銀行は、株式会社設立業務と証券発行業務という新しい業務を行うようになる。ドイツでは、

1850年代に工業の発展がみられたが、そのころ株式会社制度が広く採用された。信用銀行もこの時期に築かれるようになる。当時の銀行の設立は設立者に膨大な利益をもたらした。

1870年代になると株式会社の設立期を迎える。ドイツが株式会社を発達させた一つの原因は、資本蓄積が十分ではなく急速に企業化することが株式会社形態をとることで可能となった。銀行の新しい仕事が、証券の発行業務とすでにある企業の株式組織への変更業務、株式会社の新規設立業務などである。株式会社の設立は、銀行が株式の全部を引き受け、まず会社を設立し、その株券を銀行が発売するという形をとることが多い。引き受け価格と発売価格の差が銀行の大きな利益となる。そして、信用銀行の発行業務は株式社債の発行と国債や地方債の発行も含んでいる。

株式会社の設立は、鉱業、製鉄業、電気産業が主なものであった。これらは巨大な資本が必要な産業である。製鉄業では、溶鉱炉、マルティン工場、圧延工場、などの建設は個人経営では困難であった。多くの事業所は個人経営として設立された場合、間もなく株式会社に改組され、会社として統合されるという過程をたどる。例えば、1898年にフェニックス合併したヴェストファーレン連盟Westfalische Uionは、四つの地域に分散した個人商社から作られた。

戦前、ドイツのIGファルベンは、名目上は私企業にすぎないが、ドイツ国家を支える巨大帝国でもあった。IGファルベン（ドイツ語でイーゲーと読むので、イーゲーファルベンと呼ぶ）は、ドイツ国内の380の会社を支配し、世界の93か国で500以上の会社を保有していた。地上で最大の化学工業トラストとして、多くの国で多数の会社を支配し2、000以上のカルテル協定を結んでいた。IGファルベンは、ナチスドイツの合成ゴムの100%、血清の100%、染料の98%、毒ガスの95%、プラスチックの90%、爆薬の84%を生産していた。1933年に、ナチス党の選挙資金に120万ドルを寄付している。

電気工業は、発電所、機械工業、電力インフラを経営しなければならないので、株式組織による巨大企業である必要があった。ジーメンス・ハルスケは１９０２年で42の支店を持っていた。

b. 独占

独占の形成

20世紀の産業は、装置産業が中心である。すなわち、鉄鋼業、自動車産業、化学工業、電機産業、造船などが新しい産業として登場するが、いずれも巨大な固定資本が必要である。巨大化した固定資本による生産体制を作るには、大きな資金が必要である。この巨大な資本は、株式会社形態によって多くの人々から資金を集めることで可能になった。株式会社という会社の形は、銀行との結びつきによってできている。銀行が株の発行手続きを行い、それを販売する。金融が中心となった独占資本主義体制が構築されることになる。金融資本独占が形成されると、独占はそれを超えて進行してゆく。そこには、利潤追求が独占という形で、大きな利潤と安定的な利潤を獲得できる体制を築き上げることができるということになった。それが社会体制を作る基礎となっていった。そして独占は豊かな生活と結びついてゆく。

20世紀はアメリカの時代であった。19世紀末から20世紀初頭にかけて、アメリカを代表する企業家が生まれ、アメリカの時代の立役者となった。Ｊ・Ｐ・モルガンは、銀行家の息子として生まれた。鉄道建設のための起債、巨大鉄道会社の創設などで、金融界の第一人者となった。鉄鋼王アンドリュー・カーネギーはペンシルバニア鉄道の社長となり、カーネギー製鉄を率い、Ｊ・Ｐ・モルガンの協力を得て、ＵＳスチールという巨大独占企業を創設する。Ｊ・Ｐ・モルガンとエルバート・Ｈ・ゲイリーが保有していた連邦鉄鋼会社とアンドリュー・カーネギーが保有していた製鉄会社の合併により、１９０１年2月、ペンシルバニア州にＵＳスチールが設立された。アメリカで鉄鋼業が急速な発展を示したのは、１８７０年代で、多数の製鉄会社が乱立する。１８８０年代に企業の合併が行われるようになる。そして、１９０１年にカーネギーが多くの企業を合同し、ＵＳスチールが設立するに至った。金融王Ｊ・Ｐ・モルガンが買収に協力する。モルガンは、自らも株式を引き受けると同時に、ＵＳスチールの株を一般に売り出す。さらに自ら買い取った株も徐々に売りさばく。買収した会社に新会社ＵＳスチールの株式を割り当て、買収された会社は、その株式を取引市場で売り、販売価格以上のおカネを手にすることができた。ＵＳスチールは株式を上場すると、株価が急上昇したことによっている。このような形で独占体制は金融と一体化してくる。

ジョン・Ｄ・ロックフェラーは、１８６２年に最初の石油精製会社を買収し、１８９０年代にはスタンダード石油を率い、世界中の石油を支配するようになる。銀行業で、チェース・マンハッタン銀行を作って金融資本主義の中心人物となる。

価格の自由競争化は絶えず利潤率の低下をもたらす。また、自由競争下ではときとして価格の不安定が生じる。石油は、１８５９年に発掘が開始されたころ、1バレルが1ドル50セント程度であった(石油の歴史については『石油を支配する者』瀬木耿太郎、岩波新書、１９８８年が優れている)。多くの人が参入し、大量に生産されると価格の暴落を引き起こし、10セントまで下落した。石油産業の安定という視点、そして大きな利潤を確保するということでは、生産を独占することが価格維持をもたらすことになる。ロックフェラーの第一の課題は、市場独占にあった。１８６２年にオハイオ州のクリーブランドの精油業に投資して石油産業を始めた。アメリカを作った男と呼ばれたジョン・Ｄ・ロックフェラーは、１８８０年にはアメリカの精油業の75％とパイプラインの90％を支配するようになっていた。同じようなことが、USスチールの鉄鋼でも起こるし、GMとフォードの自動車産業でも起こる。

独占ということ

独占は現在でも企業努力の大きなファクターであるが、20世紀の資本主義は市場における独占ということと寡占ということが社会体制を作るまでに重要な意味を持っていた。利潤を確実にあげるのに最も確実な戦略は、「独占」である。他社に追随を許さないことで、市場を独占でき、利潤を確保できる。独占の形成はいくつかの違った要因によっている。

(1) かつて金融独占資本主義の時代では、利潤より売り上げが重視された。シェアを獲得してさえいれば、企業は安定化し、やがて利潤を獲得することができるからである。企業の支配力による市場独占ということが独占資本主義の主な方法であった。

(2) 巨大な装置は、そのシェア獲得のための障壁を作っていた。

(3) 強い技術力を持つことは、独占を生む。他社に追随できない高度な技術を持つことで質の高い製品を供給することができる。シャープは液晶の技術で抜きんでていることによって、液晶テレビを独占できることになる。他社が追随できたとき、独占は崩れ競争力がなくなる。

(4) 技術開発に多額の資金が必要な場合、独占を作ることにつながる。医薬品は、一つの新薬を開発するのに、1,000億円ぐらいの研究開発費が必要だとされる。中小企業では参入不可能である。

(5) 合理的な管理システムやその他のシステムを提供すること、などが独占を生み出すものとしてある。8週間で初級の英語力の生徒が、80%の確率で上級の英語力になるような教授法を開発すれば、英語教育での独占を作ることができる。

（6）そしてまた、カルテルや同業者組合が独占を作るファクターとなる。
（7）ブランドを作ることで独占が確保される。衣服はブランド化されることで、市場で特別な販売力を持つ。価格競争ではなく、ブランドが販売力となる。
（8）主力の産業においては、規模の利益が大きな独占の要素となっていた。現代の大競争下においては規模の利益の規模が数十倍になっている。その規模の利益のために、違った国の独占企業が合併することを繰り返す時代なのである。ルネサス、エルピーダなどはその典型的な例である。独占企業が合同する。言い換えれば、国内独占が合同し、また海外の独占とも合同するという事態が発生している。エルピーダメモリは、NECと日立製作所のDRAM事業部門が統合して設立された。2007年から経営危機に陥り、2012年に倒産している。ルネサスは、三菱電機と日立製作所の半導体部門を分社し、NECが分社した会社が統合してできた。
（9）独占が電力のように国家の保護によって実現する場合もある。

以上のような要素によって独占が形成されてくる。特許権によって独占は守られるし、また様々な独占を守るための戦略が立てられる。独占が硬直化すると市場の活力が、独占を崩壊させるということがある。市場主義は時として独占を排除し市場の活力を導入することを経済的正義と考えた。電力自由化によって独占が崩壊するとき、価格競争が生まれ、価格が下落する。特に、独占の上にあぐらをかいているとき、市場競争は健全な刺激となる。

マッチは、1880年から1946年まで、アメリカの国内独占と国際的なカルテルに支配された商品であった。イギリスで1827年に発明され、その後ドイツ、オーストリアで生産された。スウェーデンで箱マッチが作られたのは、1852年である。アメリカでは、ダイヤモンドマッチ会社がマッチ工場を統合して製造販売を独占した（D・マッコンキィ『独占資本の内幕』岩波新書、1955年、43頁～参照）。独占のための戦略が複雑に絡み合っていた。

IGファルベンは、ナチスドイツと手を組み、新秩序を建設しようとしていた。380のドイツの会社を支配し、93か国で500以上の会社を保有していた。ナチスドイツの合成ゴム、血清は完全独占し、染料の98％、毒ガスの95％、合成タンニンの94％、プラスチックの90％、爆薬の84％を生産していた（前掲『独占資本の内幕』213頁～参照）。大企業が国家との結びつきで独占を大きくした例である。

独占企業と財閥

1900年代から1930年代はアメリカで独占が形成された時代であった。アメリカと並んでドイツ企業も20世紀の独占企業の典型である。ドイツの多くの企業は、1840年代に誕生し、1900年代から30年代にかけて独占として形成された。20世紀初頭に形成された世界の独占企業は、20世紀を通じておおむね世界の産業のリーダーであり続けた。

企業の間で銀行を軸として系列化ができる。戦前の日本では、財閥による株式保有が会社支配の形であった。三菱の創業家は、三菱系の親会社の株式を保有し、親会社は子会社の株式を保有し、子会社が孫会社の株式を保有する。系列融資が企業グループを支える箍《たが》となる。また、系列銀行は株式保有と貸し付けを行う。危機の時、設備投資が必要な時、系列の銀行は資金を提供する。金融的なつながりによって企業集団ができ、それが独占という企業の形態を作っていった。

アメリカの企業合同は、最初はトラスティー方式と呼ばれる形をとっていた。合同しようとする会社は、トラスティー trustee を設定して株式会社をそこに移してそのトラスティーが新しい会社の経営を行うという形をとる。そのような企業合同の形をとったのはスタンダードオイルの形成が典型である。しかし、その方式が裁判所で違法の宣告を受ける。そこで、1883年にニュージャージー州の会社法改正で持株会社が認められることになり、持株会社方式でのトラストの形成を行うことになる。それが第一次企業合同運動となってゆく。1899年にニュージャージー・スタンダード石油会社が持株会社holding companyとして改組される。1901年に、USスチールとイーストマン・コダック、1902年にインターナショナルニッケル、1903年にデュポン・ド・ムール火薬会社が持株会社形式で成立する。企業合同運動の結果、1904年までにアメリカの製造業の3分の2をトラストが支配するようになった。アメリカの金融資本主義の確立である。

20世紀は、株式会社の時代であるということができる。株式会社の生産する工業製品の比率は、

1899年では、66・7%
1919年では、87・0%
1929年では、94・0%

である。

ロスチャイルド

ヨーロッパの近代史は、絶えずロスチャイルドが裏で暗躍した歴史であった。金融を牛耳ったロスチャイルドは時代の進展とともに、様々な産業を抱え込んでゆく。鉄道、化学工業、石油、ダイヤモンド産業、製鉄、紅茶、保険業などの中枢を占めてきた。しかし本体は、巨大な金融業を行う財閥であり、現在では、銀行、保険会社、投資会社、ファンド、ヘッジファンドを動かす財閥である。しかも、それは最初から国家の枠を超えて存立していた。本家はドイツのフランクフルトにあり、世界を

リードするイギリスのロンドンが最大の拠点であり、フランスのパリで鉄道業を牛耳り、イタリアのナポリで公債の発行などを広く手がけ、オーストリアのウィーンでウィーン体制の銀行となっていた。

c．株式による産業と金融の融合

持株支配

株式は、企業合同を可能にする形態であるが、会社を支配できるシステムになることができるものである。株を持つことは会社を所有することだから、株主は会社を自由に動かすことができる。土地を所有するということは、自分の土地で家を建てても人に貸してもいい。所有物をどのように使用しても何をしてもいいということが「所有」の意味であった。会社に関しても同じである。会社を所有すると所有者は法律の範囲内で自由に会社を動かすことができる。それが会社の所有の意味である。資本主義の魅力である自由の力がそこでは最大限になる。

会社が株式という形をとるとき、会社の所有が「支配」という意味を持つ。すべての株を所有することなく支配を実現することができる。半分の51％を持つ必要さえない。大企業の場合、20％からせいぜい30％を持っていれば支配できる。さらに、太郎さんがA社の株の30％を持ち、A社がB社の30％の株を持ち、B社がC社の30％の株を持つ。すると、太郎さんはA社、B社、C社を支配することができるのである。このようにして出来上がる企業グループが「コンツェルン」である。金融資本主義の一つの形である。

相互持合い

独占的な大企業は独自の論理を持つ。一つの社会体制として長期安定を志向する。株式所有による支配は、金融機関との密接な連携の上に成立する。独占はグループを形成し、グループの中心に金融が位置し、相互に資金の連携をとるという形が出来上がってくる。1960年代、70年代では、日本の会社は株式を相互に持ち合うことで外国の会社が日本の会社を買い占めることを防止してきた。いわゆる「安定株主工作」である。

日本はメインバンクというものがはっきりしていた。メインバンクは、1995年ごろまで日本の戦後資本主義の形となる。日本のメインバンク制が定着したのは、戦時体制である。政府は企業への資金供給を特定の銀行に責任をもって面倒見させることにした。昭和19年の「軍需融資指定金融機関制度」でこの制度がはっきりしたものとなった。株式持ち合い比率は、1987年がピークだった。35・7％である。2006年には13・5％まで低下している。銀行の株式保有の最高は85年で、20・9％である。2005年には、4・7％まで減っている。

シェア

独占資本にとって、第一義的なものは利益ではなくシェアである。シェアは巨大な利潤につながるからである。それは商品の種類によっては、決定的な重要性を持つようになっている。シェアを獲得することは、市場支配力を持つことで、販売力を生み、価格決定力を高める。近年では特に、ＩＴ関連商品はその性格からしてシェア獲得が生命線を決定する役割を持つ。マイクロソフトのウインドウズは広がってしまうとそれを使わざるをえなくなる。携帯電話は機種を決めることで、それを通して多くのサービスを取得・購入することになる。独占の競争は、まずシェアの獲得を第一義とするのである。より多くの利潤、より高い利潤率を追求する資本の行動の結果として、独占利潤の獲得が目標となる。その時、売り上げの占めるシェア、市場占有率が大きな意味を持ってくる。「規模の経営の利益economies of scale」はフルに活用できるし、価格先導の効果、信用力が加わる。

金融帝国の出現

20世紀の重化学工業優先の時代の経済構造と社会構造の在り方がある。アメリカは株式会社制度で金融帝国を作っていった。企業統合を繰り返し、金融帝国を作ったロックフェラーのスタンダードオイルとUSスチールを保有するJ・P・モルガンは、アメリカの財閥を代表する存在である。USスチールは、1901年にカーネギーがいくつかの鉄鋼会社を買い取って企業合同によって設立されたものである。J・P・モルガンは、このUSスチールに加えて、1907年にAT&Tを買収、1920年にジェネラル・エレクトリックも傘下に加えている。

アメリカの商業銀行は、株式を保有することが法律で禁止されているのであるが、商業銀行の信託部が信託資産として株式を保有している。その中で、モルガン・ギャランティ・トラストが一番大きい。IBMやGEなどの株式を保有している。

国家独占資本主義

帝国主義は国家的政策として打ち出され、経済的支援を金融資本から得ていた。だから金融資本主義は、国家との結びつきを持っていた。帝国主義の時代が過ぎても、金融資本は国家の経済政策と結びついてきた。かつて絶対王政が王室の与える特権と結びついていたように、国家規制が価格競争を抑制し、新たな競争企業の新規参入を阻んで独占企業に利益をもたらすことになる。アメリカで、1887年に設立された州際通商委員会（ICC）は標準的な鉄道運賃を定め健全な利益を保証しようとした。電力各社も政府規制の下に独占企業体とすることを政府に求めた。AT&Tは電話市場が縮小したとき政府管理下の独占企業にすることを提唱している。このようなことが、金融資本主義の下では絶えず発生する。

世界で第一位の企業

1960年、世界で一番大きな売り上げを得ていた企業は、GMである。売り上げ約140億ドル。2位が、スタンダードオイル・ニュージャージー、売り上げは約95億ドルである。

大企業はあらゆる方法で競争を排除しようとするが、完全な独占は特殊な例を除いて実現されない。特殊な例の主なものは、市場規模が最大級の産業分野ではないところがほとんどで、技術的優位の上にできている。一般に、競合企業がその技術の開発に躍起となるので、永続性が5年を超えるのは難しい。同じ産業部門の大企業間の競争は寡占状態を生み出す。寡占的な産業分野においては、暗黙のカルテル行為に近いものがはびこる。

新しい独占企業の誕生

1980年代から新しい独占企業が形成されていく。大半がIT産業の分野で生まれた企業であるが、新しく産業再編の時代の中で新しい形となって登場しているものも多い。前者は、マイクロソフトを筆頭に、アップル、ヒューレットパッカード、デル、ソフトバンク、ファイドなどである。後者は、M&Aを繰り返すことで成長したものであると言える。代表格・象徴的存在としては、ミタルがある。インドのマルワリ商人の子孫である。インドのタタ財閥もビルラ財閥ももとはマルワリ商人である。また、両者が混合した形で、ITがM&Aの筆頭であるということもできる。この意味で、1990年代以降は、金融革命の中で新しい産業の形ができてきたと言える。M&Aという活動が、その核となる動きである。特に、ITはクラウドの時代に入っている。パソコンの覇者デルが苦境に陥り、mc2を買収して立て直しを図るという事態は、時代の変化の方向を暗示するものと言えるのではないだろうか。やがてスマートフォンは端末自体の重要性が薄れ、コンテンツが収入源となる。クラウドの利用が拡大してゆく。もう一つの変化は、VR（ヴァーチャル・リアリティ）の技術である。

企業の寿命

独占資本主義の体制では、企業は100年、200年と存続するものと考えられていた。年功序列、終身雇用もそのような基礎の上でできていた。人は会社とともに存在した。しかしその時代自体が、100年を待たずに変化していった。現在では、企業の寿命は30年、そして18年と算定されるようになっている。もはや、人が人生を預ける場所ではなくなってきている。短い例でいえば、グリーやミクシィといったIT、SNSの会社は、5年余りで、寿命を迎えている。花火のようなはかない存在である。産業自体の変化が衰退の原因となることが今の時代の一つの特徴である。企業破綻の原因には、放漫経営、売り上げ不振、過剰債務、景気低迷、過剰設備投資、経営者の技量不足、連鎖倒産などがあげられるが、そのような要因がなくても産業自体の寿命というものもある。

【2】新しい金融システム

1. 金融革命

金融取引の爆発

1970年代以降、世界経済を動かす経済力は、「商品取引」ではなく、「金融取引」になった。物の経済に代わって、おカネの経済が、世界経済の大部分を占めるようになっていった。それは、金融自由化と結びついていることは言うまでもないが、その背景には新しい金融システムの生成がある。外為市場は、1980年代後半に急拡大する。1986年の時点で約2、000億ドルだった1日当たりの取引高は、1989年には倍の4、000億ドルを超えている。そして金融取引は貿易の約20倍になる。金融はコンピューターの発達で取引が飛躍的に増大した。この金融取引の拡大が、各国の金融の自由化を動かし、自由化によって金融膨張を生み出した。

ある意味では金融システムの発展という見方もできるし、否定的には金融は富を生産しないのだから虚構の構築＝経済全体のゆがみと見ることもできる。金融の膨張は、通貨供給の過剰、信用制度の極度の発達、そのことに信用創造、デリバティブをはじめとする金融商品の過度の開発などによって事態の変化をもたらした。

金融取引の飛躍的増大は、金融革命で起こったことであるが、それは社会全体として見たときは巨大な収奪システムの誕生なのである。その帰結は、世界中に広がる格差社会への移行という現実である。

オイルマネーのアメリカへの流入

1973年のオイルショック以降、石油価格は高騰し続けた。石油という商品は一般的な商品ではない。OPECが石油価格をコントロールするようになって、石油価格はアメリカメジャーの独占価格からOPECという機構によって国家が価格決定に関与する国家政策的な商品となった。オイルダラーと言われる資金が産油国に蓄積され、それが国際金融市場において高金利商品を求めて動くことになる。

2度にわたる石油ショックで原油価格は高騰した。その価格の恩恵で産油国にマネーが蓄積された。そのマネーはアメリカの銀行へ流れ込むことになる。オイルマネーの流入の大きな部分がアメリカ国債の購入によっていた。それは第一に、ドルの信用、第二にアメリカの銀行の金利である。アメリカの銀行はそれを国内貸し付けに回すより、より安定した出資先として、メキシコなどの南米の国債に投資した。

今、社会の巨大な変化をむかえている

世界は、今、巨大な変化の波に巻き込まれている。2008年のリーマンショックから2016年のチャイルショックという巨大な経済パニックが訪れているのは、一つの象徴的な出来事に過ぎない。その背後で、社会体制自体が根本的な転換を迎えている。これまでの社会が金融資本主義と呼ばれる

金融を核とした体制であったものが崩壊し、新しい社会システムに置き換わろうとしている。その新しい社会システムも違った形で金融システムがカギを握っている。この転換＝革命は、社会の心臓部からの転換であるということでは、産業の中枢から起こっているが、産業の中枢ということは、「技術」と「市場」が発信源なのである。

技術の変化は、ＩＴ技術の発展を核としている。同時にハイブリッド車や電気自動車、海洋開発、３Ｄプリンターなど、画期的な技術を多くともなっている。市場の転換は、国内市場からグローバル市場への転換であり、それは社会制度、法制度、教育制度、財政政策、金融政策などの枠組みを根本から変化させている。国家自体が存亡の危機を迎える時代ともいえる。すべてが国家単位では対応できなくなってきており、経済のあらゆる現象が、グローバルという新しい土俵で考え直さなければならなくなっている。

リーマンショック以降、徐々に、経済活動が、世界的にＭ＆Ａやファンドの活動を核として考えなければならない時代に、突入し始めている。変化は、金融資本主義から新しい金融制度の転換を核とするので、金融革命として捉えることがふさわしい。リーマンショックは金融革命というこの変化の一つの帰結である。その起こりは、１９７１年のＩＭＦ体制の崩壊が起点となっている。

金融革命は金融独占資本主義から新しい資本主義への転換をもたらした

「金融革命」は、それまでの金融資本主義の体制が新しい経済システムに転換することを意味する。１９８５年のプラザ合意から２００８年のリーマンショックにかけて進行した。これまでの経済循環、経済政策が根本から変化し、金融恐慌が頻発する時代を迎えた。企業活動において、Ｍ＆Ａやファンドの活躍という要素が大きな役割を持つようになった。日本マクドナルドの株を取得して支配権を握るのは、同種の企業よりもいくつかのファンドが名乗りを上げている現在である。金融資本主義から新しい資本主義（グローバル資本主義）への移行が、金融システムの大改革によって進行した。金融の持つ役割が新しい形に生まれ変わろうとしている。その新しい金融のシステムへの変化が、金融革命となって社会の大転換をもたらすこととなった。金融革命を通じて、もはや財閥や金融資本グループのみが主役ではない構造に世界が変化していったのである。

変化は、これまでの系列や財閥、企業集団といった体制を超えるものにつながっている。かつて、日本の企業社会は、「系列」がビジネスの基本であった。日産のカルロス・ゴーンは「系列」つぶしで業績のV字回復を達成した。下請けや系列を度外視して査定すると、新たな激しい競争が起こり、品質向上価格下落を招いてゆく。安定した経済関係より競争力が重要視される。

この変化は、技術上の多くの変化とともに起こっている。クラウドの時代になって、USBメモリも減ってゆく。あるいはやがてフロッピーのように消滅するかもしれない。フロッピーはラジカセ、ポケベル、ウォークマン、ワープロなどと同様、昔の遺物である。レコードがなくなったからレコード大賞がなくなった。家族団欒がなくなって、ホームドラマも家族が一緒に見るテレビ番組がなくなって、親子の断絶が常態化している。私たちの生活環境の変化は、多くのものを消滅させてゆく。家庭で漬物をつけなくなって、糠味噌《ぬか》がなくなる。女房は糠味噌のにおい？というのはほとんど消えている。アメリカの台所で、包丁がなくなっている家庭は多い。日本でも家庭内の料理が消えて外食ばかりになってきている。それは世界中で起こっている変化でもある。

金融革命とは

「金融革命」という言葉は、金融独占資本主義からグローバル資本主義への転換という意味以外でも、漠然と使われている。①電子マネー化などのことをいうのに使われることもあるが、②金融の在り方が大きく転換させた金融ビッグバンを指す言葉としても使われている。③大きな変化が起こっているのでその総称としても使われている。本書では、この③の使い方でこの時代の変化を捉える概念として使用したい。②の金融ビッグバンは③の金融革命と関連しているが、それは金融革命の制度改革という側面として捉えることができる。

「金融革命」は、

①産業構造・社会構造の大転換

②金融制度の在り方の変化

という、二つの要素からできている。

金融制度の変化としては、次のような内容を含んでいる。

1. 金融の変化、特に直接金融の割合の増大
2. 投資銀行の金融に占める役割の変化と増大
3. 外国為替における金融投資、資金の国際移動の増大
4. M&Aを巡る経済活動の一般化とシステム整備、金融の役割の重要度の増大
5. 様々な新しい金融機関の形成
6. 金融商品と金融派生商品の発生と増大
7. 金融自由化に伴う金融の自由化の一般化とグローバルな金融システムの形成

このような変化は、時代の共通の大きな変化の中で起こっている諸側面である。金融資本主義の時代の独占資本主義体制、金融資本集団・財閥などを作っていた社会体制が変化し、それに伴って金融が、根本から変化する。グローバリゼーションによって国内市場という舞台で築き上げられていた金

融独占資本主義の体制が、変換することに伴う変化である。金融革命がなぜ起こったかということに関しては、5章で展開しているが、資本主義経済活動のグローバル市場を舞台としたものへの転換への対応ということが根っこにある。

金融革命の上の七つの内容を概観しておこう。

1．金融の変化、特に直接金融の割合の増大

企業の直接金融が増えて、企業が銀行に全面的に依存し、共存する時代は終わってゆく。新株の時価での発行、転換社債やワラント債など株との関連を持った社債、一般的な社債発行で企業が金融機関からの独立性を持ちながら金融を行うようになる。約束手形だけではなくCPなどを発行する割合も大きくなり、設備投資や資金繰りを企業が独立して行う時代に変化してゆく。

2．投資銀行の金融に占める役割の変化と増大

投資銀行が、金融商品、デリバティブ、新株、社債発行などの役割を増大してゆく。また、M＆Aやトレーディングを自らリスクを引き受けながら巨大化させて、企業活動の心臓部を担うような役割を持つようになってゆく。

3．外国為替における金融投資、資金の国際移動の増大

金融が巨大化し、海外送金に占める金融の割合が貿易決済を大きく上回って数十倍もの大きさになる。本来海外送金は、貿易決済のために行われ、為替レートは輸出競争力の強さを反映するものであった。マネーの流れは、そのような貿易の動きとかけ離れて動くようになる。

4．M&Aを巡る経済活動の一般化とシステム整備、金融の役割の重要度の増大

企業がこれまでの金融資本主義時代の系列や相互依存を脱して、新たにグローバル市場での大競争の中でグローバルな戦略を立てていくうえで、M&Aが頻発し巨大化する。企業活動の範囲が国内市場の場合とは違った規模のものになる。規模の利益も数倍、数十倍、数百倍になってゆく。国内独占からグローバル独占へ視野が広がり、世界市場での独占ということが重要な意味を持つようになる。

5．様々な新しい金融機関の形成

グラス・スティーガル法の撤廃とともに、証券業、銀行業、保険業などの垣根がなくなり、相互乗り入れが可能になる。ユニバーサルバンキングとともに、ワンストップバンキング、コンビニ銀行、インターネット銀行なども発生し増大していく。多くの企業が銀行業に参入する。また、保険もデリバティブ商品と密接に組み合わされる。SIVやヘッジファンド、その他のノンバンクを活用した金融小売りが百家争鳴のごとく生み出される。国家の規制と税法の網の目を潜る形で様々な金融機関が生まれてゆく。また、株価を利用したアクティビストファンド、企業再生のための再生ファンド、買収ファンド、バイアウトファンド、年金機構などの機関投資家、国富ファンド、大学が作るヘッジファンドなどが、発生してくる。

6．金融商品と金融派生商品の発生と増大

直接金融に関連した金融商品が作成される。ワラント債、転換社債などが代表的なものである。また、自由化に伴ってMMCやCMOなどの高金利商品も作成される。それは銀行の預金獲得と投資銀行の競争となる。

変動為替制への移行に伴って通貨変動に対するリスクヘッジのための通貨先物を皮切りに様々なデリバティブが作られてゆく。これも金融自由化の中での投資銀行の活動の多様化によるものといえる。

7．金融自由化に伴う金融の自由化の一般化とグローバルな金融システムの形成

金融自由化、金融ビッグバンは、アメリカ、ヨーロッパ、日本をはじめ世界の体制となってゆく。金融危機が頻発する中で、多くの国家の財政危機が恒常化する。

以上のような金融の変化は新しい資本主義への移行と根底的な社会システムを作ることになる。

金融革命の時期

金融革命は１９８０年代から始まったといえるが、特に１９９７年から２００２年にかけての変化が大きい。この時期、大型の合併が、国際レベルで起こっている。日本では、メインバンクを支えてきた銀行の破綻と銀行の再編が進行した。１９９５年をメインバンク制が崩壊した年と呼ぶことができる。１９９７年は日本の銀行が大量倒産した年である。それまで、銀行は倒産させないということが国家政策であった。ところが、ペイオフは２００２年から実施され、銀行は倒産しても仕方ないという体制に変化する。そして、銀行の活動がグローバル競争の下にさらされることで、世界中で銀行の統合が起こり始めメガバンクの形成再編に動いた。もはや一国の市場をベースにして構築されていた金融資本主義の体制は崩れ始め、金融資本のグループが変化し始めたのである。１９９０年代後半は、メインバンクが崩壊し、護送船団方式の金融政策が終焉を迎え、銀行の再編メガバンクの形成に向かう時代であったということができる。その背景に金融革命が進行していたのである。企業の存在

図2　資本主義の進展

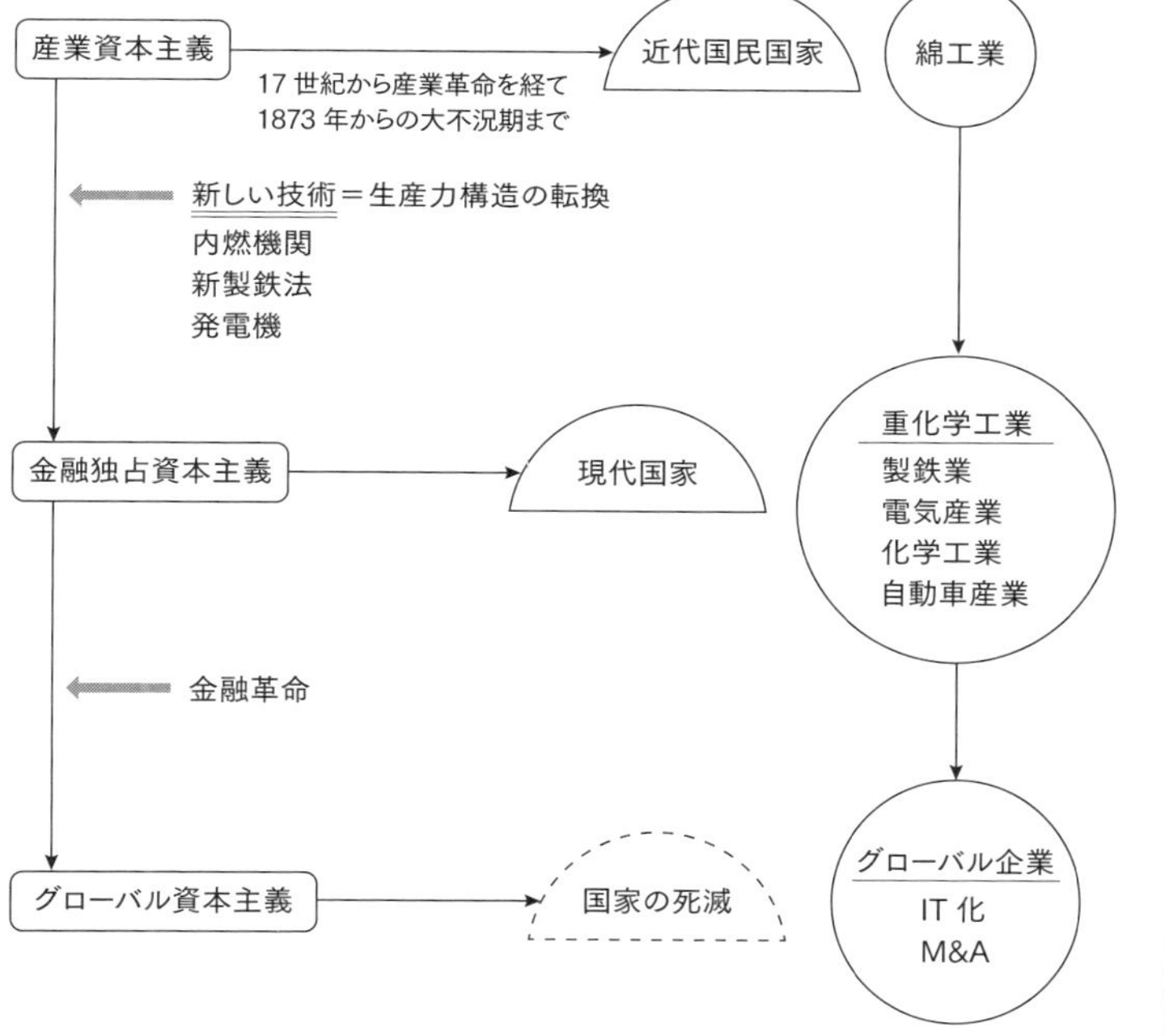

形態が変容し、企業集団として出来上がっていた日本の金融独占資本主義が崩壊していった時代である。

企業のグローバル化は生産のグローバル化であり、生産主体である労働力のグローバル化である。１９８０年代から労働力は国際移動し始めていた。企業活動は一国を前提としたものではなく、国際的な市場・物流さらに労働市場を見据えた企業の工場などの誘致が検討されるようになる。資本の本格的な世界展開、市場は国内市場よりも世界市場を見て企業活動が行われるようになる。

この時期、あらゆる業界で、大転換が起こる。資本系列、企業グループの枠が外れだして、新しいスケールメリットが求められるようになっていく。日本の企業集団の中核にあったのは銀行と商社であった。銀行は、統合によりメガバンクになり、商社は合併・整理・統合によって生まれ変わる。いずれも、1998年ごろから2006年にかけて起こった事柄である（図2）。

持ち合いの解消

金融資本主義が崩壊する。金融資本主義の核は、企業の株を通じての結びつきであり、その解消は金融資本主義の崩壊を意味する。今、持ち合い株の売却の動きが加速している。保有意義の薄れた株式を売却し、海外への投資を増やすということが一般的傾向となっている。国内での持ち合いによる企業の結びつきよりも、より戦略的な意義のある投資が、グローバル化の中で進んでいる。1988年度の持ち合い株は、上場企業の株式総額の51%であった。2014年度末では、14%まで減っている。新日鉄住金は、2015年3月の時点で約1兆8、000億円の保有株を持つ。そのうち、1、500億円を売却する考えである。三菱地所は、保有株売却で150億円の売却益を計上する。コマツは09年に保有していた銘柄が34銘柄であったが、15年には9銘柄に減らしている。無印良品の良品計画とオンワードホールディングズは相互持合いを株の売却で解消している。日立製作所は、保有株を成長投資に切り替えている（日本経済新聞、2015年6月20日）。

金融独占資本主義の時代の社会構造

金融独占資本主義の時代は、独占、大衆社会、学歴社会、富裕化、階層社会などが特徴の時代である。また、前半は、帝国主義の時代でもあり、植民地の時代でもあった。後半は冷戦の時代であった。経済的には、独占資本がほとんどの需要を満たす役割を担ってきた。ある意味で、社会は安定していた。それは独占資本の望む安定であった。社会体制を作りそれを制度化することで、社会が構築された。

労働者は、学歴を基準に階層化されていた。新卒と大学のランキングを頂点とした体制である。会社の中ではそれに基づいた、終身雇用と年功序列が出来上がっていた。人生は学歴や会社とともにあった。

需要の経済政策的な意義

ケインズの理論は、需要の理論であるといえる。不況の原因を需要不足と捉えたのであるが、投資を呼ぶものとして政府の役割に期待した。財政政策が需要喚起の道具として提案されたのである。ケインズが『一般理論』を発表したとき、近代経済学の主流は新古典派の人たちであった。マーシャルやピグーは、供給は自ら需要を作り出すと考えていた。総需要の不足はありえない、とするもので根本から間違っていた。もちろん供給が多くなり価格が下がるとき需要が伸びるということはある。現代ではそれが価格操作という形で戦略的に行われることもある。たこ焼きが、350円が一般的なところで、100円で売るとたくさん売れるということで、需要を喚起することがある。週に3回もたこ焼きを買いに行くということが発生するし、昼食をたこ焼きにしておくということもあるし、家族5人が全員100円ずつのたこ焼きを買うということもある。しかし、その需要増大には限界がある。

経済の全体としての発展で需要という要素は大きい。新しい製品ができると需要が呼び起こされる。ウォークマンが出たとき、電車の中でみんなが音楽をウォークマンで聞いていた。今はほとんどの人が電車の中で携帯電話を操作している。新しい商品の発明は、新しい需要を生み出す。そして生産力が上がるとき、その商品を生産する会社に雇用が生まれる。ケインズは需要が産出量（供給）を決定すると考えたのは、重要な指摘であったといえる。ただ、我々は時代の中で需要という要素の重要性を歴史的に観察することが必要である。それは実は産業の構造の問題である。自動車の需要、鉄の需要、電気製品需要などは、階層の富裕度と産業連関という要素によって決まる。また、戦争ということが起こったとき、需要構造はそれに左右される。

需要の時代

20世紀の経済をもっとも大きく左右するものは「需要」である。19世紀の「供給」の時代＝生産力の時代においても需要は産業の発展にとって大きな役割を持っていたが、生産力構造が根本から変化した20世紀の産業は、さらに「需要」というファクターが産業の推進力を担う時代といえる。

産業革命においても、織り機が発明されると原料の綿糸の需要が飛躍的に増大する。そこで紡績機の発明に人々の力がそそがれる。紡績機が発明されると原綿に対する需要が拡大する。紡績機の発明で今度は、織り機の新しい発明が求められる。必要は発明の親というわけである。綿製品の需要は、国内市場の飽和に至るまで供給が拡大してゆく。さらに輸出市場の拡大という需要が綿工業の生産力を大きくすることになる。例えば、1830年代のドイツでは綿糸の国内消費量の3分の2以上がイギリスからの輸入に頼っていた。経済の成長は需要によってもたらされる。19世紀のイギリスの経済発展は、綿工業の生産力の革新ということがあるが、それを生み出すのは市場の広がりである。国内市場での需要が満たされても、海外市場、大陸への輸出が、拡大の動因となっていった。景気循環は、海外市場の関係が深く影響を及ぼすようになる。

しかし、20世紀の生産力構造はさらに需要の役割を重要なファクターとするようになる。鉄鋼は、他の産業の需要によって生産力が決定される。鉄の需要は、第一に武器であった。戦争と結びついて需要が大きくなる。缶詰も鉄の需要にとって大きなものとなる。他の産業が発達すると鉄の需要は飛躍的に大きくなりだした。自動車の原料の主なものは鉄である。1920年代のアメリカの建築ブームでビルを建てるとき、鉄が使われる。様々な機械も鉄で作られる。機械工業の原料も鉄が中心である。電気製品も鉄が原料である。20世紀の独占資本主義は、鉄の時代であった。20世紀は産業部門間の関連が密になっているのである。鉄の需要が大きくなったのは、新しい産業が興りその産業が需要を生んだのである。

2. デリバティブ

新しい金融システムの発生によって、国単位の独占資本主義はグローバル資本主義へ転換することになる。その金融システムの第一の要素は、新しい金融商品と金融派生商品である。1980年代から多くの金融商品・金融派生商品が作られるようになる。その背景には、金利の自由化や金融業界の自由化で、新しい金融ビジネスの可能性が膨らんだことがある。そして、自由化に伴う経済状況の変動が安定的な経済活動にとってのリスクを生み出した。為替変動、物価変動、地価変動、石油価格変動など、経済状況は変動リスクを多く含むようになる。金融危機は株価の暴落を伴いやすくなっている。これらの変動リスクに対処すべく、様々なデリバティブが生み出されてゆく。デリバティブはモノラインやその他の保険会社の保険と組み合わされて、「安全」「安定」を施行しながら結果的にその正反対の危機の増幅につながってゆくという皮肉な状況を生み出していくこととなった。

a．先物・オプション・スワップ

変動為替制度はデリバティブを生み出した

市場変動リスクや信用リスクなどを回避する技術として、先物、スワップ、オプションなどが生み出された。先物、スワップ、オプションという三つの取引は、もともと古い金融制度の中でも存在していたが、補完的な役割を持つにすぎなかった。事態は、１９７１年のＩＭＦ体制の固定相場制の崩壊とともに変わり始める。１９７２年5月より通貨先物が、シカゴ・マーカンタイル取引所で取引される。73年4月には株式のオプションが上場されている。１９８０年代のはじめにはスワップ取引が始まる。通貨先物が導入されたのは、変動為替制への移行という通貨変動の時代に入ったことの結果であると言える。ＩＭＦ体制の固定為替制度という世界規模での管理通貨体制が、ニクソンショックによって通貨が不安定になる可能性、世界経済が大きく振れる時代を迎えたので、金融機関にリスク回避が強く意識されるようになった。

金融取引の工夫とデリバティブの起源

デリバティブの発想の原型は古くからある。

オプション：取引には様々な知恵が働く。例えば、古道具屋で気に入った刀を見つけた人が、おカネを工面するのに買うことを約束して2か月間取っておいてもらう。代金は１５０万円。その代りに3万円預けておいて、買えないときはそのおカネを古道具屋が受け取ることにする。おカネが工面できれば、買うことができるが、買えないと3万円失う。3万円で買うことができるという権利を手に入れたわけである。この3万円をプレミアムという。これはオプションというデリバティブのもともとの原型である。

先物：秋に収穫されるコメの相場は春の時点ではわからない。10kgを2、000円で買う契約を春にして、実際の価格が2、200円になると、200円の儲けになる。1、800円になれば、200円の損失になる。先物というデリバティブである。江戸時代のコメの取引は、そのような形を持っていた。先物取引は、2、000円で買えるという点で、長期的に安定的な仕事ができるということから出発している。しかし、変動を見通して2、200円になるという想定での、2、000円買い取りの契約を結び、200円の利得を得るという活動となることができる。その意味で投機的な活動となりえる。

スワップ：ドル建ての債券を30万ドル発行したA社と円建ての債券3、000万円を発行したB社があるとする。半年後、$1＝¥100のレートで、A社とB社がお互いの債務の額を交換するように、相互の所定の金銭支払いを行う約束をする。A社は半年後に3、000万円が手に入るので日本の取引先に対してリスクを回避して3、000万の取引を行うことができる。B社は半年後に30万ドルが手に入るので、同じようにアメリカでのドル建ての取引を為替変動のリスクを回避して遂行できる。為替の変動リスクを減らそうとする契約である。スワップ取引の原型である。

先物取引

先物取引とは、将来の定められた期日（清算日）に、特定の標準化商品（コメ・大豆、砂糖など農産物、石油、金・銀・白金などの貴金属）をあつかうのが、商品先物取引である。あるいは経済指標（為替レートや日経平均株価＝日経225など）を、「定められた数量」、「定められた価格」で、「売り」「買い」を保証する取引の一種で、先物取引（futures）は、先渡し契約（forward）とは異なり、取引の対象とする原資産の価額（単価×数量）の一定%を担保（証拠金：価格変動による追証ないし強制決済あり）として支払うことで、一定範囲の価格変動リスクを保険（リスクヘッジ）しながら結ぶ契約である。

取引の大部分は、ほとんどが清算日（限月／期日）までに反対売買を行い、買値より値上がりしている場合は差額を受け取り、値下がりしている場合は差額を支払う、ことで決済される差金決済が主流である。このため、その商品を最終的に入手したい実需家（当業者）が、調達市場としてこの取引市場を利用することは前提としていない。この点が先渡契約と異なる。一方で、価格形成の「読み」や期待が実需家（当業者）以外の広範な市場参加者から持ち寄られる特性があり、現在価格が安すぎると思う場合には買建て、高すぎると思う場合に先物商品が売建てられることで、期待や予測の反照として実物商品の価格が強く影響を受ける関係にある。実際のその商品を必要とする業者＝当業者のためのシステムでなくなるということは、その段階で先物取引というものの投機性が高くなる。実物を取り扱う市場参加者や当業者にとっては、対象となる実物価格と先物市場での売買価格との差を利用した裁定取引が可能であり、実物価格は先物価格と連動することが多い。

スワップ取引

スワップ取引とは、あらかじめ決められた条件に基づいて、将来の一定期間にわたり、キャッシュフローを交換する取引である。ニクソンショック以降金利が乱高下するのに対して、企業は多少金利水準が高くても固定金利にして支払いを安定させたいという要望が出てくる。銀行は固定金利の債券を持つ企業でこれを変動金利に入れ替えたいという顧客を見つけ、固定金利と変動金利を交換する契約を仲介する。やがて銀行が自己勘定でスワップ当事者になるケースも増えてゆく。

金利スワップが最初に行われたのは１９８０年代初頭である。１９７９年8月にＦＲＢ議長にポール・ボルカー氏が就任し新しい金融政策を始めたことがきっかけである。新しい金融政策で金利が乱高下した。ユーロドル3か月物の金利は、1980年初めは、19%台であった。年半ばに9%台にまで下落した。短期資金の動きは長期資金の動きより激しかった。アメリカ財務省証券は同じ時期で13%弱から10%程度に下落している。通常、長期金利は短期金利より高い。長期金利の貸し出しを短期金利の運用でその利ザヤを稼ぐのが、もともとの住宅金融の利益の源泉であった。ところが、1970年代後半から82年まで、長期金利と短期金利の逆転が生じる。貯蓄貸付組合（S&L）は、逆ザヤで破綻に追い込まれることになった。

金利スワップというのは、同一通貨のキャッシュフローを交換する取引で、固定金利と変動金利を交換する取引が代表的なものである。この取引における金利に係る元本は想定元本と呼ばれ、実際には交換されず、単に利払金額を算定するための名目的なものである。円の金利スワップは特に円円スワップと呼ばれる。また、変動金利同士を交換するスワップ取引はベーシス・スワップと呼ばれる。

オプション

オプション取引は、ある原資産について、あらかじめ決められた将来の一定の日または期間において、一定のレートまたは価格（行使レート、行使価格）で取引する権利を売買する取引である。オプション取引は、将来の一定の時に一定価格で買うことのできる権利を、売買するものである。基本的に権利＝契約の売買であるから、現物の売買よりオプション自体は格段に安い。例えば、200万で3か月後に買うという約束を法的に守ってもらうために、3万円を預けるといったものである。買う権利だから買わなければ、200万を支払う必要がなく、3万円の放棄で済む。原資産を買う権利についてのオプションをコール、売る権利についてのオプションをプットと呼ぶ。オプションの買い手が売り手に支払うオプションの取得対価はプレミアムと呼ばれる。

デリバティブはリスク回避という発想から生まれた

デリバティブは、リスクを回避する技術として金融制度の一環として1970年代に始まった。経済には、主に三つのリスクがある。市場リスク、信用リスク、保険リスクである。現代の取引にはどこにリスクが潜んでいるか予測不可能である。取引損失可能性を「市場リスク」と呼ぶ。また、取引相手が何らかの理由で信用を喪失することがある。1998年のロシア危機では、国家が財政破綻して国債の償還ができなくなった。国家の信用が失われることになる。資金は「信用リスク」を回避しようとして国外に流れることになる。保険リスクには、災害対策や消費者保護、情報開示、失業保険、介護保険、年金などの対応がなされている。デリバティブ取引は、実物の将来にわたる価格変動（リスク）を回避（ヘッジ）するために行う契約の一種である。原資産の一定％を証拠金として供託することで、一定幅の価格変動リスクを、他の当業者や当業者以外の市場参加者に譲渡する保険（リスクヘッジ）契約の一種である。

通貨先物は変動為替に伴うリスクをヘッジしたいというニーズから生まれた。個別株式のオプションは株価変動のリスクをヘッジしたいというニーズから生まれた。金利スワップは金利変動のリスクをヘッジしたいというニーズから生まれた。デリバティブは金融変動の時代のリスクのヘッジへのニーズから開発されたのである。

デリバティブ取引の性格

デリバティブ取引の特徴として次のことがある。第一に、差金決済されるということである。元金を決済する必要がないため、大きなレバレッジ効果が生じる。第二に、ショートポジション（いわゆる空売り）が可能ということである。現物を持たなくても売りたいものを借りて売ることができるということである。もちろん証拠金は必要となるが、大きなレバレッジを持って取引することができる。

デリバティブはレバレッジ効果を有するため、たびたび投機的な運用資産として、多額の損失を生じ、問題となっている。英国のベアリングズ銀行や米国のカリフォルニア州・オレンジ郡など、運用セクションによるデリバティブの運用の失敗により大きな損失を出した。企業はもとより地方行政の存続に大きな影響を与える事件は後を絶たない。1994年2月、イギリスの名門マーチャントバンクのベアリングズ銀行の一人のトレーダーがデリバティブ取引の判断ミスで8億6、900万ポンドの損失を出した。ベアリングズは倒産した。多くの銀行や企業は、デリバティブ取引で巨額の損失を出している。ロイズ銀行、クレディ・リヨネ銀行、アングロベネチア銀行、P&G、日本酵素、ヤクルトなどである。

先物取引による経済膨張

石油の需要の500倍もの石油先物取引が繰り返されている。その時、経済活動としての取引量は500倍になる。これで、富が増えたとは言えない。しかし、この取引で得た利益は富の増加として記録される。石油取引額そのものも増加している。2003年の原油売買総額が130億ドル、2008年には2、600億ドルになっている。

デリバティブの巨大化

金融革命の進行とともに、デリバティブが巨大に膨張し、金融制度、経済制度の根幹に根本的な作用を及ぼすようになる。

デリバティブはリスクヘッジのために生まれたが、しかし同時にデリバティブは複雑化し分かりにくくなってゆく。新しいものがどんどん開発され、リスクをヘッジするという目的を超えて単なる錬金術的側面を持って発展していく。その結果、全体として金融危機を増大させていく結果をもたらしていった。さらに、資産の偏りを社会にもたらす道具となっていく。金融はもともと富を生み出さない。デリバティブはもともと損失を防ごうとするものである。ところが金融は巨大な資産膨張案を生み出すものとなり、デリバティブは一夜にして大金を手に入れる手段へと変貌することとなった。それは巨大な収奪機構であり、富の新たなる集中をもたらすものである。

通貨先物市場創設を後押ししたのが、ミルトン・フリードマンであり、管理通貨というケインズ主義の経済体制の基礎が動揺し、市場主義を前提としたマネタリズムの時代への移行と言える。

b．CDOとCDS

証券化の進展

1970年代に住宅ローンを証券化するモーゲージローンが生まれた。80年代には債務不良債権を証券化する手法が盛んになった。90年代には、企業が行うプロジェクト自体も証券化して売り出す資産担保証券も使われるようになる。証券化は資金調達の方法としても拡大するようになったのである。債務や不動産が証券化されることで、金融市場は膨張していった。デリバティブの発生は、経済の自由化により、そして金融の国際化によってもたらされていた。そこに、証券化という金融商品の無際限な増発、資金の余剰構造に裏打ちされて膨張することになる。

MBSとCDO

証券化は、土地の販売から始まる。1億円の土地は、そのままで売れない場合、いくつかの部分に分けて、証券として販売する。地代が、月100万円入るとすると、年1、200万円が、配当に相当する。1億円の土地を100に分割して、100万円の証券にして、1、200万円の地代を100万円につき年12万円の利息にする。そうすると、多くの人が資産として、それを買うことができるし、土地の所有者も現金を手にすることができる。そのような証券を作成するのが、証券会社や投資銀行の役割である。この場合配当率は、12万円÷100万円＝12％となる。

そのような商品を作る証券会社は、多くの土地を集めて、たくさんの商品を売ろうとする。売りにくい土地と売れる土地を混ぜあわせて、証券化するということをする。駅前の、5、000㎡のA地、町はずれの、10、000㎡のB地、山間の起伏のある7、000㎡のC地、それぞれ期待される地代は、年4、200万、1、200万、600万とする。期待地価は、それぞれA：10億円、B：2億円、C：5、000万円としておこう。合計12億5、000万円。それを混ぜ合わせて、金融証券Hを1、500部作成する。1部100万円で1、500部作成すると15億円となって、それを投資家に売りさばく。証券作成費用として、15億円―12億円5、000万円＝2億5、000万円となり、これが手数料2億5、000万円として証券会社の利益となる。この場合の配当率は、地代の合計（4、200＋1、200＋600）＝6、000万円で、1、500件で分割されるので、6、000÷1、500＝4万円で、4万円÷100万円＝4％の配当率となる（図3）。

CDOの簡単な形である。MBSもCDOも資産を担保としているが資産そのものを証券化したものではないという意味では、金融商品というより金融派生商品（デリバティブ）といえる。

図3　土地の証券化

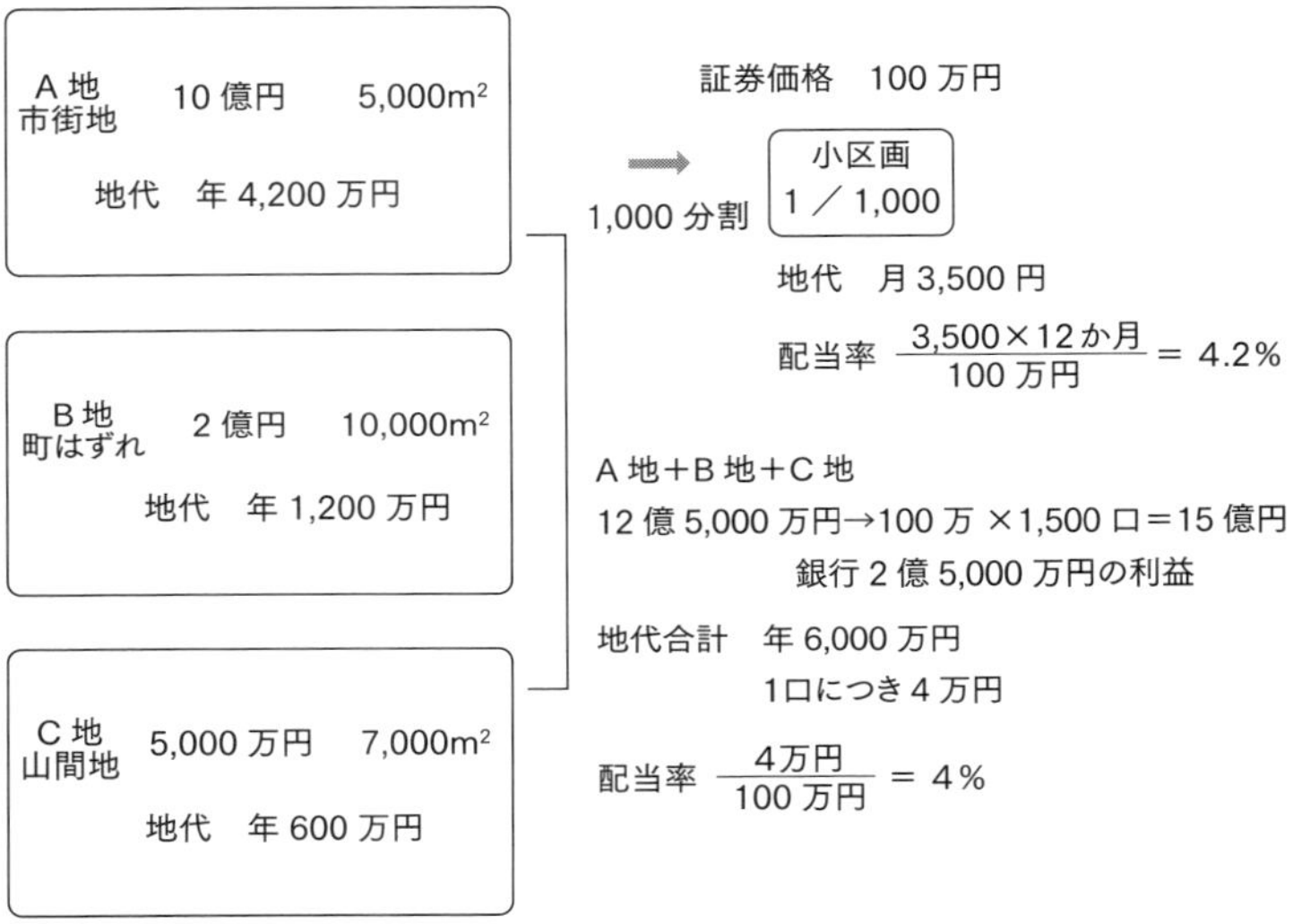

証券化は、一種のデリバティブの創造であるが、資産の流動化と捉えることができる。不動産などは巨額のもので、そのローンも30年など長期にわたるものである。それを証券化することで、分散し、短期化することができる。日本での住宅ローンの最初の証券化は、1973年である。1993年に、特債法（特定債権等にかかわる事業の規制に関する法律）が制定され、証券化が進んだ。ノンバンクにも証券化の道が開かれた。

デリバティブの拡張

デリバティブズは、為替に始まり、株式、金利、そして市場リスクへと広がってゆく。そして、さらに取引相手先の信用リスクにまで拡張されてゆく。スワップやオプションに次いでクレジットデリバティブズと証券化という技術が開発されてゆく。クレジットデリバティブズというのは、企業のデフォルト（債務不履行）のリスクを取引する金融派生商品である。代表的なものに、CDSがある。

CDO

サブプライム危機やリーマンショックの原因となった金融商品がある。CDOである。住宅ローンは、30年などといった長期に及ぶものである。住宅ローンは、経済変動の大きい現在の状況では、その間の経済変動に伴って逆ザヤなどの危険性は非常に大きい。金利スワップは、S&Lが金利変動をヘッジするところから生まれた。しかし、住宅ローン、不動産ローンに関する、もう一つのより有効なヘッジ方法として、住宅ローンの証券化が発達していった。それは多くの投資家にとってハイリターンが期待できる。しかも、保有期間の自由な不動産投資を生み出した。元来の長期契約に縛られていたローンが、証券化によってすぐにでも売れる金融商品に生まれ変わる。抵当権を担保とした証券から、様々な複雑な組み合わせを持った商品に、そしてそれを保険商品へと商品化は変容していった。不動産は、証券化によってまず、MBS（Mortgage Backed Securities）という証券になる。MBSは代表的な資産担保証券（Asset Backed Securities）である。金融機関は、モーゲージを保有することになるが、それを転売することもできる。保険会社はMBSに対して保険をつける。

MBSからCDOに、そしてCDSにという流れである。

不動産ブローカー、住宅関係の政府系金融機関、投資銀行、格付け会社、保険会社、そして商業銀行も、住宅ローンの証券化ビジネスに関与してゆく。最前線ではヘッジファンドが活躍する。ヘッジファンドはCDOなどの資産担保証券を購入して、大きなリターンを稼ごうとした。ヘッジファンドのかなりの部分が、CDOとCDSを運用してきた。2000年から2008年の間に、アメリカの資産担保市場の取引の約半分がヘッジファンドであったと言われる。CDS取引の60％がヘッジファンドによるものである。CDO取引では35％を占めている。ヘッジファンドは投資家からおカネを集めるだけではなく、大量のコマーシャル・ペーパー（CP）を発行して、おカネを借り入れる。もちろん、ヘッジファンドはコマーシャル・ペーパーの満期日に買い戻さなくてはならない。発行時に決めた金額で買い戻す義務がある。しかし、ヘッジファンドが投資した、株や債券、資産担保証券、先物などの価格が下がっていれば、高いレバレッジのためにヘッジファンドはたちまち破綻の危機に見舞われることになる。サブプライム危機とリーマンショックはヘッジファンドの破綻がきっかけになる。

証券化と金融機関の連携

銀行も投資銀行も、証券化やデリバティブを利用して貸し出し資産を減らしてゆく。つまりそれは企業への融資を外部化するということである。他社に証券として売ってしまえば、貸し出しに伴うリスクは回避される。不良債権を抱え込まなくて済むことになる。そしてその受け皿となるのがヘッジファンドであった。

ところがデリバティブを買い込んだヘッジファンドが危機の引き金となった。２００７年８月のＢＮＰパリバの危機から、２００８年３月のベア・スターンズの破綻、２００８年７月のファニーメイとフレディマックの破綻、そしてリーマンショックに至る破綻は、すべてヘッジファンドの倒産として顕在化したのである。そこには、証券化されたもの、ないしデリバティブが決してリスクを回避できる商品ではなかったということ、むしろ逆にリスクを自ら生み出す商品であったというところからきている。リスクは証券化によって外部化されていたが、証券を保有する保険会社などの機関投資家、ミューチャルファンド、ヘッジファンドがリスクを抱え込んでいるということになっていたのである。２００１年のエンロンやワールドコムなどの破綻、２００５年のＧＭやフォードの経営危機では、リスクを外部化していた銀行はほとんどダメージを受けなかった。しかし、だからと言って、証券化がリスクを回避できるものではなかったのである。

クレジット・デフォルト・スワップ（CDS）

1995年に画期的なデリバティブが開発された。CDS（Credit Default Swap）である。CDSは買い手が定期的に売り手に、リスクプレミアムを支払い、売り手は参照企業にデフォルトが発生した場合に、その損害額を保証するという契約である。このデリバティブがリンクしているのは、為替市場でも金利でも株式でも商品でもない。財務的な危機、すなわちローンや債券の債務不履行である。このCDSのニーズは、帳簿にたくさんのデフォルトリスクを抱える企業をもつ銀行自身だったのである。銀行の貸付は、不良債権を発生させると、CDSで収入が得られるので、貸付による損害がなくなるか、あるいはごくわずかなものとなる。

CDSは、経済リスクに対する保険である。保険は、保険金支払いを統計に依拠して算出するのが保険金を設定する根拠である。ところが、CDSの場合は、企業の破綻は経済の構造によるので、経済恐慌の時には連鎖する。支払いをリスクプレミアムの計算が第一の問題点となるのであるが、倒産確率や期待損失は通常の保険として統計が適用することが不能なものであり、経済の大きな変化の中では絶えず新しい危機が発生する。需給と参加者の心理により、CDS市場が形成されるというものとなる。

CDSの作成にあたって企業のデフォルト率を算定する必要がある。そして、それを販売するときに説得力のある資料を用意する必要がある。金融ジャーナリストのジョン・ムーディーは、ニューヨークやシカゴの金融センターの投資家向けの記事を書いていた。やがて、ムーディーズ社を立ち上げ、企業の会計を精査し、公的記録を調べて、保有資産の内訳と収益率を算定するという仕事をする。また、ヘンリー・ヴァーナム・プアーは複数の企業に関する評価をまとめ上げ、信用力に応じて分類するということを始めた。これが現在の格付け会社の手法となってゆく。格付けは、デリバティブや投資信託、国債・社債の信用度の基礎として働き、投資家に投資の判断材料を提供するようになる。

ＣＤＯは様々な住宅ローン債権を小分けにして組み合わせて作成するが、ほかの社債などの債券も一緒に組み込まれたりもする。ＣＤＳは一種の保険であり、企業が破綻したときなどにその保険金を債権化したものである。定期的な一定金額の支払と引替えに、特定の企業に関して一定の信用事由を棄損するようなことが起こったとき、一定の方法による決済を行うことを約束した証券である。信用リスクとリターンを第三者に移転させるものである。

ＣＤＳスプレッド

ＣＤＳは手数料を払って企業や国の信用リスクを他の投資家に引き受けてもらう「保険」に似たシステムである。ＣＤＳは、価格状況を判断するのに「スプレッド」を用いる。「スプレッド」とは、プロテクションを購入するために必要な対価、すなわち対象企業に対する保証料である。保険の代わりに企業の安全性を査定したものといえる。通常、ベーシス・ポイント（ｂｐｓ）で表記される。１ｂｐｓは０・０１％であり、１００ｂｐｓで１％になる。対象企業に対する信用リスクが大きいほど、すなわち危険性が高いとみなされるほど、スプレッドは大きくなる。現在、日本の主要50社の信用リスク指数は、58ベーシスポイント（２０１５年8月時点）である。保険料を払ってＣＤＳを買っていれば期間5年の債権で損失が出ても肩代わりしてもらえる。業績がいいとＣＤＳ指数は下がる。ところが何らかのきっかけで指数が急反転するとリスクは増幅され、大きな破綻につながりかねない。

リターンは絶えずリスクとともにある、という発想がデリバティブの基本的な発想である。しかし、多くの人はリターンだけを見ることが多い。クレジットスプレッド（Credit Spread）という指標は、リターンからデフォルトに伴うリスクの可能性を差し引いた数値である。債券投資などにおいて、信用力（信用格付）の異なる発行体の債券の利率に差ができるがこの差がクレジットスプレッドとなる。

例えば、利回り20％のAという債券があり、この会社のデフォルト率が5％だとする。仮に1、000万円を投資した場合を考えると、1年後には1、200万円となっている。これにデフォルト率を加味すると以下のようになる。

1、200万円（償還時）×0・95＋0万円（デフォルト時）×0・05＝1、140万円

利回りは14％になる。つまり、デフォルト率が0％の発行体と比較した場合のクレジットスプレッドは20％－14％＝16％と計算することができる。ただし、実際にはこの債券Aから得られる収益は20万円か100万円（元本）の損かという二者択一である。前者は95％の確率だし後者は5％の確率である。この5％のデフォルト率というリスクを犯すことができるのであれば、利回り20％というハイリターンを望むことができる。リスクとリターンは表裏一体である、という考えからの指標である。

金融自由化とデリバティブ

デリバティブは金融の契約としてできるものである。だから、アメリカでは商品先物取引委員会（CFTC）が金融の契約の監督庁として、その役割を担っていた。

各国の国内市場ルールが標準化されるにつれて、グローバルな金融活動、金融面での取引機会が増

大したことが、デリバティブの広がりの基礎になってゆく。国境を超えた現物と先物の裁定機会が飛躍的に高まる。世界中の多くの地域で金融緩和が行われる環境の中で資産の膨張が起こり、資金運用による利益を求める現象が生じてゆく。そのことが、デリバティブを、金を生むガチョウのように取り扱われてゆくという現象をもたらした。

3. 投資銀行の時代

a. 投資銀行の機能

新しい時代の金融

金融の大きな機能は、「決済」と「信用供与」である。資金を広く集め、それを貸し付けるという機能が、銀行業務の根底にあった。ところが資金の出所が変化してゆく。貸付資金は、産業資本主義時代の第一義的なものは、産業資本家が持つ余剰資金と地主などの資産家の持つ遊休資金であった。大衆や労働者は無産者階級であり、資産を持たない階層であった。独占資本主義の時代には、貸付資本は大資本の自己資金や保険会社、不動産の資金、年金の積み立てなどが生まれるようになり、それに加えて、大衆の貯蓄からも生まれるようになってゆく。大衆資本主義の時代であるともいえる。銀行は株式の発行引き受けや保有によって社会体制を維持するものとなった。

１９８０年代から金融の新しい活動が生まれてくる。これまでの金融は、銀行の貸付中心であったが、企業自身による直接金融の割合が増えてゆく。株式の新規発行と様々なタイプの社債の発行である。社債の中でも、有担保優先社債、無担保優先社債、劣後社債などの、優先順位がある。優先順位により配分割合（回収率）が異なる。社債の順位によっては倒産時に元本が回収されない可能性もある。日本では時代の変化とともに、ワラント債、転換社債など、株式と社債を組み合わせた金融商品が開発された。直接金融に関連して、様々な金融商品が生まれた。金融商品、デリバティブ、投資信託の売買などが膨らんでゆく。

株式・社債の引き受けは、商業銀行に代わって企業の資金調達のかなめとして投資銀行が多くの役割をすることになった。また、投資銀行はデリバティブを作成し、その販売を行ってきた。投資銀行は２００５年ごろからデリバティブの販売で多額の利益を享受する。サブプライム危機からリーマンショックに至る投資銀行の行動は住宅の証券化とからんだトレーディングを行っており、この経済危機は投資銀行によって生み出されたと言ってもよいものである。

さらに、グローバル化による企業再編が企業プロジェクトの根幹になってくる。企業の吸収・合併にかかわる動きである。M＆Aは、金融独占資本主義に代わる資本の新しい編成と動きである。それにかかわる投資銀行の動きが、時代を作る動きとなっている。

金融の自由化という制度変更が、地球規模での大競争時代で生まれた。この変化は、金融を核とした資本形態の再編成と言える。金融の活動が、グローバルな自由化によって百家争鳴のごとく活発化した。活発化しすぎたともいえる。カネがカネを呼ぶ構造が新しい時代の発展として受け入れられ、新しい金融商品開発やデリバティブ開発、その販売を通じての巨額の利益は、クオンツと呼ばれる天才数学者たちのような「優れた頭脳」が生み出す結果であるという通念が広がってゆく。１９８０年代、ドル金利スワップ市場が発達する。スワップ取引で変動金利付債よりも固定金利債が好まれるようになる。低金利と発行コストの安さによるものである。債券販売がビジネスの中心になると、投資銀行が優位になる。商業銀行から投資銀行へ資金が流れるようになる。

投資銀行の業務

このような時代の変化の中で投資銀行が金融全体にとって重要な役割を担うようになった。投資銀行は銀行と言っても、個人から預金を集める商業銀行と根本的に違っている。顧客は機関投資家や資産家である。投資銀行は企業に貸し付けを行うのではなく、企業の資金調達の手続き・アドバイスをする。現代の投資銀行は、株式の発行、社債発行、金融商品の製作などの業務を行い、そしてそれらの金融商品を販売する。そしてまた、M&Aについてのアドバイスや資金募集を代行したりする。

投資銀行の主な業務を整理すると、次のとおりである。

① 株式や社債の引き受けによる資金調達の支援を行う。
② 新株発行の手続きを行い、株式を引き受け、販売する。
③ 株式のトレーディングを行う。
④ 公社債の引き受け、販売、トレーディングを行う。
⑤ 調査活動を行う。株式調査、債権・クレジット調査などである。経済調査もその基礎として行う。
⑥ M&Aのアドバイスを行う。
⑦ 通貨のトレーディングを行う。

債券市場の急拡大

1970年代にユーロ市場が拡大し、ユーロ債権の引き受け業務が投資銀行にとって大きな収入源となる。また、アメリカでも大企業が大型社債を発行するようになる。引き受け業務が巨額の手数料収入をもたらすようになる。

１９８０年代にＬＢＯブームでジャンクボンドの販売手数料が入るようになる。また、不動産の証券化が始まり、債券市場が急拡大する。これまでの銀行は貸付中心であった。ローンが業務の中心である。ローンは相手が企業である。ローンを債権化して販売すると、顧客が投資家や個人にも広がる。ローンに比べて販売が格段にたやすくなる。このような流れの中で機関投資家の役割が急上昇する。

直接金融のかなめとしての社債

企業の間で直接金融への要求が高まってゆく。それに伴って、投資銀行の役割が重要度を増してゆく。商業銀行も直接金融への傾斜を模索し始める。そのことが金融制度面では、投資銀行と商業銀行の垣根撤廃へのデマンドとなってゆく。垣根のないイギリスなどでは、早々に銀行がマーチャントバンクのやっている業務への進出を模索し始める。しかし、マーチャントバンクの世界は、伝統的な強みを持っていた。オックス・ブリッジと呼ばれる学歴社会の仲間意識が、それを守っていた。「社債」の引き受け案件を獲得することが大きな課題となるが、一筋縄でいく世界ではなかった。ここで実績をあげる手段として、デリバティブを作成し、販売するということが有力になってくる。スワップとオプションの販売から始まる。

デリバティブなどの金融工学の発達で、ヘッジファンドなど機関投資家が増えて、投資銀行にとって商品と顧客が拡大した。イギリスでは、ＳＧウォールバーグ、サミュエル・モンタギューといったマーチャントバンクもそのような仲介を担うようになる。

企業の金融力

かつて企業集団を支配していたのは銀行であった。金融資本主義の形態において、比較的銀行より企業の力が強いアメリカにおいても、J・P・モルガン、ロックフェラーなどは、多くの企業を銀行によって支配してきた。そして、金融自由化とともに、企業の金融の仕方が変化する。株式の時価発行と社債の発行によって資金を集めるということが企業金融の主要部分となる。1980年代後半、日本ではワラント債（新株予約権付社債）の発行が急増する。ワラント債というのは、発行会社の株式を買い付ける権利の付いた社債のことである。ヨーロッパの市場へも日本の証券会社や銀行の子会社がワラント債の販売に乗り出す。しかし、ワラント債は株価の上昇を前提としている商品であるので、株価の崩落とともに消え去ってしまう。1980年代から、日本では、転換社債、ワラント債などのエクイティファイナンスで資本市場から資金が調達されるようになる。それが、企業買収の資金となることも多くなった。

金融と国家

金融資本主義は、銀行を核としていたが、それは独占企業の体制であるので、国家の協力を得て金融規制の体系を作り上げていた。独占資本主義体制は、資本主義であるのだから市場原理に依拠しているが、他面では、カルテルや独占による価格維持など、反自由市場という側面を持っている。また、国家政策によって、管理・規制される側面と優遇される側面を持っていた。電話事業、通信、鉄道などは、管理と規制が国家的に行われ、国家をバックにした独占という感がある。銀行の規制は容易に参入障壁が作られ守られていた。金融革命はこの国家独占の体制の破壊として進行した。様々な障壁が取り除かれ、様々な新しい金融システムと金融機関が生まれた。それを加速させたのがＩＴ技術の発展であった。これによって国家の関与は後退してゆく。

投資銀行は金融革命の主役となった

アメリカでは、１９８０年代から商業銀行の時代が投資銀行の時代に代わり始めたと言える。それは企業金融の変化によっている。といっても、商業銀行の業務は資本主義社会の根底に組み込まれたものであり、資本主義の成立時から重要な役割を担ってきた。商業銀行の貸付業務による利益は確約された利益をもたらす。しかし、金融革命は多様な金融の活動を生み出し、投資銀行の役割を大きくした。

投資銀行の業務は、金融革命の扇のかなめの役割を演じることとなる。企業が巨大化する中で、メインバンクという形での銀行の役割が薄れ、企業は直接金融を行うようになった。企業の直接金融の増大は、投資銀行に株式発行の引き受けや社債発行を増大させる。株式やその他の債券の売買は、投資銀行のトレーディング部門を大きくする。そして、この時代の大きな潮流となるのが、企業自体の売買である。Ｍ＆Ａの仲介と資金の一部提供は投資銀行をあらゆる企業活動の中心的な役割を担うものにしてゆく。証券の発行やＭ＆Ａは企業の経営計画の中心を担うのが投資銀行ということになる。

投資銀行の活動はまさに情報と頭脳の集積である。世界中の情報を集め分析し、それを基に投資活動を行う。投資銀行は、通貨のトレード、不動産のトレード、Ｍ＆Ａのアドバイス、株式投資、投資信託の作成、社債の引き受け、様々な金融商品やデリバティブの作成と販売、といった事柄を利潤追求という目的で行う。しかも、この活動に運用する資金を提供する投資家に対して、高額のリターンを確約し、しかも日々の活動でその実績を示してゆく。

投資銀行の運用資産は資本勘定の25倍から35倍になっている。レバレッジを大きくして巨額のトレーディングを行うようになる。ベア・スターンズの36倍を筆頭に、リーマンショックで破綻に瀕した5大投資銀行は、いずれも20倍以上の高いレバレッジを掛けて、高収益を実現していた。その結果、倒産したリーマン・ブラザーズの負債は、6、900億ドル、約70兆円もの巨額に上った。例えば、東芝の株式の時価発行総額が約2・2兆円であることを思えば、桁外れである。

投資銀行の活動には、通貨の売買、トレーディングにかかわるものがある。トレーディングは売買のアドバイスだけでなく、ある程度の自社売買を含み、場合によってはその比率が高くなることがある。特に、レバレッジを利用することで自社の資金をはるかに超えた資金を取り扱うことになる。その時、様々なファンドとの連携が投資銀行にとって大きな活動を生むこととなり、社会の金融システムの根幹を動かすことになる。

1999年のブラム・ブライリー法がもたらした投資銀行の役割の変化

1929年の大恐慌で、9、000行にのぼる多くの銀行倒産を経験する中で、新しい銀行法が作られた。1933年のグラス・スティーガル法である。その骨子は、一般市民を保護することに重点が置かれている。一般市民の預金を扱う商業銀行は破綻から守られなければならないが、大企業の証券取引や資金調達をする投資銀行や証券仲介業者は、自由競争の正義の中にあり、守る必要はないというものであった。商業銀行は、金融恐慌で取り付け騒ぎが起きた場合、連邦預金保険公社（FDIC）によって保護される。その時は連邦規制を受け入れなければならない。また、FRBの組織改革も行われ、大統領が指名する理事の権限が強化された。

また、グラス・スティーガル法には「レギュレーションQ」という条項があり、FRBに貯蓄預金の金利の上限を定める権限が与えられている。一方、投資銀行は、証券取引委員会（SEC）に監督されることになったが、それは情報開示と不正防止が主眼であった。このようなグラス・スティーガル法による規制の体制が、1999年に一変することになる。ブラム・ブライリー法の制定である。これらの規制が、撤廃され自由化される。新しい金融制度の時代になってゆく。

投資銀行の役割の拡大は、政府の行政にも波及している。アメリカ政府の中枢を投資銀行の経営者が担うようになる。1993年、クリントン政権の発足と同時にゴールドマン・サックスのCEOであるロバート・ルービン（Robert Edward Rubin）が経済政策担当大統領補佐官に任命されてホワイトハウス入りする。そして1995年に財務長官に就任する。世界の市場化に努力し中国のWTO加盟のための議会工作に奔走した。中国を開放体制にするためにはWTOの枠組みに中国を入れることが望ましいとルービンは考えた。彼は1999年7月2日に退任している。その1999年にこれまで商業銀行を保護してきたグラス・スティーガル法が廃止されている。ともすれば「大きな政府」を志向しがちな民主党政権内に「市場中心主義」を根付かせた。金融活動の変化が自由化を要求し、シティ・グループのトラベラーズ買収などで、金融機関は実質的な垣根撤廃への動きを示していた。そして、ついにグラス・スティーガル法の撤廃にいたったのである。

b. M&Aと投資銀行

M&Aの時代へ

投資銀行のもう一つの時代的役割があった。M&Aにかかわるものである。M&Aは現在経済のグローバル化に合わせた大きな潮流であるが、その推進役を担ってきたのが、投資銀行である。M&A

は金融革命の一つの主要な側面である。M&Aは投資銀行を核としながらも、企業買収仕掛人、プライベート・エクイティ・ファンド、その他の買収ファンドなどが、M&Aにかかわって大きな役割を担うようになってきている。もちろんM&Aの多くは、買収したい企業があってのことである。ほとんどの大きなM&Aは、買収する側と買収される側の両方に、いくつかの投資銀行がアドバイザーとして情報提供、分析、アドバイスを行っている。大きなM&Aの舞台裏では、必ずと言っていいほど投資銀行がかかわっている。日産自動車がルノーの資本を受け入れた際には、日産のアドバイザーとして、日興ソロモン・スミス・バーニーが、ルノーの側にはメリル・リンチがついていた。ソフトバンクによるボーダフォン日本法人買収の時は、ソフトバンクのアドバイザーとして、ゴールドマン・サックス、ドイッチェ・バンクが、ボーダフォン側にUBSが関与していた。

現代は、M&Aが経済の大きな活動の根本を担うものとなっている。そのうちほとんどのケースを投資銀行がアドバイザーとして関与している。M&Aのアドバイザー収益のトップはゴールドマン・サックスで、シティ・グループ、モルガン・スタンレーと続く。アドバイザーとしての報酬は、投資銀行の収入全体で10%以下であるが、資本コストを使わない収入であるので大きなものと言える。もちろん、つなぎ融資を用意することは多い。レノボがIBMを買収したときは、ゴールドマン・サックスが5億ドルのつなぎ融資をしている。ソフトバンクによる日本ボーダフォンの買収の時に1兆2、800億円の融資をしているが、これはLBO（レバレッジド・バイ・アウト）での貸付である。

LBO融資は、1980年代半ばにブームになる。M&Aに必要な資金を調達するために、投資銀行がハイイールド債を引き受け、商業銀行がLBOローンのシンジケートを組成するというのが通例となった。買収に際し、買収する企業の資産および将来のキャッシュフローを担保とするのが、LBOである。LBOの観点から買収を検討することが現在のM&Aで一般化した考え方となっている。L

BOの最大のものは、1989年のRJRナビスコの投資ファンドKKR（Kohlberg Kravis Roberts）による買収であった。買収は入札競争で行われた。買収後、RJRナビスコは非公開化された。買収総額250億ドルであった。45行の銀行が協調融資している。しかし、80年代末、LBOで買収した企業の多くが破綻し始める。不況の中で利益が上がらなくなっていった。

タイム社とワーナー社、パナマウント社とバイアコム社など、1兆円を超す大型M&Aがこの方法で行われるようになった。LBOは買収資金のほとんどを借入金に依存するM&Aである。銀行借り入れとジャンクボンド債券発行で、例えば8割を借り入れに依存する。買収後、買収した企業の資産売却やリストラで借入金を返済し、企業価値を引き上げてキャピタルゲインを得ようとするものである。

現代は企業の在り方がグローバル市場の中で絶えず他の企業を買収するということが戦略の中枢を担う要素となっている。ゼネラル・エレクトリック（GE）は、GEキャピタルという子会社を持つ。利益の大きな部分をこの子会社が稼ぎ出している。GEはまた、日本リース、レイク、東邦生命保険相互会社を合併している。日本電産の永守重信社長は、23社を買収して傘下に収めて会社を成長させた。アマゾン、ソフトバンクなど自ら企業買収を業務拡大の戦略の中枢に据えている。ほとんどの大企業が自らM&Aを仕掛けてゆくということを事業の柱にしている。世界で最大の鉄鋼会社になったミタルも買収によって拡大した会社である。M&Aはグローバル市場の中での世界戦略を企画する企業にとって熾烈な競争に対応して絶えず考慮すべき戦略の一部となっている。

ソフトバンクは投資会社と言ってもいい。GEも投資会社化している。これらの会社は常に企業や事業の買収を行う。アメリカIT企業大手6社の手元資金の合計が、2014年2月の時点で、約37兆円になった（日経新聞、2014年2月27日）。1位のアップルの資金が、1、588億ドルである。この資金は、大型M&Aの原資になる。マイクロソフトはノキアの端末事業を買収する。グーグルはネスト・ラボを32億ドルで買収する。ネスト・ラボはインターネットを活用したエアコン制御装置などを手掛けている会社である。

アメリカの企業合同の流れ

M&Aの中心はアメリカである。アメリカの金融資本主義自体が、企業合同によって形成された。モルガン商会、スタンダード石油のロックフェラーなどが、20世紀初頭にアメリカの金融独占資本主義体制を作っていった。

それ以降いくつかの企業合同が活発に行われた時期がある。概略を示しておくと、次のようになる。

第一次合同運動：独占形成期で19世紀末から20世紀初頭にかけてである。

第二次合同運動：1920年代後半：独占形成の時期である。

第三次合同運動：1960年代後半：コングロマリット合併。異業種他業種の企業が一緒になるもので、成功することは少なかった。69年の不況で終了している。新しい分野に進出しようとする合併である。新分野への進出でシナジー効果を期待した合併である。異なる業種の企業を合併することでコングロマリットと呼ばれる多角化した企業が生まれる。一つには、アメリカでは反トラスト法で合併に厳しい取り締まりがあったことへの抜け道でもあった。コングロマリット合併は必ずしも独占を形成して強い企業を生み出すという結果にはならなかった。しかし、企業合同が株価収益率を中心に考える企業価値を上げるという効果があり、合併運動の一つの手法を発展させたと言える。

第四次合同運動：第四次合同運動は金融自由化の中でM&Aの新しい手法の開発を見出している。LBOは、買収に必要とされる経費の1割から2割が自己資金で、残りを買収される側の企業の事業部門の資産あるいはキャッシュフローを担保にした負債で残りの大部分の資金を徴収するといった買収方法である。資金調達にジャンクボンドが利用されることが多い。この時期のM＆Aは、金融革命の始まりと位置付けることができる。

第五次合同運動：１９９０年代以降：現在の金融革命によって新しい資本主義の形成にかかわる企業合同である。

マーチャントバンク

アメリカの投資銀行にあたるものが、ヨーロッパではマーチャントバンクと呼ばれる。代表的なものが、ロスチャイルドとベアリング商会である。イギリスにおいては、ドイツやフランスに比して、長期の産業金融を営む金融機関の発展はほとんどなかった。イギリスでは長期金融業務は国際資本移動の仲介機能として発達した。その担い手がマーチャント・バンカーmerchant bankerである。手形引受信用を供与し各国の公債発行を引き受けた。マーチャント・バンカーは、貿易手形の引受業務と海外証券の発行業務を中心に活動する。１６９４年に国債発行を主要な業務としてイングランド銀行が設立され、東インド会社とともに国債の大量発行を引き受けるようになる。産業革命期以後イギリスが〈世界の工場〉となるにつれて、シティでは貿易金融を担ったマーチャント・バンカーが活躍するようになる。ベアリングズ銀行は１７６３年にサー・フランシス・ベアリングが設立した銀行である。毛織物を扱う貿易商が荷為替手形を引き受けるようになり、金融業務に乗り出したのであった。貿易手形の引き受けや長期証券の発行を主な業務としてきた。

１９８６年、サッチャーの金融ビッグバンによって手数料が自由化し、アメリカの投資銀行がイギリスになだれ込む。マーチャントバンクは駆逐されてしまう。金融はアメリカの手法が競争力を持ち、グローバルな金融市場での競争が激しさを持つようになる。

ベアリングズは、1995年、シンガポールの先物市場と指数オプションで1、500億円の損失を出して、破産する。一人のトレーダー、ニック・リーソンが出した損失である。

4. ヘッジファンド

ヘッジファンドの始まり

20世紀の末に形成される新しい金融は、デリバティブの発生で巨大化した。金融の経済全体に持つ機能は、投資銀行が大きな役割を持つようになっていった。そしてこの時代の原動力として活躍するのがヘッジファンドである。

ヘッジファンドは、人類にとって有用なものか、怪物か、ということが現代社会の多くの人々の根本的な疑問である。ヘッジファンドが大きな役割を現代社会で持っていることは確かで、今後、消滅するものか、消滅させなければならないものか、あるいはますます大きくなり繁栄するものか、社会の根本要素として重要な役割を演じるものか、ということについては、まったく違った意見に分かれる。ニューヨーク連銀の元議長のマクドナー氏もFRBの元議長のグリーンスパンも、ヘッジファンドを重要な現在の経済の担い手と見ていた。ノーベル賞を取った2人の経済学者がLTCMという最大のヘッジファンドの重要な構成員であったことが、多くの人々にヘッジファンドに市民権を与える見方を生み出していた。他方、反対の見解を示す多くの書物が出版されている（チャールズ・ファーガソン『強欲の帝国』早川書房、２０１４年、ジリアン・テット『愚者の黄金』日本経済新聞社、２００９年、などがその代表的なもので優れた分析を含んでいる）。

何事に関しても、その事柄の本質を見極めることは、それがどのようにして始まったかを見ること が有効な場合が多い。その意味で原点に戻るということはある一定の意義を持つ。ヘッジファンドは、デリバティブの開発と結びついて広がった。その存立根拠は、金融リスクの回避という点で、デリバティブと同じ意図から始まっている。ヘッジファンドの起源は、デリバティブの起源より20年さかのぼる。アルフレッド・ウィンズロー・ジョーンズ（１９０１〜８９）というジャーナリストの、ロングとショートの同時売買でリスクをヘッジできるという論文から始まっている。株の売買で、現物を買う（ロング）と株を借りて空売りする（ショート）を同時に行うことで株価が上がっても、下落しても、利益を上げられるという論を提起した。これがきっかけになって多くのヘッジファンドが発生した。１９５０年代に、ヘッジファンドは１４０に上った。しかし、現在まで生き残っているファンドはほとんどない。

ジョーンズは、ポートフォリオ理論を駆使して組み合わせによってリスクを分散する手法を生み出したということで、ヘッジファンドの創始者とされる。彼は１９４９年に世界初のヘッジファンドを創設する。ジョーンズは「１９４０年投資会社法」の規制を逃れるため、「パートナーシップ制」をとる。この形で登録義務もなく金融当局の監視を受けることはなく、思い切った自由な投資ができたのである。投資銀行のゴールドマン・サックスも１９８６年まで、パートナーシップ制をとっていた。リスクが大きくリターンの大きい取引は、株式会社には本来むかない。

ヘッジファンドの成長

ヘッジファンドという言葉は、1950年代、新しいタイプの投資ファンドが株式の買いと売りを組み合わせる戦略を採用したことで作られたものである。

1960年代の後半になると、ヘッジファンドはアメリカで大きな収益を上げることができるようになる。ソロスのクォンタムファンドやマイケル・スタインハートのスタインハートパートナーズなどのヘッジファンドが一挙に生まれることになる。ヘッジファンドは、1990年代に急増している。1991年で1,000社、運用資産が580億ドルであった。2006年3月の時点で、約1万のヘッジファンドが存在した。残高は1・2兆ドルある。2013年には10,000社になっている。運用資金の額も、2013年には2兆ドル（約220兆円）になっている。

国内投資信託残高が、112兆円なので、ヘッジファンドはその倍の規模といえる。規模の大きいヘッジファンドに資金が集中してきている。運用金額が1,000億円以上のファンドが、全体の運用資産の80～90％の残高を占めている。2008年のリーマンショック以降、大半の投資家がヘッジファンドへの資産配分を増やしている。しかしリターンは、かつて年率で25％～30％であったものが、低下の傾向にある。最近では国富ファンドが大きくなっている。3兆ドルの運用資金を持っているヘッジファンドより大きな規模のファンドとなっている。

ヘッジファンドは、銀行や証券会社と違って規制がなく、だれでも作れる。プロの投資家（年金機構・保険会社や国家ファンドなどの機関投資家）からのみ資金を集めるので、消費者保護という観点が不要である。当局への登録も情報開示も不必要である。成功報酬は、収益の20％から25％というのが多い。投資家からすれば、短期間で投資額の30％と時には500％という収益が入ることがある。他面、倒産ということもよく発生する。5年以上存続するヘッジファンドはごく一部である。1992年のポンド危機、1997年のアジア通貨危機で、仕掛人として注目を集めるようになる。IT技術と金融商品化を武器として、先行的な投機を仕掛けることでカジノ資本主義のプレーヤーとなって現れた。ヘッジファンドは、ハイリスク・ハイリターンの行動様式をとる。失敗すれば、すぐに解散する。

中国でもヘッジファンドが増えている。資産規模は、20億元以下が大半であるが、2015年6月時点で、1万3、900社にのぼる。代表的なものに上海カオスインベストメンツがある。運用規模は2、000億円程度である（日本経済新聞、2015年10月21日）。

ロシアでもヘッジファンドが育ってきている。ロシアは市場化以来、独占企業が生み出されてきた。ロシアのヘッジファンドは、資源投資、金融商品の開発などの活動をしている。ルネッサンス、フィナム、オレンジキャピタル、アンシャーなどである。アンドレイ・バビロン氏は、ロシア政府の元財務副大臣を務めていた。その時にアメリカ、ヨーロッパの金融機関との取引のノウハウを蓄積した。潰れかけの石油会社を買い取り、経営を立て直し、それを売却した資金でヘッジファンドを創設し、高い収益を実現している。

ヘッジファンドの性格

ヘッジファンドは、いくつかの基本性格がある。第一に、ヘッジファンドは私募ファンドである。多くの人に資金提供を募集するのではなく、特定の人や機関が資金を拠出する。資金提供者の数は限られていて、45以下とされる。さらに資金は1億円以上程度からで、例えば1、000万とか500万とかといった資金は取り扱わない。投資信託は公募で一般投資家から広く資金を募るのと比べると対照的である。規制は緩やかで、時に税金対策でケイマン諸島などの非課税国で設立される。運用はファンドマネージャーが中心になって行われて、収益の一定額を報酬として受け取る。例えば、20％とか、25％を報酬として受け取るようになっていて、ファンドマネージャーの才覚が大きくものを言う会社である。ファンドマネージャーがヘッジファンドの所有者を兼ねるケースが多い。

ロングとショート

現在のヘッジファンドは約半分が株式関連の運用である。「ロング・ショートの手法」がその中心である。この手法がヘッジファンドの主流であると言える。もちろんこれはマネーゲームで絶えず利益を得ようとするギャンブル理論で、客観性はないし、総体としてみたとき、結局、利潤を生み出すということはありえない。株式会社は、会社の成長によって株主が利益の配分を得るということが基本である。したがって、会社の分析にたけたウォーレン・バフェットが長く尊敬され利益を上げ続けていることとヘッジファンドとは対極にある手法に依拠していると言える。バフェットは会社の「業績」、「将来性」、「経営方針」などを徹底的に分析・観察することで投資を決定する。これに対し、多くのヘッジファンドは、値動きの動向を短期的な動きの予測をベースに、利益を生み出そうとする手法である。

投資対象

ヘッジファンドの投資対象は、もともと株式であった。それをヘッジという方法でロングとショートを組み合わせるところから始まった。金融革命の進行とともに、ヘッジファンドの活動領域は飛躍的に拡大する。

①株式　20世紀以降の金融資本主義の本体であり、現代社会は株式会社でできていると言ってもいい。

景気変動、企業活動など、多くの要素で株価は変動する。その変動こそが、ヘッジファンドの活動の土俵である。
②債券　企業金融の中心になる時代とともに金融商品として重要なものとなった。
③通貨　1971年のニクソンショック以降、変動為替制度の中で通貨変動はスワップなどを通じてデリバティブの中心となり、投機の対象となる。ヘッジファンドは、通貨を投機の対象とする。1992年のポンド危機、97年のタイ・バーツ売り、マレーシアのリンギ、インドネシアのルピー売りと通貨に売り浴びせ、レートの下落をもたらした。安くなったレートで買いもどし、数日で巨万の利益を手にしている。
④商品　先物取引の自由化によって、先物というデリバティブが広がり、投機の対象となる。
ヘッジファンドは、これらの金融商品と金融派生商品に情報を駆使して投資することで、利ザヤを稼ぐ存在として、金融世界で大きな役割を持つようになった。

グローバルマクロへ

ヘッジファンドの手法には、「ロングとショート」に加えて、「グローバルマクロ」というものがある。それは、割高のものは空売りを浴びせ、割安のものは大量買いするという、金融市場のゆがみに付け込んだ大量売買によって利益を上げるというものである。グローバル経済の高度で冷静な判断と知識が基礎になっている。ジョージ・ソロスが行った1992年のイギリスポンドの空売りや、1997年のタイ・バーツの空売りなどがその最適な例である。イングランド銀行もタイ政府、シンガポール政府もソロスに太刀打ちできなかった。1998年8月のロシア経済危機では、ソロスのクォンタムファンドも20億ドルの損失を出し、レオン・クーパーマン氏のオメガ・ファンドも大きな損失を出した。9月になると、ＬＴＣＭの損失が明るみに出る。ＬＴＣＭの資本金は22億ドル、レバレッジで膨らませ1、250億ドルの資金運用を行っていた。57倍のレバレッジで、デリバティブの想定元本は1兆2、500億ドルであった。運用資産の52％を失ったので、その波及は経済全体に深刻な影響を与えるものであった。ロシア政府が短期国債の償還のモラトリアム策に出たことによる損失である。

運用資産

ヘッジファンドの運用資産は、2007年の半ばで2兆ドルから2兆5、000億ドル（240兆円から300兆円）の自己資本があった。レバレッジは、5倍から200倍かけることができる。例えば、100万ドルに対して投資家からの借り入れを900万ドルとして、10倍の運用資金を用意する。その1、000万ドルを証拠金としてその20倍の信用取引をすることができる。その時、レバレッジは200倍＝2億ドルとなる。

ヘッジファンドはそもそも個人の富裕層を相手に生まれたものである。現在では個人投資家よりも機関投資家がヘッジファンドを支えている。さらに、国富ファンド、投資銀行、商業銀行もヘッジファンドを利用して投資活動を行っている。優れたファンドマネージャーに預けて資産運用を任せた方が、リターンが大きいという目論見からヘッジファンドが利用・活用されている。

規制外の活動

ヘッジファンドは規制対象外の投資ファンドである。機関投資家や資産家を顧客として資金を集め、極端な高利回りを約束する。投資銀行やその他の金融機関もヘッジファンドを利用して、リターンの一部を手に入れようとする。ヘッジファンドは、どのように投資し、どのようなリスクを取りどれほどのレバレッジを掛けるかについて制約を受けない。ヘッジファンドは、高度に発達した金融技術と結びついて、極度の投資に走ることになる。その原因は、ヘッジファンドは私募によって資金を集めるので、規制を受けないということがある。情報開示も必要ないので、約束の金利を支払えば義務が果たせることになる。投資は実体経済とはかけ離れた世界で動くことになる。デリバティブがその世界を生み出す商品となる。ヘッジファンドは、通貨や株式といった現物の市場を扱うが、同時に金融派生商品を多く扱うようになる。

オプション・スワップなどのデリバティブが大きな資金運用になってくるときに、それらの金融商品は個人に販売されるわけではなかった。機関投資家の役割が大きくなるとともに、購入者としてヘッジファンドがウェイトを占めるようになってくる。大手の銀行や機関投資家である保険会社や年金機構がヘッジファンドを傘下に収め資産運用をする。さらに、政府ファンドもヘッジファンドを抱えてこれらの金融商品の購買を行うようになる。

ヘッジファンドと金融機関の連動

ヘッジファンドが現代金融の先兵である。ヘッジファンドが動けば、銀行や生命保険会社、年金基金が相場に乗り遅れまいとして殺到する。それが全体として大きな動きとなって、空売りで下落しかけた通貨が拍車をかけて下落が進み大暴落につながったりする。１９９７年のタイ・バーツの空売りの時も、そのような作用が大きかった。

ジョージ・ソロスは、ヘッジファンドの経営者の中でも特に注目されてきた。国際的な舞台でグローバルマクロによるソロスの投資活動は幾度となく世界の衆目を集めた。ソロスは三つの顔をもつ。第一の顔：ヘッジファンドの雄。アジア通貨危機を仕掛けマレーシアのマハティール首相の怒りを買った。イングランド銀行を相手取り巨額の利益を生み中央銀行を危機に陥れた。第二の顔：オープンソサイアティをめざし、民主主義を実現すべく全体主義を敵として慈善活動をする。第三の顔：冷静な経済観測者。投資銀行がデリバティブを生み出す経済を冷静に批判。そして独自の投資のための理論を作る。「再帰性の理論」であるが、これは経済学というより投資に関わる社会動向というものに関するものである。

「虚無」の広がりと人間的世界

ヘッジファンドは、リスクをヘッジするはずが、リスクを膨張させているのが現実である。デリバティブももともとはリスクを回避するための商品であるが、リスクを巨大化させているのが現実である。信用取引は、証拠金をとっているということで本当は信用に基づくビジネスではない。お得意さんやお客さん、常連さんを大切にするのが信用に基づくビジネスで、今の社会ではだんだんそんなものが薄くなってしまっている。ビジネスの世界でも、信頼に基づく関係は重要なファクターであるが、現代社会の人倫の崩壊とともに、法律だけが重視されることになってきている。法律を手に取ってすぐ訴えることを考えるのが、アメリカから広がっている非人間的灰色の世界である。法は正義といえるのだろうか。グローバルビジネスの世界では、人倫が衰退し、法が威力を持つようになっている。「合法的な詐欺」ということもあり得るのがこの世界である。いち早く、ヘーゲルは人倫の解体を市民社会の本質であると捉えた。「欲求の体系」の本質を人倫の解体と捉えた。私たちは、グローバル化が徐々に進む中で、グローバルな人のつながりを実感する。新しい人倫が模索されてもいいし、それが真のグローバル社会の構築につながるのではないだろうか。

第2章

規制と自由

——金融の自由化はどこまで必要か

【1】金融規制緩和の流れ

規制か自由か

現代では、金融自由化ないし金融ビッグバンは既成の事実である。グローバル・スタンダードということも、金融のグローバル化ということも、共通の前提としてグローバル市場での自由な金融活動を前提としている。グローバル市場は、世界市民社会として出発しているのである。それに対し、各国の政府は自国の経済の安定と成長を目標とし続けている。できることは、一国内の政策や規制である。そもそも、近代社会は国民経済を母体として成立している。市民社会も国家も近代国家の枠組みを基本としている。

市民社会と国家

近代社会は市場圏が広がることによってできた。市場が国民経済になることが市民社会を形成させた。そして市場の自律性は経済の自立性として、社会が権力を離れ権利関係だけでできるということが、「法の支配」の意味であった。近代社会は、自由によってできているということは、国家が経済活動に関与しないということであった。それがアダム・スミスの自由主義政策の思想的根拠であり、「神の見えざる手」という思想の根拠であった。それは予定調和であり、理神論的発想につながる。理神論というのは、神は創造主であるが作られた世界は自然の法則で動くというもので、近代初期の自然観、科学観を構成する世界観である。

その自律的な「自然法則」のごとき経済法則で動くのが資本主義社会の特性である。ところが資本主義経済は貧困を生み出したり恐慌を生み出したりする。市場経済は調和するか破綻するかということが、資本主義が形成されて以来の経済学の根本問題であり続けた。アダム・スミスや古典派経済学の人々は、調和を信じ、マルクスは資本主義の破綻の構造を経済学的に解明しようとした。そして、矛盾が露呈したとき、新しい方法が「国家」に期待されることとなった。国家が市場を修正しコントロールする。経済を絶えず成長、発展させる。労働者の権利を保護し、福祉を実現する、といったことが国家と政治に期待されるようになる。

もともと国家は、権力機構であり市民社会を、警察と軍隊で守るというところに要請されたものである。フランス革命で貴族の土地は没収され、所有は労働に基づくべきものという自然法思想によって相続は否定された。教会や修道院の所領も没収され、僧侶には政府が給与を支払うという形になった。土地を追われた旧支配者層は、海外の反革命勢力と結びついて市民政府を打倒しようとする。市民政府は、戦争を遂行する国家が必要であった。ラファイエットに率いられた市民軍が、近隣諸国と革命戦争を続行する。

そして20世紀の国家は、市場原理の修正という役割を担うことになる。「規制」と「政策」が国家の大きな役割となる。国家が国民経済の安定と成長に責任をもつという文脈も作られることになる。「政策」は経済政策、社会政策、財政政策となる。これらの政策のための学問が発生するようになる。経済学は、アダム・スミス、リカード、マルクスにあっては、経済を解明することが目指されていた。いわばエピステーメ（理論的真実）であったが、20世紀の新しい政策学としてある学問では、アリストテレスの倫理学の枠組みのごとく、フロネーシス（実践知）へと変貌する。

グローバルな規制と対策

経済はグローバル化してきている。しかし、規制や政策は一国的なものでしかない。同時に、ボルカー・ルールやBIS規制に見られるように、世界は国家を超えたところに何らかの規制を設けようという動きもある。国レベルで行われた金融の自由化は恐慌をもたらしてきたということへの反省があり、そして同時に拡大する金融は暴走するということの認識がグローバルな規制の根拠になっている。リーマンショックはもちろん、金融活動は不安定をもたらすものであるということの認識が、何らかの規制を国際的な合意において実現しなければならないという意識を生み出している。国家の経済パニックとそのグローバルな波及という時代に直面し、国際的な規制について再検討されなければならないという流れを生んできている。そのためには、金融自由化は何ゆえに起こり、何をもたらしたかということから、今後の世界の金融体制の検討を始める必要がある。

金融自由化は、一言でいえば、市場がグローバル化する中で、国家的規制を排除して企業の自由競争を尊重するということであった。市場のグローバル化は時代的必然であり、制度がそれに合った形に変化することも、またその必然性の延長なのである。したがって今後の規制を考えるときには国家レベルではなく、世界全体での規制が議論の焦点にならなければならない。

市場対国家

1980年代にグローバリゼーションが始まり、これまでの社会構造は根本から変化する。グローバリゼーションは、市場のグローバル化に始まり、企業の海外進出、生産過程の海外移転、労働力の国際移動などに進んでゆく。それは、ある意味では市場原理の国家原理に対する勝利と捉えることもできる。市場の論理は商品の論理の世界であり、平等、平和、法秩序、民主主義などの温床となるものである。それに対し、福祉、社会主義、国家独占資本主義、ファシズム、ケインズ主義の財政政策などは、いずれも国家原理の産物であった。市場原理と国家原理は近代史の二つの要素であった。国家は権力体としてイデオロギーを根拠にして政策を打ち出す。そのイデオロギーが正義を表すものであった。

市場主義の台頭と金融自由化

ケインズ主義の終焉は、マネタリズムの市場主義の台頭をもたらした。財政による政府依存は市場に任せる方針にとってかわられた。政府の役割は小さい方が経済にいい影響をもたらすという見解になる。自由な経済活動により、競争を通じて経済発展が結果としてもたらされるという考えである。公平な競争こそが正義であるという考え方が、時代の精神となった。アメリカのリベラリズムは、ヨーロッパで発達したアダム・スミスのような自由主義思想とは逆に、福祉を重視する政策であり、それは不効率を生み出す原因と考えられるようになった。「自助Self-Helpの原則」は、ベンジャミン・フランクリン以来のアメリカニズムの根幹であるが、それがグローバリズムの精神を推進する論調となって、世界中に広がっていった。それは独占資本主義が限界に達しようとしている中での市場主義の導入だと言える。

金融は生産の出発点

物を生産するには、生産手段と労働力が必要である。この二つを手に入れるためには、資金が必要である。資金を借りることが、生産の出発点である。その意味で、おカネを貯めるか、おカネを借りるかで事業を起こすことができる。その資金をどのようにして手に入れるかということが、金融のシステムの発達とともに大きく変化している。かつて、産業資本主義の時代は、遊休貨幣資本を銀行に預け、それが貸し出されることが、資金調達の形であった。金融資本主義の時代は、株の発行によって資金を調達するということが加わった。そして、現在では、CP、社債、様々な金融商品、ファンドによる投資などが加わってきている。いわば、金融が自己増殖を始めているという事態が生じているともいえる。

金融革命への道程の始まり

1965年以降、多くの事業を株式や転換社債との交換や買収によって、企業はコングロマリット化してゆく。キャッチフレーズは「シナジー（相乗効果）」である。様々な業種を統合して多角的な経営を行うことを目指した企業形態である。M&Aを通じて異業種を買収して大型化するというものである。異業種の業態の相互作用での効果が、シナジーというわけである。しかし、必ずしも現実として相乗効果が生み出されていたわけではなかった。破綻したり、業績が上がらない企業が続出した。ただ、株への資金の流入は大きくなり株価は高騰していった。その推進役として、ミューチャルファンドがある。ミューチャルファンドは個人投資家向けの投資信託である。投資基準に変化がみられる。株式売買が大衆化するにつれて、伝統的な株売買の判断基準である企業分析より、より感性に訴えるような株式会社への投機が増えてゆく。ストーリー性がクローズアップされるようになる。１９８2年には、アメリカ国内のミューチャルファンドの数は、３４０社であった。それが98年には、３、５００に膨れ上がっている。82年、ミューチャルファンドの口座数は、６２０万件だった。98年には1億1、９８０万件に上っている。

銀行の役割の変化

銀行は資本主義経済の心臓である。マネーという血液を循環させる役割を持っている。もちろん、銀行はもともと私企業で自然発生的に生じたものであるが、その役割の大きさから国家が大きくかかわることにもなった。国家の銀行へのかかわりは三つの形がある。一つは銀行の国有化、二つ目に国家の銀行というのに近い中央銀行の役割、三つ目に国家による規制監督などがある。

銀行は時代の変化とともに、さまざまな異なる役割を担ってきた。第一段階は、商業銀行としての役割である。第二段階は、金融資本主義の中心としての役割である。株式をはじめとする証券の発行が新しい大きな機能となる。そして今新しい第三段階が始まろうとしている。ファンド、商業銀行、投資銀行、保険会社などの多くの金融機関が連携を持って作用を及ぼし合いながら新しい競争、金融の時代を迎えている。新しい金融商品が金融の世界を一変させている。金融革命期の銀行は、多様な役割を持って巨大な金融膨張に加担してきている。

独占資本主義の時代の金融制度

20世紀の資本主義は、アメリカの時代であった。世界の生産力をアメリカが圧倒的な力で引っ張っていた。スタンダードオイル、USスチール、フォード・GM・クライスラーのビッグスリー、化学工業のデュポン、ボーイング、などといった巨大独占企業の時代であった。独占企業体は、財閥を形成し、巨大な富の蓄積を行った。

アメリカでは独占資本主義の経済制度、特に金融の体制は大恐慌の教訓から生まれている。その中心になるのが、グラス・スティーガル法である。1933年のグラス・スティーガル法で、投資銀行と商業銀行のすみわけを行ったのは銀行の社会的存在としての意義に根差している。銀行業は庶民の金銭を預かるので経済変動や投機性の危険性から保護されなければならない。銀行は、株式や様々な証券取引を扱う証券業から分離されていなければならないというものである。そのことからアメリカでは商業銀行の株式保有は禁止されている。

金融自由化によって、グラス・スティーガル法は1990年代に骨抜きにされ、99年に廃止されている。しかし商業銀行による株式所有は禁止されたままである。ところが銀行は持株会社を作り、その持株会社が株式を所有するという形で骨抜きが進んでいる。株の暴落に対して、アメリカの商業銀行は強いのである。日本はそれと対照的に、株価の下落は「含み益」をなくしてしまうので不良債権を発生させる結果にもなる。

金利の自由化は、大恐慌の中で生まれた恐慌と金融の不安定を回避するシステムである。そして、利息を制限する1935年の銀行法（金利の上限規制はレギュレーションQ）も銀行の過当競争を排除して経済制度に安定をもたらすために創設された。

債権化

アメリカでCP（コマーシャルペーパー）が作られ、金融の証券化が始まる。CPは、企業が資金調達するために発行する無担保証券である。1960年代後半から、CP市場が急拡大する。投資家にとって金利がわかりやすく、銀行の短期金利より割安であったことが、ＣＰを普及させた。ＣＰによって証券化の流れが作られたといえる。

銀行は貸し出しが主な仕事である。しかし、リスクが多く発生する環境の中で、その問題を解決する方法の一つは、ローンを債権化し、投資家に売り出すことであった。債権の信用リスクは投資家側の問題であって、銀行の問題ではなくなる。この手法は、金融の大きな流れとなっていく。ゴールドマン・サックス、モルガン・スタンレー、リーマン・ブラザーズが、この手法を駆使した。商業銀行は証券発行と不可分の業務となっていった。これを実現するには、貸付という商業銀行の機能と証券化という投資銀行の機能が同時に見渡せることが必要になってくる。このニーズは、金融制度改革へとつながってゆく。商業銀行の証券業務を禁止したグラス・スティーガル法を廃止し、両者にまたがる業務を行うようにすることが必要になってくる。さらにデリバティブズのような新しい商品を利用したり、海外子会社を設立することでアメリカの銀行は、証券引受業務や証券売買ができるようになっていった。そして、グラス・スティーガル法は、１９９９年には廃止されることになる。

【2】アメリカの金融自由化

1．金融自由化への流れ

金融自由化のはじまり

リーマン恐慌に至る金融自由化の新しいシステムは、１９７５年に始まる。ニューディール期の銀行の規制体系は、70年代から始まる経済の新しい動きの中で、変更の過程に入ってゆく。75年に株式売買手数料が自由化される。そして、預金金利の上限が撤廃され、金融の自由化が進んでゆく。背景には、経済の自然な過程が動力となっている。アメリカの自由化は日本の自由化より20年先行している。アメリカの金融自由化の背景には、第一に、60年代後半からのインフレ率の上昇。第二に、地理的規制の撤廃につながる産業の動き。第三に、銀行の証券業務への進出という動きがあった。

１９７０年代の後半、特に77年にカーター大統領就任以降、インフレは15％台となり、アメリカはインフレと失業の同時発生に悩まされることになる。ホメイニ革命による石油価格の高騰という要因が加わって物価上昇は10％を超える水準になる。１９７９年から81年の３か年間卸売物価も消費者物価も上昇率は11％を超えた。失業とインフレが同時に発生するいわゆるスタグフレーションの状況になっていた。これはケインズ政策の長期的な過程の帰結であったと言える。財政支出に依存した経済政策はインフレを生み出し、独占資本を大きくするが、乗数効果は鈍化し、やがて頭打ちになる。本来の目的である失業と不況の克服が限界を迎える。インフレ率の上昇によって金利も上昇する。預金金利の規制上限を超える金利上昇圧力がかかり始める。70年には、90日未満の大口のCD（Certificate of Deposit）に関して規制が撤廃される。

CDは「譲渡性預金」と呼ばれ、譲渡性と流通性を持った無記名の定期預金である。通常の定期預金証書は譲渡できないが、CDは金融市場で自由に売買できる。1961年シティバンクがCDの取り扱いを始め、ヨーロッパ市場にも波及した。日本では、1979年5月から都市銀行で取り扱いを開始した。徐々に市場は拡大し、短期資金の調達手段の一つになってゆく。当初3か月以上6か月未満で、5億円を単位としていたが、現在、規制はない。

ミューチャルファンド（投資信託のようなもの）の金利上昇で商業銀行の預金がミューチャルファンドに流出するようになる。70年代末には、預金金利の規制緩和が本格化する。80年の金融制度改革法で、ほとんどの預金金利規制が撤廃される。

インフレ対策――マネタリズム的な政策の導入

FRB議長に就任したポール・ボルカーは、「マネタリズムの実験」と呼ばれる政策を実施し、10％を超えていたインフレ率を1982年には2・4％にまで下げることに成功する。インフレと景気停滞というスタグフレーションの二つの苦悩のうち、インフレのほうが解決される。極端な公定歩合の釣り上げによってマネー供給量を抑えたのである。公定歩合は、14％にまで跳ね上がった。これは世界の資金をドルに集めることになる。過剰な通貨は有利な金融市場を求めてさまよっている。金利の自由化が必要になった。独占資本主義体制は高インフレの下で後退せざるを得ない。公定歩合が14％の時、市中金利をレギュレーションQの上限である5・75％に抑えておくことはできない。また、かといって14％を超えて20％に設定することに意味があるだろうか。インフレの恒常化を国家政策とする愚を演じることはいかなる政府にもありえない。そこで、金利の自由化が1983年に出されることになる。レーガン政権は、金利規制の撤廃や業務規制の撤廃など、金融の自由化を進めることを掲げていた。

79～81年の高金利時代には、証券会社の高金利金融商品が作られることになる。MMF（Money Market Fund）である。換金自由で高利回りの小口投資信託である。そしてCMAという複合口座がメリル・リンチで作られると商業銀行の定期預金はこの口座に大量に流れ出した。この金融商品を作ったメリル・リンチの会長ドナルド・リーガンは財務大臣となって政府の金融政策を左右するようになる。

レーガノミクス

レーガン大統領は1981年2月、「経済再生計画」を発表している。それはおおむねマネタリズムに基づく政策への転換であったと言える。この中で四つの方針を提示している。①大幅減税、②国防費を除く歳出の伸びの抑制、③政府規制の緩和、④マネーサプライ重視のインフレ抑制金融政策である。自由化の進展という経済のグローバル環境へのアメリカの台頭ということができる。一方における金融自由主義、市場自由主義の波と、もう一方における国家の保持というアンビバレントな方針の中に、レーガン政権の立場があったと言えるのではないだろうか。大規模な軍事支出と減税政策が財政収支の悪化を招いた。金利が上昇する結果となる。海外資金が高金利を求めてアメリカに流れるようになる。ドル高の発生である。強いドルは輸入を拡大し、貿易赤字が増大する。財政赤字が約

2、000億ドル、経常赤字が約1、500億ドルの双子の赤字が生まれる。

2. アメリカの金融自由化

アメリカの金融自由化

アメリカの金融の自由化は、次の五つに集約することができる。ニクソンショック以来の国際的な金融変動の中でアメリカの金融機関の市場の動きによるものと言える。

1. 手数料の自由化
2. 金利の自由化
3. 業務内容の自由化
4. 州規制の撤廃
5. 外国為替業務の自由化

以下、右の5項目に関して、自由化の内容を確認しておこう。

手数料の自由化

第一の自由化は、手数料の自由化である。

もともと国家は安定という視角から金融機関の手数料の規制を行っていた。1975年5月1日のメーデーに、ニューヨーク証券市場の市場改革で、株式手数料の自由化が行われている。仲介手数料の自由化は、機関投資家がこれまでより安い大口取引ができることを意味する。1970年代は、アメリカ経済は不況とインフレの進行するスタグフレーションに見舞われていた。経済政策は行き詰まり固定手数料に対する批判が高まった。このような背景から自由化政策がとられたのである。株式手数料の自由化は、イギリスでは、86年のビッグバンの中心的な施策であった。

1968年シティバンクは単一銀行持株会社one-bank holding companyを設立するという発表を行う。70年代後半には規制当局もこのような行動を後押しするようになる。銀行持株会社は証券子会社による企業株式などの証券業務引き受け業務へと進出することになる。

金利の自由化

第二の自由化は、金利の自由化である。

1929年以降の大恐慌は、戦後アメリカの金融システムの出発点となる。金利規制に関しては、1933年の銀行法を受けて金利上限を規定する「レギュレーションQ」が、経済の安定化のためにもうけられた。銀行が安定した経営を行えたことは、国家の金利規制によるところが大きい。

一方で、大恐慌からの経済復興の基本は、公共投資に依拠するということであり、戦後アメリカの経済政策は、その延長線上にあった。ケインズ政策は、IMF体制の管理通貨制と財政政策を連動させる形で、強力に推し進められる。その結果、10%を超えるインフレーションを招き、人々の貯蓄は危機的な状況になる。金利が規制され、物価は急激に上昇する中で人々の生活は疲弊することになる。インフレの打開は、ポール・ボルカーによる金融引き締めによって、金利の上限突破は、金融商品であるMMFを投資銀行が発行することで打開されてゆく。後者は、アメリカ戦後金融システムの改革=自由化となって実現されてゆく。

１９８３年10月、アメリカでは預金金利が完全に自由化された。日本より約15年早い。１９８６年３月には、当座預金の金利を除いて、すべての預金金利の規制が撤廃されている。この事態の変化の中で、多くの貯蓄信用組合Ｓ＆Ｌが倒産し、商業銀行も倒産した。

金利規制の撤廃で、高金利で資金を集めようとする金融機関が出てきた。10％を超える金利を設定するのは一時しのぎの行動でしかないのは明らかであるが、人間は目先しか見えないことも多い。金融機関のこのような行動は、すぐに金融危機につながってゆく。

金利上昇圧力が強まると、１９３３年の銀行法による預金金利の規制上限に抵触する率になる。当初は規制上限レートの変更という形で対応された。

①78年には、商業銀行と貯蓄金融機関に市場金利連動の6か月もの定期預金であるＭＭＣ（Money Market Certificate）が認可された。ＭＭＣは貯蓄預金でありながら銀行小切手を発行できる口座で、金利上限が５・２５％となっていた。これは、証券会社のＭＭＦに対抗して作られたものである。

②次に、79年から82年にかけて、ＭＭＦ（Money Market Fund）という金融商品が証券会社の人気商品となる。インフレ率が10％を超えるまでに上昇する中で、投資銀行の発行する高金利金融商品ＭＭＦが作られた。79年から82年にかけて急速に広がった。ＭＭＦは71年に開発されているが、77年にメリル・リンチがＭＭＦを含む新しい複合金融商品を作っている。また、ＣＭＡ（Cash Management Account）といった金融商品も作られる。ＭＭＦは一種の投資信託勘定だが、実質的に確定利回りの預金と変わらないもので、高い利回りを得ることができる。ＣＭＡは、ＭＭＦを中核とし、カード決済も組み込まれた高利回りの個人総合口座である。ＭＭＦを銀行口座と連結した換金自由な金融商品を作ることで爆発的に売れるようになった。商業銀行の預金は投資銀行に流れることになる。

③82年、ガーン・セントジャメイン預金金融機関法が制定され、短期金融市場金利預金を銀行ができ

るようになる。金利の自由化にとって決定的な法律となる。この法律によって銀行はＭＭＤＡ（Money Market Deposit Account）を作れるようになる。ＭＭＤＡは、貯蓄預金分野での初めての自由金利商品である。金利はＭＭＦより高く、窓口やＡＴＭで入出金が可能であるため、急速に広がった。今度はＭＭＦの預金からＭＭＤＡへ、投資銀行から商業銀行へ資金が流れることとなる。

またこの法律により、貯蓄貸付組合Ｓ＆Ｌの業務に大きな変化をもたらす。貸付業務の拡大と資金調達の両面にわたって枠が広がることになる。貸付に関しては、①非住宅不動産への担保貸付、②消費者金融、③ＣＰや社債への投資、④商工業貸し出し、⑤リース業務、などが可能になり、Ｓ＆Ｌは金融機関としての性格が商業銀行へ接近することになる。また、資金預託に関しては大口のＣＤブローカー預金が可能になった。金融機関からの大量の資金調達が可能になったわけである。しかし、これらの資金は個人による預金と違って調達先が金融機関であるので利率の変化に敏感に反応する。巨額の資金流入が可能になると同時に、流出リスクを持つことになり、Ｓ＆Ｌの経営は動揺の要素となるものであった。

④80年に預金金利規制の撤廃が決定される（預金金融機関規制緩和・通貨統制法 Depository Institutions Deregulation and Monetary Control Act of 1980）。6年以内での段階的廃止を決めた。そして、「レギュレーションＱ」（預金金利の上限規制）は、１９８３年10月１日に撤廃されている。これにより預金金利は完全に自由化されたと言える。

⑤１９８６年1月には、自由化されていなかった期間の制限（7日間以上32日間未満）が撤廃され、制定預金額も撤廃され、すべての預金金利規制の自由化が実現した。

預金金利の完全自由化は、金利高騰を招いた。預金獲得競争が始まったのである。例えば、ケミカルバンキングは6か月物の定期預金金利を10・5％にした。１９８３年10月1日の自由化の前日まで

6か月物の定期預金金利は、年5・75％を上限としていたことを思えば、急激な上昇である。大手商業銀行の預金獲得競争は、1984年の春から夏にかけて激しくなってゆく。それは商品の特売とも結びついて展開した。真珠やネックレスの割引や高級車リンカーンのディスカウント、さらにソニーのカラーテレビの贈答など、と組み合わせた販売も行われた。

このような動きの中で金融業以外の一般企業も金融業に進出するようになる。法律の制限から金融子会社を設立する。既存の証券会社や投資銀行を買収するという形である。アメリカンエクスプレスやシアーズ・ローバックなどがそのような動きをした。

レギュレーションQ

レギュレーションQ（Regulation Q）とは、FRB（連邦準備制度理事会）のレギュレーション（規則）のうち銀行預金利率に関するもので、各連銀加盟銀行が一般から集める定期預金、貯蓄預金などがその規制対象とされている。アメリカの預金金利規制の総称である。預金獲得への過当な金利競争を防止するために導入された。

1933年銀行法を受けてレギュレーションQで、貯蓄・定期預金への金利上限が課されたのが最初である。その後、レギュレーションQは、10万ドル以上の大口定期預金について適用停止（1970年6月、1973年5月）とされた。さらに1980年金融制度改革法では預金金利規制の段階的撤廃が立法化されたことで、現在では米国の預金金利はほぼ完全に自由化されている。

商業銀行と投資銀行

第三の自由化は、業務内容の自由化である。

投資銀行と商業銀行の峻別の撤廃である。日本でいうと、証券会社と銀行の業務の垣根が撤廃されたということである。1929年の大恐慌で多くの銀行が倒産した。恐慌時に社会的混乱を防ぐという目的が金融行政にとって最優先事項となる。その教訓から一般的預金者を金融危機から守る必要があることが自覚された。投資銀行の活動はリスクテイクを伴い、高利潤を獲得する性格を持っていた。このような状況から一般預金者を守るため、1933年グラス・スティーガル法が制定された。商業銀行と投資銀行に垣根を設けたのである。商業銀行は多くの人々からおカネを預かるので投資銀行のようなリスクを抱えた営業はできない、ということがこの法律の意図であった。

第一幕は、金融商品の作成過程にある。すでに見たように、投資銀行がMMFを作り、金利の自由化に伴って、商業銀行がMMCを発行することで、資金の集積に関する競争から投資銀行と商業銀行の垣根が実質的に撤廃されていくことになる。70年代からの動きで、特に79～82年に至る状況である。

1980年代後半からは、社債の発行の多様化、金融商品の多様化、デリバティブの生成などで、金融業界全体が投資銀行的業務に目が向くようになる。総合的な金融サービス活動が視野に入ってくるようになる。保険業その他の金融業務が大幅に自由化され、異業種が金融業に進出し始めたということである。起業が簡単になり、倒産が頻発するようになる。この制度変更は、アメリカで起こっただけでなく、ほぼ同時期に世界の多くの国で行われた。実質的に商業銀行は持株会社を通じて投資銀行業務に進出を始めていた。投資銀行が多くの業務を背負い込む中で、商業銀行が投資銀行業務への進出を望むようになっていったのである。1998年、シティバンクとトラベラーズの合併、すなわち銀行と保険会社の合併によりシティ・グループが誕生した。商業銀行と投資銀行の壁を実質的に打ち破る動きである。

1999年、クリントン政権の下で、金融近代化法（Financial Modernization Act）、すなわち「グラム・リーチ・ブライリー法「The Gramm-Leach-Bliley Act of 1999」が制定される。これによって、銀行と証券と保険業務の兼業禁止が解禁される。この解禁を、ＡＩＧはフルに活用した。金融コングロマリットがどんどん誕生してゆく。シティ・グループとトラベラーズの合併が、自由化を促す動きにつながった。いわば、自然の成り行きとして業務の兼業化が進んでいった。時の財務長官であるロバート・ルービンは、その動きを合法化するのに寄与した。保険業その他の金融業務が大幅に自由化され、異業種が金融業に進出し始めた。起業が簡単になり、倒産が頻発するようになる。

銀行、証券、保険業務の兼営が認められることで、金融コングロマリットが誕生する。保険会社のＡＩＧは、フル活用し、やがてリーマンショックの時に破綻する。１９９９年以後の大きな変化が巨大なバブルを生み出していった。

地方銀行の規制緩和

第四の自由化は、州規制の撤廃である。

かつてアメリカは大恐慌の経験から強い規制でがんじがらめにされていた。銀行の経営陣も過剰なほど慎重であった。利潤や成長よりも安全性が第一義的なものであった。アメリカの銀行規制の一つは州ごとの規制である。複数の州にまたがる営業活動は禁止されていた。州によっては一つの銀行が複数の支店を持つことも禁止されていた。

その規制によって、小さな銀行が多数存在することになる。それがアメリカの銀行制度の特徴となる。最高時には1万4千に上る銀行が存在していた。１９９7年に州を超えて銀行の支店の開設が認められた。州規制の撤廃、自由化は銀行規模を大きくした。１９８０年から94年の間に、銀行数は27%減少し、支店数は25%増大している。１９９５年にケミカル・バンクとチェース・マンハッタンが合併している。

州際業務を規制する法律が、１９２７年に成立した「マクファーデン法」であった。80年代には州法レベルで地理的規制が緩和される。１９９４年に、「リーグル・ニール州際銀行支店設置効率化法(Riegle-Neal Interstate Banking and Branching Efficiency Act of 1994)」で銀行の地理的業務規制がなくなる。１９９５年9月30日以降、州法の規定に関係なく銀行業務の全国展開が可能になった。97年6月に完全自由になっている。支店設置に関しても、97年6月1日以降認められるようになったのである。

アメリカ発の金融規制緩和

アメリカの銀行の特徴として、銀行数が多いことがある。それは銀行の業務分野や地理的な展開が厳しく規制されていたことに原因がある。１９９０年代の規制緩和の進展で、この環境が大きく変化し、銀行の競争が新しい展開を可能にするようになった。そして、銀行の合併・統合が行われるようになった。１９８０年代後半よりＦＲＢは銀行持株会社傘下の銀行系子会社に証券業務を個別に認可するようになっていた。そして、第二の自由化で述べたように、１９９９年にグラム・リーチ・ブライリー法が成立し、金融持株会社を通じた銀行・証券・保険の相互参入が可能になった。

１９８０年代半ばの銀行数が１５、０００ほどであったのに対し、２００３年の商業銀行数は、7、７６９行になっている。１９９8年には、ネイションズバンクとバンクオブアメリカが合併し、アメリカ初の全米的銀行が出現している。

外国為替の自由化

第五の自由化は、外国為替の自由化である。これはいわば金融市場の国家障壁がなくなることである。国内と同じように送金・金融取引が自由になることを意味する。もちろん決済の問題であるので、通貨の問題は残ってくる。国家の外国為替管理を特定の銀行に認可するという状況から、どの銀行も自由に送金・決済ができるようになる。さらに、企業は自ら取引相手に対して送金が可能となってくる。ＩＭＦ体制は、為替の安定によって国際社会の安定を目指すものであった。第二次世界大戦以前は、貿易決済が支障をきたしていた。経済はブロック化され、決済システムはマヒしていた。戦後、アメリカ中心の貿易体制を構築することができるようになり、決済システムの確立が不可欠なものとなった。まず特定の銀行が為替業務を独占することは世界秩序ということを主眼とするときには好ましいものとなる。以上のような必要性から戦後金融の大枠が作られた。１９７１年のニクソンショックの後、世界の経済が国際化していくという自然の流れが生まれ金融の自由化が進んでいくのである。それは単なる市場主義とか新自由主義の帰結であるわけではない。市場主義が自由化を後押しする論拠を提供し、時代の流れを作っていたことは否めないが、背後には市場の変化、企業の変化、そして市民社会のグローバル化があったのである。

外国為替管理法が存在した時代は、貿易収支とその決済ということが国際金融の基本であった。その決済を行うのは国に認可された外国為替専門の銀行に限定されていた。金融の自由化によって国際的な資本移動が起こるようになると、金利が大きな役割を持つようになる。

１９８４年6月に円転換規制が撤廃されている。84年から88年にかけて外国為替規制は撤廃され国際的な資本移動が自由化してくる。銀行は世界市場で活躍するようになり、各国で決済通貨としてのドルが不足すると外銀でドルに交換することが可能になった。それは同時に、通貨の大きな変動を生み出すようになり、１９９７年のアジア通貨危機に見られるように、ヘッジファンドなどを先頭に行われる通貨に対する投機が発生するようになった。

3. 自由化による金融活動の変化

裁定取引——円キャリートレード

外国為替の自由化に加えて、さらに、裁定取引（アービトラージ）が１９８６年以降行われるようになると、金利の低い国で資金を調達し、金利の高い国で貸し付けるということが大規模に行われるようになり、国際間の資金移動が大規模化してゆく。外国為替の自由化で裁定取引が行われるようになったわけである。例えば、裁定取引ができるようになると、ゼロ金利を続けている日本で、１００億円借りて、15％のリターンを保証しているアメリカのファンドの金融商品を購入すると、１年後には、１１５億円となる。１００億円を返済して、15億円が残る。おカネを借りる能力だけで、15億円が手に入る。

２０００年代前半、金利の高いドルやユーロの外貨に投資する、円キャリートレードが流行した。為替レートが決定的な重要性を持ってくる。１００億円（$1＝¥１１０のレートだとすると、9、０９０・9万ドル）の投資を円キャリートレードでドルの口座に投資したとする。日本の金利が0・1％で、アメリカの金利が5・1％だとする。5％の金利差で、１年後は、9、０９０・9万ドルで9、５５４・5万ドルが手元に入る。しかし、それを円に換えて返金しなければならない。１年後に返済するとして、円金利が、0・1％の場合返済額は、１００億円で1、０００万円である。１００億円は、送った時のレートが、仮に$1＝¥１１０だったとすると、$9、０９０・9万ドルになっている。その時のアメリカ金利が、5・1％とすると1年後返済する時日本円に換算して１０5億1、０００万円となっている。裁定取引で、１０５・1―１００・1＝4で、4億円の利得が得られる。これは為替

図4　裁定取引と為替レート

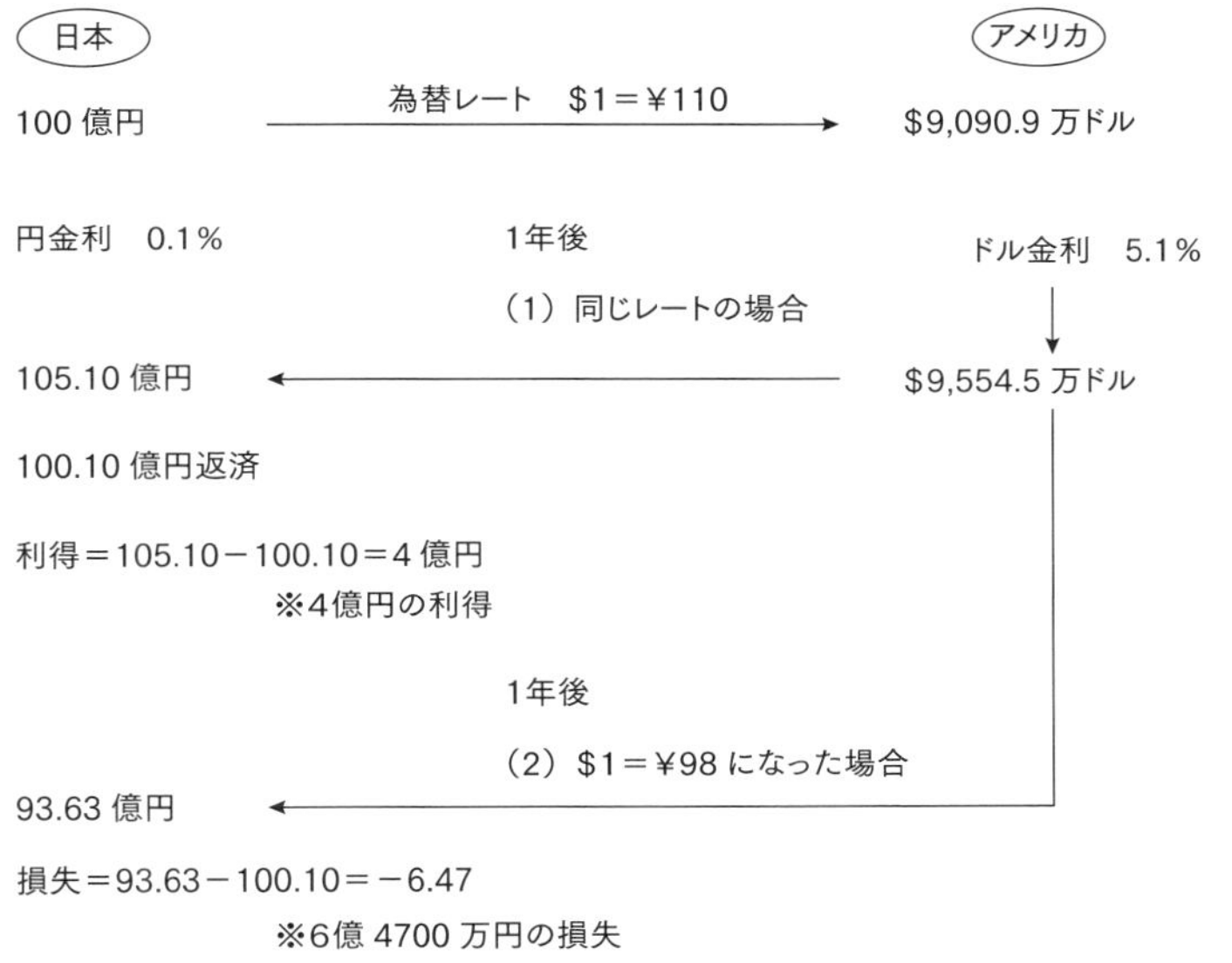

レートが同じ場合である。1年後、仮に$1＝¥98の円高になっていたとすると、9、554・5万ドルは93億6、300万円となり、6億4、700万円の損失となる（93・63－100・10＝－6・47）。

円キャリートレードは、このようなリスクをはらんでいる。ドルキャリートレードも同じで、経済状況に関するグローバルマクロの視角が不可欠になるが、これは様々な要因で変動するので、損失や破綻は避けられない（図4）。

世界の金融はそのような機会をめぐって活発な経済活動をしている。金利や為替レートは、商社や金融取引に関与する企業にとっては、利益と損失を左右する大きな要素となるので、激しい取引、リスクヘッジの方法が考えられることになる。ただ、これは、人類全体で見たとき、富の増大と言えるのだろうか。人類の幸福の増大につながっているのだろうか。一部の人々にとっては、利益獲得の好機であるということは言える。

S&Lの危機

金利の高騰は、貯蓄貸付組合（S&L）に危機をもたらす。82年には247行のS&Lが倒産した。S&Lは、地方で貯蓄を募って住宅購入者に長期で貸し付ける金融機関である。長期金利で貸し付け、短期借り入れで利ザヤを稼ぐのがS&Lのビジネスの基本である。アメリカ経済の金利乱高下の中で巨額の逆ザヤを出して多くのS&Lが倒産する。さらに、貯蓄貸付組合（S&L）は、1985年から92年にかけて、約2，000行が倒産した。財政負担は、数千億ドルに上っていた。預金保険公社（FDICとFSLIC）も実質破綻する。政府は89年～91年に1，467億ドルの資金援助をしている。

独占金融資本主義の変化がもたらす金融の変化

以上の自由化は、金融独占資本主義の変化によってもたらされたものであるが、逆に金融自由化が金融独占資本主義を崩壊させてゆくという側面もある。同じ現象の裏表、相互作用と捉えられる。

90年代の中葉に、ウォール街は大きく変質した。実業を土台とした資本主義が、金融だけの資本主義に変質していった。デュポンは化学工業、ヴァンダービルトは鉄道業、カーネギーは鉄鋼業、ロックフェラーは石油産業、カーギルは穀物商社、デュークはたばこ産業、グッゲンハイムは鉱山業、メロンは石油産業、フォードは自動車産業、アスターはホテル業、といったようにアメリカの財閥は産業を基礎として、そしてその上に銀行その他の金融機関と結びついていた。J・P・モルガンは巨大銀行組織を構築して産業を配下に収めていった。鉄道会社を支配し、鉄道会社が数十の産業会社を支配するといったものであった。アメリカの会社は鉄道会社が半分近くの株式を保有してきたのである。

1980年代半ばからの変化は、このような財閥支配から金融資本の支配に代わってゆく過程であった。90年代半ばにその変化は決定的なものとなる。2001年J・P・モルガンとチェース・マンハッタンが合併し、J・P・モルガン・チェースとなった。独占資本主義の代表的なモルガン財閥とロックフェラー財閥の統合である。1995年から、チェース・マンハッタンが合併の連鎖を引き起こしていった。アメリカでのメガバンク形成である。証券、保険、ノンバンクなどを統合していった。そして、やがて金融の自由化の波の中で、金融暴走が始まる。

金融自由化のインパクト

金融自由化は、金融独占資本主義という国内的な資本主義体制が崩壊してゆく中で起こっている。管理通貨制と公共投資というケインズ主義的な政策が国内的には財政赤字とインフレという現象を生み、さらに景気の低迷が重なった中で、金融機関は打開の道を模索した。変動為替制に移行する中で、デリバティブが開発され、外国為替の自由化の時代になる。金融の領域でも、自由市場がグローバルに広がるという流れの中で、先物市場、株式市場、金融商品の市場などが、国際化してゆく。規制は各国で撤廃されその先駆けにアメリカの金融自由化が、特にレーガン政権のもとで推し進められた。グローバル化のインパクトは、州規制などの国内の金融の規制の撤廃に波及して国内的インパクトともなる。金利規制の撤廃は、国内的インフレという状況への対応という側面がある。国内的要因であるインフレが、金利の自由化へのインパクトになる。自由化はグローバルなインパクトと国内的経済の成り行きの過程からくる要請という側面が相互作用して進行していった。

【3】日本の金融革命

1．金融自由化へのインパクト

日本の金融自由化は、アメリカや英国を追いかける形で進んでいった。アメリカではすでに見たように証券会社への委託や売買手数料の自由化などが、75年に行われている。それに合わせて投資銀行業務が成長して世界の金融改革の最先端を走っていた。M＆Aの仲介や投資信託の広がりなどが投資銀行業務の大きな部分を占めるようになってきている。日本では、橋本政権が金融ビッグバンを打ち出すのが、１９９６年である。98年の改正外為法が施行されて「金融ビッグバン」という言葉が広がった。１９９１年のバブル崩壊から「失われた10年」と言われた時期の不良債権に苦しむ状況の中で行われた。この時期、世界はすでに、デリバティブの普及、投資銀行の活躍、M＆Aの広がりなどで、金融自由化は当たり前の前提となっているといえる。日本そしてそれに続いてアジア諸国が、自由化の波の中で金融恐慌の渦に巻き込まれてゆく。制度的な遅れは、金融実務の遅れとなり対応が後手に回りながら、自由化当初は、金融帝国に飲み込まれてゆく。

金融の自由化は金利と業務の自由化を軸として資本主義経済が全体として自由化してゆくことの一環として進んでゆく。日本では、１９７０年代の後半に国債の大量発行が始まり、金融の国際化と合わせて金融自由化へのインパクトが発生する。80年代半ばより自由化を進めるアメリカからの圧力が金融自由化への要求となる。金融自由化は変化に対応する市場の工夫から進んでいったと言える。

1998年12月に金融改革法が施行された。金融ビッグバンの核となる法律である。銀行・証券・保険の垣根が取り払われた。

また、98年の4月には改正外為法が施行されている。外貨預金、外貨両替が自由化され、企業は日本の銀行を経由することなく、直接、海外の銀行と決済できるようになった。大手企業は輸出と輸入の代金を相殺し差額だけを決済できるようになった。いわゆる「ネッティング」の導入である。為替手数費用は大幅に削減された。

メインバンク制の崩壊

金融自由化が行われる頃までは、企業集団は、銀行を中心に形成されていた。金融自由化と並行する形で、銀行の役割も変化する。各業種の企業と同様、銀行も世界市場での競争にさらされていくことになる。世界市場の競争という事態に対応すべく、自由化が進んでいったともいえる。もちろんそこには、逆に金融自由化がグローバル化を進めるインパクトとなったということもある。いわば相互作用である。市場化の要望が、自由化をもたらし、その自由化が市場化を進めていった。金融市場のグローバル化はメガバンクの形成を各国にもたらす。さらにヨーロッパでは、国家を超えた銀行の統合が行われた。銀行の姿の変容は、メガバンクの形成や金融機関のグローバルフォーメーションの形成という面と銀行破綻という面との両輪で進行してゆく。その結果として、日本では六大企業集団の結束が揺らぐことになる。系列を超えた取引の時代になる。下請けは、部品生産工場として、どのメーカーとも取引する新しい競争にさらされることになる。

日産がルノーと統合されて生じたことは、下請けの見直しである。停滞をもたらすコストの固定化は見直されることになる。低コストでより優れた製品を納めることが部品会社に要求される。系列と結びついた「独占」が崩れ、下請けに関しても大競争の時代になったのである。価格低下による競争の激化の時代となり、これがデフレを生みだす構造にもなってくる。

銀行の側から見ると、90年代半ばには、メインバンクという概念は企業から消えている。銀行とは、それぞれ得意な分野でつき合ってゆく時代に変化する。かつて日本の金融資本は、メインバンク制として定着していた。銀行は個人資産の半分以上を預金として集めて、それを長期で企業に貸し付けた。企業は安定した資金供給の下で計画的に経営を営むことができた。景気変動に左右されないことが独占企業の特質であるが、日本は長期での融資ということが、その力となっていた。その中心に国策が関与する銀行が存在した。それが、日本長期信用銀行、日本興業銀行、日本債券信用銀行であった。この三つの銀行が破綻するということは、独占金融資本主義時代の終末を意味する事態である。日本長期信用銀行は、昭和27年にスタートした。日本の基幹産業に低利で長期の資金を融通してきた。これらの銀行は、独占資本が長期の貸し付けによって長期計画の下で生産を拡大してゆくという路線に一致したものであった。独占資本主義が崩壊するということは、そのような長期貸付ができなくなるということである。これら長期信用の三つの銀行は、直接的にはバブル経済の過剰貸し付けによる巨大な不良債権を抱え込んだことによるのであるが、事態の本質は独占資本主義から系列の垣根を超えた銀行間の競争という環境変化にある。それは日本の金融革命がもたらしたものであり、金融資本主義の崩壊とともに新しい資本主義の形が生み出されてゆく時代が到来したことを意味するものである。

バブル期に、長期経営計画の見直しが行われ、世界的な商業銀行の傾向であるリテールバンキングと投資銀行業務への進出を打ち出したが、急激な転換は本来の業務に適応するものではなかった。元来が、長期信用銀行は投資銀行・証券会社ではないのである。

株式持ち合いが崩れる

バブル崩壊後の不況の中で、株式の持ち合いが崩れ始める。株式売買で、１９９４年以降、銀行の株式売り越しになる。安定株主工作は、銀行の株の持ち合いが中心的な役割を持っていた。売り越しに転換する背景には、13兆円に上る不良債権がある。銀行は保有株式を手放して、売却益を資本に上乗せせざるを得なくなる。もちろん株価は低迷しているので、決して有利な対策ではないが、不良債権の償却のためには、避けられないことであった。また、企業の方も業績悪化が続く中で銀行株を手放してゆく。企業と金融機関の双方で株の持ち合いが崩れていったのである。株式持ち合い離れは、90年代に始まっているが、２０１６年の現在も進行し続けている。20年以上にわたって、企業の独立性の方向への株式保有の構造が動いている。

日本の金融の自由化への流れ

アメリカやヨーロッパで金融自由化が進み、世界の金融が市場原理で動くようになり、金融技術の発達も相まって、金融のグローバル競争が激しくなってゆく。日本の証券市場は規制が多すぎて、90年代初頭には日本株の大口取引は、みんなロンドンやシンガポールに逃げて行ってしまった。このころすでに世界経済のグローバル化のなかで、金融の自由化は不可避の状況となっている。

日本でもアメリカのグラス・スティーガル法の投資銀行と商業銀行の分離に相当するのが、１９４８年の証券取引法65条である。この条項によって銀行と証券の分離が行われた。これは財閥解体を行った戦後改革の一環としてできたものであるので、アメリカの経済制度から影響を受けたものと言える。

さらに、1952年には長期信用銀行法で長期金融は長期信用銀行や信託銀行が担い、短期金融を普通銀行が担うという体制ができた。

1980年代前半、金融自由化・国際化の流れは勢いを増した。83年11月、レーガン大統領の訪日を機会に「日米円ドル委員会」で金融自由化と円の国際化の方向が検討される。84年5月、大蔵省の「金融の自由化及び円の国際化についての現状と展望」がまとめられる。

1986年の前川レポートは、中曽根内閣のもとでまとめられたが、日本の進む方向を示そうとするものであった。内需指導型であるが、一方では自由化推進、市場原理を拡大しようという方向のものであった。金融に関する項目（前川レポート　4項（2））では、金融・資本市場の自由化と円の国際化が志向されている。

金融制度改革関連法から金融ビッグバンへ

金融制度改革関連法が1992年6月19日に成立している。正式名称は「金融制度及び証券取引制度改革のための関係法律の整備等に関する法律」である。93年4月1日から施行された。金融制度改革関連法の施行によって、銀行、証券会社、信託銀行は子会社の設立を通じて、相互の業務分野に参入できるようになった。また、信用組合、労働金庫、農協等での国債の募集の取扱いや外国為替業務が認められることになった。1993年の金融制度改革法で証券業と銀行業の業際規制の緩和が行われ、デリバティブなどの取り扱いなどで証券銀行分離は崩れていった。

そして、1995年11月に第二次橋本内閣が誕生し、やがて、行政、財政、金融、経済構造、社会保障、教育の六大改革の方向が打ち出される。その中心となるのは、金融ビッグバンである。金融改革は長い間の検討の蓄積があった。いわば部品はそろっていた。これによって一挙に金融自由化は進展してゆくことになる。金融制度の自由化は、金融ビッグバンと呼ばれたのは、１９８６年のイギリスのサッチャーの金融自由化政策の命名である。日本では橋本龍太郎首相が１９９６年11月11日に、日本版ビッグバンとして金融制度改革を指示した。「わが国の金融市場をニューヨーク・ロンドン並みの国際的な金融市場となって再生することを目指す」というものであった。

分業主義を形づくっていた銀行・証券の分離、銀行・信託の分離といった垣根規制はそのなかで実質的に崩れることになったのである。橋本内閣は、２００１年までに金融自由化を実施するよう指示した。この時期に銀行など金融機関の「護送船団方式」を崩壊させるような改革が進行し、その後、２００２年以降には、銀行業・保険業・証券の各代理業解禁など規制緩和が進行した。銀行、証券会社、保険会社の相互参入を可能にし、手数料の自由化などを含む、日本の金融システムの改革を２００１年めざして金融制度改革を行うというものである。これを受けた、証券取引審議会では、①持株会社制度の導入、②手数料の自由化、③証券会社の資産運用業務の解禁などが検討された。

１９９８年春から外国為替法の改正が行われた。国内の銀行を通すことなく、直接海外の業者と自由に取引ができるようになった。ビッグバンが進めば外資系も含めた競争が激しくなり、プロジェクト・ファイナンスや決済業務などの収益源を育てるということが銀行経営の戦略として浮上する。

自由化へのインパクト

自由化は何によってもたらされたか。一つは、グローバル化に伴うグローバル化した金融業界の外部からの圧力であり、もう一つは、国内の経済活動の変化に伴う国内的な自由化圧力である。

第一に、国債の影響がある。１９７５年以降、国債が大量に発行されるようになる。国債という信用の高い銘柄が継続的に大量発行されると、債券市場は飛躍的に拡大する。定期預金の規制金利は債券の金利より低かったので、銀行は大企業の大口定期預金を流出させることになる。第二に、銀行は、自由金利の譲渡性定期預金（CD、Certificate of Deposit）を発行する認可を大蔵省に求め、79年からその販売が許可された。これが預金金利規制緩和の第一歩となる。CDは発行金額、期間、金利、保有者に制限がない譲渡性と流通性を持った定期預金証書である。金利は市場金利を反映して決められる。第三に、もう一つの時代の要求がある。企業年金や個人を対象とする信託商品に対する需要が成長する中で、普通銀行に、年金運用を認めるという圧力が出てくる。年金の現代社会の拡充の意味が自由化への圧力となってゆく。

以上のような国内的金融の自由化へのインパクトに加えて、資金調達がグローバル化することが、金融の自由化のもう一つのインパクトとなる。日本では事業債の発行には制約が多かった。CP（コマーシャルペーパー）の発行も1987年まで禁止されていた。そこで日本企業は海外で資金を調達するようになった。日本の銀行は海外での引き受け業務の経験を通じで証券業務のノウハウを蓄積してゆく。銀行にとって国内証券業務という新しい市場の潜在的可能性が開けたのである。

また、日本の銀行がアメリカに進出する場合、1975年〜83年に預金金利の自由化が実現しているアメリカでは、預金金利を自由に設定できた。そこでアメリカは、日本が預金金利の自由を認めないのは、不公平であると主張する。日米円ドル委員会で、1984年に日本の自由化を進めるような報告が出されることとなる。また、日本の預金金利が規制されていることで、日本からアメリカへの資本流出につながり、円安要因になっているとアメリカの当局は考えて、預金金利の自由化への圧力が高まることになった。

資金調達の変化——海外資金の調達

以上のインパクトにとってより決定的なことは、企業の金融そのものの根本的変化である。企業資金調達で、借入金の比率が70年代後半から80年代にかけて低下してゆく。いわゆる間接金融から直接金融への変化である。しかも、80年代には外部資金調達が国内から海外へシフトしている。85年には、約半分が海外調達になっている。普通社債や転換社債も海外比率が伸びる。ワラント債の発行は、87年88年度はすべて海外で行われるようになる。

金融取引の巨大化

この流れの中で、金融の在り方にとって重要な変化がもたらされている。金融自由化の進行の結果、実物経済活動とは直結しない金融取引が増加していったということである。それは金融機関どうしのプロの世界での話であるので、人々が気付かないうちに進行していった。株式や債券の取引規模は、80年ではGDPの0・7倍であったものが、87年には約14倍になっている。外国為替取引も貿易額と比較しても同様の傾向がある。

2. 日本の金融自由化

日本の金融自由化の項目

アメリカの五つの金融の自由化のうち、州規制撤廃は特殊アメリカ的なものであるので、日本の金融自由化に関しては、残りの四つに持株会社の規制撤廃を含めて五つの自由化があった。

整理すると、

1. 手数料の自由化
2. 金利の自由化
3. 業務内容の自由化
4. 外国為替業務の自由化
5. 金融持株会社の解禁

ということになる。

第一に、手数料の自由化は、

株式委託売買手数料のダンピングが始まる。東洋証券、松井証券、楽天証券などの手数料の引き下げで、野村証券や大和証券などが顧客を奪われることとなる。

第二に、金利に関する規制である。

70年後半、インターバンク市場であるコール・手形市場で金利の自由化が始まり、新たなオープン市場が創設される。

銀行が、戦後、安定した経営を行えたことは、国家の金利規制によるところが大きい。「臨時金利調整法」（1947年）が預金金利の上限を規定しそれが守られてきた。アメリカでも「レギュレーションQ」（預金金利の上限規制）があった。アメリカでは大恐慌以来、5・5％が上限とされ、74年77年の激しいインフレ下で規制撤廃の動きとなっていた。そして金融自由化に伴って波乱の時代を迎えることになる。

日本の預金金利の自由化は、85年に大口預金に始まる。自由金利の預金として大口定期預金やMMCが導入される。それ以後、自由金利預金市場が顕著に拡大を見せる。93年6月には定期預金金利が完全に自由化された。94年の10月には流動性預金金利の自由化が完成される。これに伴い、規制金利下での護送船団方式を続けてきた日本の銀行は本格的な競争の時代を迎えることになる。預金金利の自由化に伴い、さくら銀行、三和銀行などは、貯蓄預金の金額階層別の金利や普通預金金利の上乗せなどを打ち出すことになった。

第三には、金融機関の業務

先に述べたように、1993年に施行された金融制度改革法は、銀行が証券子会社を設立することで、また逆に証券会社が銀行子会社を設立することで、お互いの業務領域に参入することが認められるようになった。1998年12月から銀行等の投資信託の窓口販売が導入される。

日本での自由化の背景には、海外の金融機関の日本での動きがあった。1983年11月にアメリカのシティ・コープがイギリスの証券会社であるヴィッカーズ・ダ・コスタを買収した。ヴィッカーズは東京に支店も持っていたので、商業銀行の証券子会社が日本で営業することになった。大蔵省は、銀行と証券の分離規制の原則からヴィッカーズの支店を閉鎖させようとするが、結局、断念した。アメリカでのグラス・スティーガル法の実質骨抜きと同じような経緯が、日本でも同じシティ・コープの動きによって進んでゆく。

1998年、大蔵省は社債発行の手続きを大幅に簡素化する。企業が一度発行枠を設定すれば、その後はその枠の範囲内で臨機応変に発行できるようにした。企業が向こう3～5年分の社債発行枠を設ければ、その後は取締役会の決議などの手続きをする必要がなく、社債を自由に発行できるようになった。欧米ではすでに自由化されていたので、それに対応する処置と言える。社債発行の簡易化は、直接金融への変化を可能にする枠組みが作られたということで、時代の傾向に沿うもので重要な意味を持つものである。２０００年代に入ると銀行・証券会社等の金融機関での生命保険・損害保険・個人年金保険の募集業や、個人型確定拠出年金制度が登場した。

戦後の財閥解体を経て銀行の「分業主義」が形成される。１９４８年に証券取引法65条が制定され、銀行と証券の分離が明確にされる。そして１９４９年の外国為替管理法によって海外との為替決済は銀行の業務として行われることになる。次いで、１９５２年に長期信用銀行法により長期金融を担う長期信用銀行が誕生する。短期金融は普通銀行、長期金融は長期信用銀行や信託銀行が担うという体制が構築される。大戦後のこのような金融システムは、アメリカの金融システムの影響の下で作られている。ということは、大恐慌の教訓の上に日本の金融システムが作られたのである。

銀行・証券会社・保険会社は役割によって分断された体制によって、安定維持されようとする。いわゆる護送船団方式に進展するのであるが、金融機関は戦後必要に応じて作られて、全体として金融システム体系を構築している。主力銀行として都市銀行があり、地方の企業金融を中心に、地方銀行がある。外国為替銀行は、東京銀行が一手に掌握する。そして政府系の日本輸出入銀行と日本開発銀行が貿易にかかわる資金の融通をする機関としてある。互助的、特殊団体の金融に応じるものとして、相互銀行、信用金庫、中小企業金融公庫、農林漁業金融公庫などができている。

第四に、外国為替の自由化

１９７１年のニクソンショックに伴うＩＭＦ体制の崩壊によって、世界の通貨体制は一時的にはスミソニアン体制という形をとるが、やがて73年には変動為替制へと移行した。外国為替は各国政府の通貨政策が神経をとがらせる時代へと突入する。試行錯誤の中で、規制と自由化が錯綜し、各金融機関や企業も対応に精魂を傾ける。金融商品の開発、デリバティブ市場の創設、アービトラージ（裁定取引）、ヘッジファンドの台頭といった状況が生まれる。

79年外国為替管理法の改正で銀行の外国為替業務は原則自由になった。79年改正によってほぼ規制は撤廃された。１９９７年3月「外国為替及び外国貿易管理の一部を改正する法案」が国会に提出され、5月16日に新外為法が成立する。98年の改正で規制は完全に撤廃された。１９９８年4月、改正外為法が施行となった。もともと外国為替法は、「国際収支の安定と通貨の安定さらには外貨の有効利用を図るために必要な管理を行い、経済復興をはたす」という趣旨で定められていた。98年の改正で、企業、個人の外国為替取引規制も原則撤廃になった。誰でも、どんな組織でも、外国為替取引ができるようになったのである。日本以外の先進諸国ではすでにできていたことである。特にこの改正は商社にとって大きな利点となる。銀行は、海外の銀行との激しい競争に入ることとなる。またこれにより個人の証拠金取引も始まったと言える。外為ドットコムといった会社ができて、急速に拡大するようになった。

外国為替は、もともと貿易の決済のために存在した。通貨の違いを超えて市場は広がる。それに対応するシステムが外国為替である。どの通貨が決済機能を持つかということが、市場における信用度に依存する。もともと金と銀が決済機能を持ち、金や銀を離れて政府が発行する通貨は信用を持つということはできなかった。資本主義の発達とともに信用制度も発達し、次第に通貨が信用を持つようになってくる。イギリスが世界市場を牛耳る19世紀には、イギリスの通貨が決済通貨としての役割を果たしていた。大戦間は、スターリングとドルの併用の通貨体制であったが、世界貿易は決済機能に難を持つ時代であった。戦後のアメリカドルの体制を世界の主要国の合意によって整えたものが、ブレトンウッズ体制と呼ばれるＩＭＦ体制であった。

世界の交流が進む中で多くの通貨が交換される時代になるが、元来は貿易の決済通貨ということが基本である。98年の為替管理法の改正により、海外投資が広がり、同時に資本の海外への逃避への動きも活発化する。同時に税金を回避する目的で、シンガポール、パナマ、ケイマンなどへの逃避が日本企業・投資家にも広がってゆく。

海外送金　手数料

グローバル市場の形成に伴う大競争は、金融自由化の原動力であった。外国為替の自由化は、送金手数料の引き下げにもつながっている。シティ・グループが買収した「ペイクイック」は、90か国以上で安価な国際送金サービスを展開している。いずれも手数料は1件数百円程度になっている。送金手数料の価格破壊である。日本の銀行も、アジア10か国を対象として国際送金網を作る検討に入っている（日本経済新聞、２０１６年1月20日）。今は銀行ごとに送金しているが、幹事銀行が一括送金する仕組みを新たに創設する。手数料は10分の1程度になる。２０１８年に導入する予定である。中国、韓国、タイ、オーストラリアなど11か国の参加するシステム会社でシステムを構築する。日本からの海外送金は、年間６００万件で送金費用は年間３００億円になっているのが現状である。

持株会社解禁

第五に、持株会社の解禁がある。

日本の金融自由化にはもう一つの項目がある。戦後財閥解体に際して、日本の戦前の金融資本＝財閥の形態に関する規制として、持株会社の禁止があった。持株会社の解禁ということが自由化のもう一つの項目であり、新しい形での企業経営のシステムの根幹となってゆく。

戦前の財閥は持株会社を頂点とした企業支配の体制を形成していた。その点は日本資本主義の本質的な部分で三井家、岩崎家、鴻池家などの財閥が、家制度の倫理観を延長して、それを反映する形で資本主義の企業社会を形成していた。そこに日本資本主義の特殊性があった。それは独占を強固に形成するかなめであった。この時代、独占が国家と結びつき、戦争推進の力になったことから、戦後改革の中で「持株会社の禁止」が法制化されたのである。1947年（昭和22年）独占禁止法が制定され、その9条において「持株会社の禁止」が明記された。独禁法を守る公正取引委員会が第9条を一貫して守る立場をとってきている。

市場の自由化の流れの中で、様々な規制にメスが入れられることが、金融革命を引き起こすのであるが、持株会社の解禁はその輪の中の大きな要素である。1995年3月、「規制緩和推進計画」において持株会社の禁止を見直すとされた。持株会社はかつてのように財閥の支配、コンツェルンの形成を作るのではなく、新しい企業のM&Aなどの手法に関連してゆくこととなる。持株会社により、企業の株式を取得し、その企業に経営陣を送り込み、経営を支配することで経営をビジネスのプロジェクトに組み込み、また、経営を効率化することを目指すことができる。

1997年に、独占禁止法が改正される。それにより98年に金融持株会社の設立が解禁になる。金融持株会社を作るということは、持株会社が、多くの業種の金融子会社を作って、業務上の便宜を作ることができるということである。証券、保険、トレーディング、カード業務、M&Aなど幅広く、銀行が関与するビジネスモデルを作ってゆくことができるようになったのである。

日本の自由化を推し進めたもの

以上の五つの自由化が、橋本内閣が目標とした２００１年にはほぼ完成する。振り返ってみるとこの自由化は世界の資本主義の動きと連動したものであった。アメリカではじまった金融革命が世界に広がる過程でもあった。日本の金融自由化も、外圧の力が大きかった。外圧といっても、アメリカからの圧力が主である。１９８４年アメリカ日本円ドル委員会報告では、日本は金利自由化を公約している。また、業務分野の規制に関しても、日本の政府は外国の商業銀行に信託業務の認可を与えている。

金融自由化と並んで企業会計の大きな変化を迎える。会計の国際的な流れとは、連結決算と時価会計ということができる。会計ビッグバンの柱が、①連携財務諸表、②金融資産の時価会計評価、③退職給付債務の計上、である。資産の時価評価と負債の時価評価と言い換えてもいい。

3．金融機関の破綻

銀行破綻の時代へ　政府の政策転換

金融ビッグバンの方針の基本は、規制緩和と金融機関の自立性強調にある。金融革命の一つの結果は、国家行政と金融機関の関係が根本的に変化したことである。金融革命前は、護送船団方式と呼ばれる金融機関全体を保護する政策がとられていた。そして、金融革命後は、金融機関の自己責任ということが金融行政の方針となる。政府の対応も徹底した金融機関の監督指導体制から、銀行倒産、金融再編に対処すべく、金融監督庁を創設する。護送船団方式というのは、政府が金融機関のセットを倒産させないという体制である。独占資本主義の安定的体制構築に一致したものである。だから、護送船団方式は、金融独占資本主義体制の金融機関の体制であったと言える。金融機関は、系列化されており、都市銀行、保険会社、証券会社、地方銀行、信用組合などが系列化されているものであった。金融革命の中で、この体制が崩れる中で、政府の役割は、自由競争の中で金融機関の監督ということになる。系列化が外され、金融機関は個別に対応する必要が出てくる中で、破綻する金融機関が続出する。政府は護送船団方式と言われた対応を取らなくなったことは、この新しい時代への政府の形であるといえるのではないだろうか。

もともと破綻銀行の処理は、健全銀行への営業譲渡と清算、もしくは吸収合併で行われた。それが護送船団方式のやり方である。健全銀行は、店舗規制回避、他地域への進出、業務の拡充などのメリットが見込めて、コストを上回る利益の見込みが立つときに合併が成立する。

バブル崩壊後の金融機関は不良債権を抱えた苦境の中にあった。政府はこれに対して、当初、金融機関は破綻させない、という方針を取っていた。しかし、1995年頃より方針を転じ、経営状態の悪い金融機関は破綻しても仕方ない、という対応になった。1995年8月に兵庫銀行が銀行としては戦後初の経営破綻となり、以降、金融機関の破綻が相次いだ。とりわけ、1997年から1998年にかけ、北海道拓殖銀行、日本長期信用銀行、日本債券信用銀行、山一證券、三洋証券など大手金融機関が倒産し、金融危機が出現した。北海道拓殖銀行は地価上昇を見越して土地評価額に対して過大な融資を行っていた。また、バブル期の融資に出遅れて、劣後順位での担保設定を行わざるをえなかったことから回収が思うに任せず、不良債権が膨らみ、1997年11月、営業継続を断念した。

長銀はバブル期に不動産・リース等、新興企業に積極的な融資を行ったが、バブル崩壊後はイ・アイ・イ・インターナショナルへの多額の融資の焦げ付きを中心とする不良債権を抱え経営不振に陥った。国家が融資して、一時国有化したが、そのまま安い価格で、リップルウッドに売り渡された。

山一證券は1989年末をピークに株価が下落するのに伴い一任勘定で発生した損失を顧客に引き取らせずに、簿外損失として引き受けて、いずれ株価の上昇で損失が解消するのを待ったが、銀行からの支援を失って1997年11月に破産宣告を受けて解散した。

護送船団方式と国家独占資本主義

銀行危機の背後には、銀行に関する根本的な変化がある。間接金融から企業が独立して直接金融に動き始めたこと、それによって系列が弱くなってゆく。護送船団方式にひびが入り始める。

わが国では破綻銀行の処理は、従来、健全銀行への営業全面譲渡と清算、吸収合併方式で行われてきた。護送船団方式の典型である。護送船団方式はある意味では日本的倫理の反映でもある。「和」を尊ぶ考え方でもある。それがドラスチックに変化する。金融自由化は、競争条件の標準化をもたらした。

金融資本主義は、国家と結びつき国家独占資本主義となっていた。国家が市民社会を内部から支えるという体制であった。それが、帝国主義時代に出来上がった国家の形である。その国家そのものが動揺し始めているのである。国家的原理が衰退し、市場原理が地球を覆うようになる時代に、国家的金融体制が変化し始めて、グローバルな市場ルールと国家連合の国際協調という方向性となる。ところが、国際協調は国家独占資本主義のごとき積極的な方針は持ちえないのである。

銀行倒産の時代

バブルからバブルの崩壊に伴い不良債権の山は、金融機関の倒産というドラスチックな変化をもたらした。しかし、他の一面では自由化という流れの中で、金融機関の在り方が変化していたのである。1995年は金融危機の始まりの年である。94年12月9日、経営破綻に陥っていた東京協和信用組合と安全信用組合を処理するための新銀行の設立の方針が打ち出される。東京共同銀行が設立され、日銀法25条による出資が発動された。95年夏には、コスモ信用組合が破綻する。1980年代のバブル経済の時期に不動産、ゴルフ場開発、リゾート開発に結びついた貸し付けを行って不良債権問題を抱えこむようになった。ここに至って「銀行不倒神話」は崩壊した。銀行がつぶれる可能性がある、という意味で銀行は普通の会社となった年といえる。

木津信用組合、兵庫銀行に続き、12月には大阪信用組合が破綻する。阪和銀行も破綻する。いずれもバブル期の不動産金融との関連を深め、バブル崩壊とともに不良債権を抱え込んでいた。また、兵庫銀行は1％台の金利しか提供できない時期に3・85％の金利を提供したり、木津信用組合も2％の定期預金で資金を集めたりしている。日銀は、公定歩合を0・5％まで引き下げ、無担保コール・レートを公定歩合以下まで誘導した。実質0％の公定歩合である。97年11月に、三洋証券が会社更生法を申請して倒産、激震が短期金融市場の銀行間取引に走る。北海道拓殖銀行や山一證券、徳陽シティ銀行が次々と破綻する。株価は下落し始めると、含み益がなくなり、自己資本比率の維持に苦しみ始める。貸し渋りの現象が広がってゆく。

日本の金融資本主義の資金調達

1960年ごろ高度成長期が始まって5年余りたった時期に、投資信託ブームが起きた。特に公社債投信がよく売れた。銀行預金に比べて公社債は利回りが高い。しかし、直接金融はまだそれほど大きいものではない。日本の金融は間接金融に主力を置いて成長した。この時代に企業の資金需要を支えることになったのは、長期信用銀行である。日本興業銀行、日本長期信用銀行（現・新生銀行）、日本不動産銀行（1977年に日本債券信用銀行に変更。現・あおぞら銀行）が、金融債を発行して資金を調達し、主要産業に資金を供給した。鉄鋼・石炭などの大手企業は、日本興業銀行の貸し付けが独占することになった。金融債は、間接金融と直接金融の中間的な性格を持つ。個人のおカネや企業の余剰資金を金融債で集めてそれを貸し付けるというものである。企業が、直接、金融商品で、すなわち株式や社債で資金を集めるのは、直接金融であるし、集めた資金を貸し付けて利ザヤを稼ぐのが間接金融であるのだから、長期信用銀行の場合はその両側面を持っていたのである。時代の要請は、活発な設備投資であり、慢性的な資金不足の状況にあった。長期信用銀行の使命は、貸付資金量を増やして高度成長を金融面で推進することであった。

このような独占金融資本主義の金融体制が、金融自由化の環境の中でシステムの転換を迎えることとなった。メインバンク、長期貸付、規制による金融保護行政といったものが一変するようになる。

日本市場は株式持ち合いが90年代後半には大きく崩れ、その受け皿として外国人投資家の保有が増えた。そのなかには長期の保有を行う、年金や投資信託がある。しかし、同時に投機的なヘッジファンドなどもいた。保有の短期化が全体としては加速することになる。

銀行の資産

日本は、バブル崩壊以後大量の不良債権を抱え、その処理に苦しむことになった。そして95年には多くの銀行が倒産した。1999年、銀行の危機に注入された公的資金は、7兆円である。1999年3月の時点での不良債権の総額は、約67兆7、000億円で、すでに処理された不良債権の総額は、約41兆7、000億円である。

バブル崩壊時の1991年の段階でのノンバンクの貸出総額は、約70兆円で、その中で事業者向けが36兆円、建設不動産向けが5兆円、リースが14兆円である。銀行の貸出総額は、424兆円、海外貸出総額が5、000億ドル（約60兆円）である。

長期信用銀行の破綻

日本の金融資本は、メインバンク制として定着していた。銀行は個人資産の50％以上を預金として集めて、それを長期で企業に貸し付けた。ちなみにアメリカの個人資産で預金の占める割合は、10％余りに過ぎない。企業は安定した資金供給の下で計画的に経営を営むことができた。景気変動に左右されないことが独占企業の特質であるが、日本は長期での融資ということが、その力となっていた。その中心に国策が関与する銀行が存在した。それが、日本長期信用銀行、日本興業銀行、日本債券信用銀行である。これらの銀行は政府から特別な権限をもらっていた。金融債を発行することができた。利率の高い金融債は、売れる。日本長期信用銀行は、長期物の利付金融債（リッチョー）の発行によって資金を集めることができた。この金融債は都市銀行が日本銀行から借り入れをする際の担保として認められたので、都市銀行が購入することで、都市銀行をも資金調達に利用することができた。また、社債発行の難しい中堅企業、中小企業は、この金融債を発行してもらうことで資金供給を受けることができ、集合社債としての機能を持った。この三つの銀行が破綻するということは、金融革命がもたらしたものであり、金融資本主義の崩壊を意味するものであった。

日本長期信用銀行と日本債券信用銀行の買収

日本の企業は長期資金を銀行から借り入れてきた。独占資本主義時代の金融は景気変動に左右されるのではなく、計画的に投資計画を立てて事業拡大を行う。長期借り入れはそれを支える不可欠の要素であった。長期貸し付けは、融資判断に、企業の企画や産業の状況全般に対する見解が重要になってくる。その意味で、視野の広い金融マンを持つことが要求されていたと言える。長期信用銀行や日本興業銀行、日本債券信用銀行はそのような長期貸し付けの中心にあって日本の産業を支えてきた。これら3行の政府系銀行の経営危機と破綻は、日本の金融機関・金融システムを根幹から転換させるものであった。

グローバル・スタンダードによって日本の銀行の長期貸し付けができなくなってゆく。資本は短期的な利益を目指して投資されるようになってゆく。ＢＩＳ規制で、銀行の貸し出しが制限を受ける。短期の預金を多く集めることでそれを長期に融資するというやり方が、ＢＩＳ規制の基準からすると格付けを低くされ信用力に疑問を投げかけるようになる。その時一つの取り付けが連鎖を起こす。これは人為的にアメリカの金融権力によって作られた恐慌であると言える。金融自由化の一環として、日本はＢＩＳ規制を受け入れることになった。それが、日本型クレジット・クランチを必然化し、資金不足をもたらすこととなる。設備投資が低迷し、マイナス成長へつながってゆく。最終的に、経営破綻した日本長期信用銀行はリップルウッドにわずか10億円で買収され、日本債券信用銀行は、ソフトバンクを経由してサーベラスに買収された。

日本債券信用銀行

長期信用銀行は、独占資本主義時代の象徴的な主要銀行である。独占資本は長期的な投資によって商品開発や生産体制、独占的な商品市場を生み出すべく努力する。日本は高度成長期にそのための資金が強く求められた。旺盛な経済成長を背景に、活発な設備投資が求められるだけでなく、時代の要請に基づく長期的視野での投資が望まれた。企業の資金需要は大きく特に長期的な貸し付けが求められた。

1990年代になると、独占資本主義の構造が変化し、時代は長期信用貸付を求めなくなる。企業の資金の入手方法が変化してきたのである。1998年12月、政府は日本債券信用銀行に対して、金融再生法36条に基づき、特別管理への意向を通告する。一時的な国有化である。日本債券銀行の幕引きを意味する事態である。98年10月には、日本長期信用銀行も国有化されている。

日本債券信用銀行は、多くの隠された不良債権を持っていた（佐藤章『金融破綻』岩波書店、1998年に詳しい）。金融監督庁の査定では、日本債券信用銀行の総資産12兆6、590億円のうち、回収不能の資産は、1兆4、387億円である。「九段グループ」と呼ばれるペーパー会社への融資に関するものが多い。「九段グループ」というのは、不動産会社やノンバンクで、60社を超える企業群で、バブルで多くの投機的取引をしていた。バブル崩壊でそれらが不良債権となった。

日本債券信用銀行はバブル崩壊で膨らんだ不良債権を「飛ばし」（含み損を抱えた株式・債券を一時的に第三者に転売する。買戻し条件付きで、含み損がバランスシートにのらないようにする。現在では粉飾決算になる）で処理していたが、1998年12月の金融調査で債務超過と認定され、国有化された。

生命保険会社の破綻

日本の生命保険会社では、1997年4月の日産生命から始まり、2001年までに7社が破綻している。日産生命・千代田生命・東邦生命・大正生命・協栄生命・東京生命が破綻した。金融革命の変化の一つである。バブル景気による金利の上昇と不動産の価格高騰は、「超長期固定金利」の商品を扱う生命保険会社に大きな影響を与えた。バブル崩壊後、高い予定利率の保有契約を多数抱えてしまう。また、不動産への投資、あるいは不動産関連の融資を行ったことで、保有資産・貸出資産が不良化してしまう。生命保険会社は資産運用手段として不動産投資をはじめいろいろな金融商品に投資をするのであるが、金融恐慌の連発する世界では、破綻に至る必然性を持ってしまうこととなる。バブル崩壊の時期は、資産運用による収益力が落ち込み、運用は伸びずに予定利率との差額が発生する。「逆ザヤ」により赤字を出すことになり、それは経営基盤を不安定にするほどになってゆく。運用利回りの確保のために外貨建て資産への投資を行ったが、円高の進行で為替差損を抱えたことも、破綻の一因となっている。経営不振に陥ると解約が相次ぐようにもなった。

保険は相互扶助の組織である。地震のような偶発的な災害や自動車事故などのような損害を、大勢の人たちが公平に出し合ったおカネで助け合おうとするものである。統計学によってどれぐらいの確率で死亡や火災が起こるかということを算定して、「大数の法則」によって、予測し、それをもとにして保険料を算定する。生命保険会社は、株式会社よりも、元々、相互会社という形態をとっていた。加入者が同時にその会社の社員であるという形をとる。お互いに保険しあうと同時に、会社の経営にも参加するという建前である。利益が出た場合、余剰金を配当として受け取り、経営状態が悪い時は、保険金が減額される。保険会社には莫大なおカネが集まる。貯蓄の半分ぐらいが保険金として、保険会社に集まるということになったりしている。

金融危機に対する政府の対応と日銀特融

銀行は倒産させないという政府の方針が、1990年代半ば、金融ビッグバンを進める中で、一変して、「倒産しても仕方ない」という方向に転換する。倒産しても社会の混乱を防ぐということが政府の使命となる。そのためには、日銀特融が活用され、消費者保護が一定の範囲内でという対策になる。日銀特融はもともと、関東大震災の時に復興資金を企業に供給するものであった。社会的混乱を防ぐために緊急時に日本銀行が特別の緊急の貸し出しを行うものである。1965年、山一證券は経営危機に陥る。その時、日銀特融で救済された。しかし、金融革命の真っただ中である1997年、11月22日、今回は、山一證券は破綻に至る。金融革命は銀行・証券などの金融機関の破綻を伴いながら進行してゆく。その中で、国家は日銀特融を起動しながら対処しようとするが、同時に新しい金融体制に移行する過程は進んでゆく。1995年7月31日、コスモ信用組合で取り付け騒ぎが起こり、1日で730億円が引き出された。そして業務停止命令が出された。同時に公的資金が日銀特融で導入され、預金者は保護された。それに先立つ東京協和信用組合と安全信用組合の経営危機に対しては、東京共同銀行が設立され、危機を対処し解決しようとしている。

97年から98年の金融危機に対応して、政府は、金融システムに対する信頼を回復するために、98年2月に金融機能安定化法および改正預金保険法が成立する。これにより公的資金の投入が行われる。1兆8、156億円、対象銀行は21行である。政府は、金融再生法、金融機能早期健全化法を成立させ、流動性資金を積極的に供給する。

ペイオフ解禁

日本における金融市場の自由化は、金融恐慌をもたらし、多くの金融機関の破綻が生じることとなる。それに合わせて、破綻の損失を預金者にかぶせることが認められるようになる。自由主義のルールからすれば当然と言えなくはないが、市民社会の安定と安全ということを国家は絶えず考慮してきたということからすると、国家の姿勢の転換である。信用制度の崩壊は市民社会の崩壊、国家の崩壊につながりかねない。しかし今や、政府が顧慮してきたこれまでの金融機関の法的枠組みは、原理からして根本的な変容を迎えたことになる。

2002年4月1日にペイオフが解禁になる。それに先立ち、金融庁は破綻の恐れのある信用金庫、信用組合、約50を破綻させている。石川銀行、中部銀行などがそれに含まれる。護送船団方式と言われた金融機関の保護体制は、金融の舞台がグローバル市場に変化し、グローバル競争にさらされることへの準備である。

4. 金融大編成――メガバンクの形成

ユニバーサル銀行化は金融独占資本主義の崩壊を意味する

企業金融の変化、金融制度の変化は、金融独占資本主義の崩壊と表裏をなしている。貸付業務が銀行の主な活動で、それを通じてメインバンク制ができていた。安定株主工作を軸として、株の持ち合いによって金融資本主義の財閥・企業グループが形成されていた。メインバンク制と株式持ち合いが金融独占資本主義の柱であった。そのような独占資本主義体制が崩れることが金融革命の本質である。間接金融から直接金融への変化、そしてユニバーサル銀行への舵きりは、その方向を示すものであると言える。

ユニバーサル銀行は、世界的な金融自由化の流れとともに進んできた。例えばシティ銀行は、投資銀行ソロモン・スイス・バーニー、保険会社トラベラーズ、ファイナンスカンパニーとしてシティ・フィナンシャル、カード会社シティカードとダイナーズ・クラブ、プライベート・バンキング専門にシティ・プライベート、プライベート・エクイティ業務にシティ・キャピタルなどの子会社を持ってユニバーサルバンキングシステムを構築している。シティ・グループは、消費者金融、法人企業金融、資産運用業務を三つの柱にしている。最大の収益源はカード業務である。シティ・グループは、消費者金融を、海外でも展開している。新興国の新しい金融インフラに乗り出していると言ってもよい。法人企業部門では、トレーディング、投資信託販売、社債引き受け、M&Aのコンサルティング、など、投資銀行業務が多くを占めるようになっている。資産運用業務では、富裕個人客を対象として、投資信託相談、企業年金運用などを行う。プライベート・バンキングや年金運用業務を行っているのである。モルガン・チェースも、業務を多様化している。投資銀行部門、財務サービス部門、プライベート・バンキング部門、プライベート・エクイティ部門、消費者・中小企業金融部門で構成して、ユニバーサルサービス化を進めている。日本ではありえない状況であるが、日本の銀行もユニバーサルバンキングの方向に動き始めている。

日本では住宅ローンは住宅金融公庫に任せ、証券会社金融は証券会社に任せ、消費者金融は消費者ローン会社に任せ、個人年金や保険は保険会社に譲るというように、棲み分けをしてきている。ユニバーサルバンキングへの方向転換は大きな変革となる。それは同時に金融機関での系列や株の持ち合いという構造を変化させる傾向と表裏の関係にある。企業金融を企業自らがやり、CPの発行や社債の発行を行うようになるというとき、銀行の役割は投資銀行による発行の請負という性格が強くなってゆく。その中で、ユニバーサルバンキングを、日本の金融機関はどこまで進めてゆくだろうか。

銀行の危機の時代——金融再編成へ

金融革命によって護送船団方式の金融体制＝国家独占金融資本主義体制は崩壊した。銀行は国民経済的な機関ではなくなり始めている。競争がグローバル市場の中で行われ始めている。それに対応する出来事としては、メガバンクの形成、国を超えた貸付業務の展開、ネットバンキング、投資銀行業務など市場型直接金融の仲介などの事態が発生している。

銀行は、金融ビッグバンによる新しい金融インフラを受けて、倒産の危機を背後に抱えながら業務遂行するようになっている。しかも、リスクは決して小さくない。デリバティブをはじめ、投資銀行の業務全般を行えるようになったことは、銀行の新しい営業の機会を生み出したが同時に危険性を持つようになった。証券と銀行の分離がなくなると、チャンスと同時に危機がすぐ隣にある。経済の変動をまともにうけるようになる。しかもその変動が大きい。株式に銀行資金が回りだすとき、今度は安定株主工作のためではなく、銀行自体の利益のためということがトレーディングの一環となる。大和銀行の井口俊英氏は、アメリカで1、100億円の損失を出した。取引失敗は、1983年に起こっている。損失を隠して無断取引を継続する。井口氏は10年以上続けて、1995年7月17日に告白文を頭取に出している（『マネー革命③』NHK出版、1999年、14頁～に詳しい）。一人のディーラーの失敗が巨額なものになることが世界中でしばしば見られるようになる。トレーディングによりリスクはかり知れないものになっている。

銀行は金融機関として様々な金融商品に投資するとき、大きな損失が即座に現実のものとなるのである。Ｊ・Ｐ・モルガン・チェースでは、６、０００億円もの損失をディーラーが出すというようなことが起こったりした。

メインバンク制度の崩壊

バブル崩壊の中で日本の金融独占資本主義は終わりを迎えることになる。その一つの現れがメインバンク制の終焉である。それを象徴する出来事は、２００１年９月14日のマイカルの破綻である。負債総額は約１兆７、４００億円。メインバンクの旧第一勧業銀行はみずほグループで支援するというコメントを出していたが、追加融資を断り破綻に至った。メインバンクは最後まで面倒を見てくれる存在ではなくなったのである。採算重視の考えに変わっていくことが新しい銀行の姿である。

系列を超えて、ライバルとの統合、提携することが盛んになり始めた。１９９９年に日本石油は三菱石油と合併して新日本石油が誕生した。旧三和銀行系のコスモ石油と全面提携している。新日本製鉄は旧住友系の住友金属、旧三和・旧第一勧業銀行系の神戸製鋼と提携し、その後、住友金属と合併している。２００２年10月には、旧第一勧銀系の川崎製鉄は、旧富士銀行系のＮＫＫと経営統合し、ＪＦＥホールディングスとなっている。99年、三菱電機は、旧三井系の東芝と変圧器、遮断器などの分野で事業統合している。これらの統合の波は、金融革命の本質であり、系列を超えてグローバル市場での大競争に対応しようという体制である。90年代半ばで、メインバンクという概念はもう消えてしまう。

系列

日本の金融独占資本主義を支えてきた体制は、系列、メインバンク、安定株主工作などに象徴されるような企業グループの形成であった。株式の持ち合いは、その中心的な構造を作るものであった。その持ち合いの核に銀行が位置する。銀行は、企業集団の銀行であった。メインバンク制度が崩壊に向かう１９９６年の段階で、東京三菱銀行は金融機関が55・1%の株式を保有し、企業が33・1%保有している。さくら銀行が、金融機関が35・8%、企業が50・0%。三和銀行が、35・7%、53・9%、第一勧業銀行が36・4%、51・6%である。日本の大手銀行は法人所有の比率が高く個人株主の比率は低い。１９９０年代にバブル崩壊の後、株式の相互持ち合いは崩れてゆく。その中で三菱グループは、最後まで抵抗して持ち合いを維持しようとした。三菱グループの企業の相互株式持ち合いの買い取り資金は、三菱銀行が融資する。

金融監督庁の誕生

銀行業は、もともと公共性を持つという性格がある。国家の免許制のもとにある。国家規制という体系と市場原理にゆだねるという金融自由化の波の中で直接規制は減少していった。指導、規制よりも、監督という性格に移行していった。市場原理の中で失敗した金融機関は、市場から退場する。それが恐慌となり社会混乱とならないように国家は監督するということになる。

国家の金融に対する政策が根本から転換する。２００１年大行政改革に向けて大蔵省の改革も論議される。大蔵省は財政当局と金融管轄を行う巨大官庁であった。財政当局としては、主税局、主計局、理財局があった。金融監督に関するものとしては、銀行局、証券局、国際金融局があった。アメリカなどでは金融機関の監督は財務省ではなく通貨局が扱う。日本の場合、金融商品を開発してもすべて大蔵省の認可が必要であり、これが自由化の妨げとなっていた。例えば、アメリカではCDは１９６０年代に、ＣＰは70年代に開発され、80年代以降デリバティブが開発されて世に出ていた。日本では、ＣＤもＣＰも80年代になって大蔵省の許可がおりたという事態である。

これまでコーポレートガバナンスまで関与し、行政指導を徹底していた大蔵省が、方針を転換し、金融機関を守るということよりも、一般市民の金融からの保護に主眼を置くようになる。金融監督庁を独立させて、金融機関の監督を行うようになる。

不良債権とメインバンク消滅の関連

バブル崩壊の結果は大量の不良債権であった。株式は、含み損を出すようになっていた。それで、信託銀行も長期信用銀行も都市銀行も保有株式を手放すようになる。株式売買で売り越しに転換した理由は、13兆円を超える不良債権であった。配当利回りも低く、株価の値上がりも期待できない中で、金融機関は株式を手放していった。それは同時に安定株主工作の終わりを意味することとなる。これは系列の終焉につながっていった。直接の原因は不良債権であったが、もはや銀行の立場が変化し始めていたのである。

１９９５年、金融緩和政策で大量の円が金融機関に流れた。現在のマネーの流れの大きな特徴は、その流れが多様であるということである。デリバティブの購入に充てられるし、投資信託、Ｍ＆Ａ、社債、その他の金融商品、株式など、過剰な資金は設備投資に向かうとは限らず、カジノ経済の掛け金になってしまうことが多い。カジノの会場は国内だけではなく、多くのマネーが海外の賭場に流れるというわけである。日本円は円キャリートレードで金利差を狙った戦略でマネーが海外に流失した。

銀行経営は、不良債権処理と株式保有の含み損を計上することで赤字になる。不良債権にはサブプライムなどの証券も含まれる。金融商品の保有、国債保有など、かつての貸し付けとは違ったリスクに、銀行はさらされるようになっている。

日本のメガバンク形成

1995年には、系列、メインバンク制度といった、金融資本主義を支えていた支柱が消滅し、企業集団はその中心を変化させることとなった。新しい形の企業は誕生し、M&Aを通じて資本はたえざる再編を、各企業の意志と戦略に基づいて行う時代に突入してゆく。その中で、金融機関は新しい形に激しく変化させてゆく。メガバンクの形成はグローバル化した経済環境の中での銀行の戦略的対応として誕生した。もはや、金融資本主義の時代は終わり、新しい時代を迎えたと言える。

1999年8月、第一勧業銀行、富士銀行、日本興業銀行の3行が合併を発表した。総資産140兆円、世界最大の銀行の誕生である。2002年3月にあさひ銀行が大和銀ホールディングス入りしたことによる都市銀行全行がメガバンク化した。

UFJグループと三菱東京フィナンシャル・グループの統合

2004年4月、UFJ銀行と三菱東京銀行の統合が報道された。UFJグループと三菱東京フィナンシャル・グループが、2005年の10月までに経営統合するということに合意した。総資産190兆円の世界最大のメガバンクが誕生することになる。再編のきっかけは、巨額の不良債権残高を抱えるUFJの経営問題であった。三菱東京フィナンシャル・グループは、三菱銀行と東京銀行が合併してできた。UFJホールディングスは、三和銀行と東海銀行と東洋信託銀行が合併してできたものである。総資産190兆円ということは、みずほ銀行を上回り、世界最大の銀行ができるということになる。

世界の銀行の再編――世界のメガバンク形成

1990年代後半から2000年初頭にかけて、金融革命は進行した。アメリカ、日本、ヨーロッパ先進諸国と、すべての資本主義国の中心を担ってきた銀行は再編されてゆく。産業と金融機関の癒着という時代が独占資本主義の体制を作っていたものが、流動化し始めて、グローバル市場での競争を考慮した新しい連携をとるように置き換わった。ある意味では金融と企業がそれぞれ独立性を深めていったといえる。国単位の金融資本主義であったものが、市場がグローバルなものになることに対応した変化である。編成も一国内で行われるだけでなく国境を超えた合併になっていった。

アメリカではJ・P・モルガンとチェース・マンハッタンが合併した。モルガンとロックフェラーという二つの巨大財閥の合併である。世界は、メガバンク、さらにグローバルな統合へと向かってゆく。ヨーロッパでも銀行合併による巨大化が行われてゆく。グローバル市場での金融の役割が、銀行の巨大化につながっていると言える。97年にスイスの3大銀行のうちスイス銀行とスイスユニオン銀行が合併を発表した。ドイツ銀行はアメリカのバンカーストラストを買収した。99年、フランスのパリ国立銀行（BNP）とパリバが合併した。

財政投融資の転換

日本の金融資本主義は独占企業と結びついた体制であった。それは、さらに国家と結びついた体制でもあった。国家の独占資本主義支援は、財政政策によっていたが、それは管理通貨制、金融政策と結びつき大量の国債発行によって支えられていた。もう一つの、国家の独占資本との結びつきの支柱は、財政投融資計画にあった。郵便貯金などの庶民の資金を集める機関は、郵便局貯金のマル優などの特権と結びついて巨大な貯蓄額を生み出していた。貯蓄されたマネーが公共事業などに回されることで、企業にとっての有効需要を生み出していた。

2001年財政投融資改革が行われる。郵便貯金・年金積立金の預託義務が廃止される。それまで、国の公共事業の中核の体制を作っていたものの一角が崩れ去った。財政投融資は見直されながら、規模を小さくしてゆく。さらに特権的利害関係者の独占から透明性が求められる時代に移行していった。財投改革の一環として、2001年12月19日に「特殊法人等整理合理化計画」が閣議決定される。2004年12月に「財政投融資改革の総点検について」が取りまとめられ、透明性を高めながら、必要な事業の点検が行われる。ピーク時（1996年）に、40・5兆円の規模を持っていた財政投融資は、2008年には13・9兆円になっている。2013年度の当初計画では、約18兆4、000億円となっている。平成13年（2001年）に郵便貯金年金積立が廃止される。財務省資金運用部は廃止され、特殊法人は財投機関債を発行する。財政投融資債（国債）の額は、平成21年には8兆円にまで減じる。

財政投融資は、グローバルなインフラ投資に移行し始めている。いくつかの国が集まってインフラ投資を行う。アジアインフラ投資銀行をはじめ、国家が集まっていくつかの国に共通のインフラ事業を進めようとしている。開発がそれぞれの国の企業支援ともなり、ケインズ的な公共投資の政策がもはや一国的なものでなくなってきている。しかし、それを統括する視野はまだ形成されていないというべきではないだろうか。

金融革命によって、国家独占資本主義が終わる。国家の役割が、経済を主導するということから徐々に後退してゆく時代に入っている。ただ、グローバル競争の中で、企業を集めて支援するということは、現在の国家の役割となっている。この国家は自ら経済活動に乗り出すという側面も持っている。教育を売ったり、海外のインフラ事業を行ったり、公共事業も相手国と協力して進めていく。この国家は、国家本来の権力性を後退させて、経済活動を行う主体の顔を持つようになってくる。いわば、「やわらかい国家」であり、さらにそれから一歩出たものとして、グローバルな経済協力の在り方が模索され始めている。

国債保有

国家独占資本主義の一つのファクターは国債発行にあった。国債には戦争をするときの戦時国債と、経済を好景気にする財政政策をとるときの国債がある。日本の国債は、１９７５年から大量に発行されるようになった。国債発行残高は、75年度、14兆9、０００億円、80年度には70兆5、０００億円、83年度には１１０兆円にまで積みあがる。その後も増え続け、２０１６年現在、８００兆を超えている。国債の大量発行は、公社債市場の起爆剤となった。海外で買い取るのではなく、国内消化されている。日本の国債を買っているのは、生命保険会社、銀行などの金融機関であるが、日銀買受も多く、金融政策に利用されている。国家の財政政策の根幹を担うこととなる。中央銀行の協力で、中央銀行が国債を買い入れて通貨を増やすことで財政政策は金融政策と連動する。２００２年の生保の国債保有額は、約31兆円、銀行は72兆円である。

金融国際化とプロジェクト・ファイナンス

新しい金融のシステムが生まれてきている。プロジェクト・ファイナンスはその一つで、企業があるプロジェクトにおける資金調達を行う際に、プロジェクト自体から生じるキャッシュフローをもとに資金を調達する方法である。ある特定の事業からあがる予想収益を基礎に借入が行われるというものである。事業から発生する収益や事業の持つ資産というキャッシュフローをもとに、金融機関から融資を受ける。融資に対する返済の原資も、プロジェクトから発生するキャッシュフローに限られている。企業の信用力や担保の価値に依存することがない。プロジェクト・ファイナンスでは、多額の負債を必要とする大規模なプロジェクトで用いられるため、事業を遂行する独立会社を設立し、これを事業者として、企業やスポンサーから独立し、資金調達を行うことがある。プロジェクト・ファイナンスは現代の金融の新しい形といえる。担保になっているのは、その特定事業の資産全てであって、土地など他の担保を取らない。金融機関は、企業が行おうとする事業の将来予想により深くかかわっており、そのリスクを負担している。このリスク負担に対応して、より高い収益を期待できる。プロジェクト・ファイナンスは、このようなリスク負担があり、金融機関はそのリスクを分散させるため、事業内容を開示して他の金融機関の参加を求めることが一般的である。またリスク回避のもう一つの方法として、資産証券化の手法が組み合わされることも多い。

【4】ヨーロッパの金融自由化

金融大国イギリス

資本主義の発祥国イギリスは、金融制度も早くから発達し整備されていた。イギリスの金融機関は、マーチャントバンクと四大銀行が中心である。マーチャントバンクは、19世紀、引き受け商会と呼ばれ、外国為替の信用状を発行したり、外国企業の発行した信用状付きの手形支払いを引き受ける為替銀行であった。20世紀には証券発行業務を行うことが主要業務になっていた。アメリカの投資銀行に近い機能を持っていたと言える。四大銀行（ミッドランド銀行、ロイズ銀行、バークレーズ銀行、ナショナル・ウエストミンスター銀行）も証券業務や保険業務を行っており、証券と銀行と保険の垣根はイギリスには存在しなかった。イギリスでは業務分野の棲み分けが長い金融業務の経験から自然にできていたので、特に法律上の規制をしなかったという経緯がある。商業銀行が小口の短期金融を主体とした業務を行い、マーチャントバンクが大企業を中心に手形を引き受け、企業合併などの仲介、証券発行業務を行っていた。イギリスに特徴的な金融機関として、割引商社（ディスカウント・ハウス）がある。手形割引は、イギリスの伝統的な商業金融方式であるが、商業銀行が直接行うのではなく、割引商社が手形を割り引き、商業銀行は割引商社にその資金を貸し出すという役割にあった。イングランド銀行の公開市場操作の対象は、銀行ではなく割引商社なのである。

外国為替制度

アメリカで自由化が進むにつれて、イギリスでも自由化の必要性が痛感されるようになる。1971年、ニクソンショックの年、イギリスは金融自由化の方針を打ち出す。戦後のIMF体制の中で、ドルは基軸通貨であったので、ドルはヨーロッパ市場に大量に流れ込み、ユーロダラーを形成する。ロンドンはヨーロッパ金融市場の中心となる。

1970年代、国際的に業務を展開する銀行は発展途上国向けの貸し付けを共同で行うようになる。ユーロ・シンジケートと呼ばれる貸し付けの形である。1980年代になると途上国の返済が困難になり行き詰まってしまう。メキシコやブラジルは重債務国となっていったが、返済繰り延べを要請するようになる。そのような状況下で、シンジケートローンは激減する。

1960年代はポンドを守るため外国為替規制は強かった。1979年、サッチャー政権発足直後に自由化される。ロンドン市場は1979年に為替管理を全廃、ユーロ市場は、国内市場と一体化した。1986年のビッグバンで業務上の制約を撤廃し、外国資本が証券業に参入するようになる。プラザ合意によりドル高は調整され、ポンドも上昇した。イギリスは1990年にはユーロに加盟した。しかし、1992年秋のユーロ危機で英ポンドは大幅に下落してユーロから脱退した。

スタグフレーションからグローバル化へ

イギリスでは、労働党の国家政策への志向もあり、国家の財政介入は重視されてきた。ケインズ政策を採用し、経済成長と完全雇用の達成が国の政策となっていた。1970年代になるとインフレと経済停滞に直面し、反ケインズの方針に転換する。サッチャー政権の経済政策にとって代わられることになる。ケインズ政策は、アメリカ同様、スタグフレーションに帰結し、その対策として新しい経済政策の方向が出てくる。すなわち、自由主義経済政策、マネタリズムの台頭となる。

ヨーロッパにおける証券化の動き

アメリカで進む証券化の動きはヨーロッパ市場にも入りだす。ヨーロッパでは金融商品開発を自ら進めるというよりも、アメリカで作られた金融商品の買い手市場を形成してゆくようになる。もともと、イギリスの証券界は他からの参入を実質的にできないようにして、小規模な資本で固定手数料に守られた体制ができていた。イギリス市場は長い慣行により、金融機関の専門分化が進み自主規制ルールができていた。1979年に為替管理が全廃され、国際取引が急拡大する。証券化の流れの中で、1983年7月に3年で完全自由化を目指すということが発表される。一挙に自由化が進む。アメリカの金融資本が買収攻勢をかけてくる。これに対抗する形でイギリスの銀行は証券会社を傘下に収めようとするようになる。

イギリスの金融ビッグバン

1986年にイギリスでビッグバンが行われた。イギリスではすでに多くの分野で金融の自由化は実現していたので、アメリカや日本の金融ビッグバンとは大幅に違った内容となっている。イギリスのビッグバンは、証券取引所をめぐる改革に限定されていた。その意味は、様々な金融規制を撤廃したというものであった。要点は次のようなことである。

1．株式売買の委託手数料の自由化である。

2．証券取引所会員制度の改革である。イギリスの証券取引所はブローカーとジョッバーという二種類の資格があった。その制度を廃止して、自由化した。
3．証券取引所会員以外からの資本導入を自由化。外資系資本も証券取引所会員買収も自由化された。
4．コンピューターシステムの改革。
5．金融サービス法が制定されて、投資家保護の法整備が行われた。

サッチャー首相が進めたビッグバンで、取引所会員権の制限が撤廃されると、アメリカの巨大投資銀行がロンドン金融市場に進出した。モルガン・スタンレー、ゴールドマン・サックス、メリル・リンチなどが、預金、証券業務、M＆Aに携わるようになり、イギリスのマーチャントバンクと競争するようになった。結果180余りのマーチャントバンクはほぼ全滅することになる。1986年10月27日のロンドンのビッグバンは、一夜にしてシティを世界の自由な金融市場の中心にした。手数料の自由化など証券市場改革が行われている。障壁、規制が大幅に取り除かれ、アメリカ、他のヨーロッパ、日本の金融機関が参入してきた。

ヨーロッパの銀行の再編

1980年代から90年代初頭にかけて、各銀行は投資銀行業務の強化に乗り出す。金融の時代的な流れであったと言える。ドイツ銀行はイギリスの投資銀行モルガン・グレンフェルを買収する。また、独ドレスナー銀行が英クラインオート・ヘンソンを、スイスのSBCが英SGウォーバークを傘下に収め、ベアリングズがオランダのINGグループに買い取られる。

第3章

金融資産膨張

【1】資産の状況

富とは何か

金融は、経済の発展のために機能する。経済の発展の指標は何かと言えば、富の増大であるはずである。ところが、富の増大といっても不要なものもあるし、人類にとって必ずしも大切なものであるとは限らないこともある。翻って言えば、現代の通貨より、金や銀が価値があり、金や銀より、コメや小麦に価値があるはずである。ところが有用性で物を見ることより、金額で価値を判定するということに私たちは慣れてしまっている。

私たちは、富を蓄える。富は、もともと食糧であった。蔵には、コメを貯蔵する。富を蓄えるということは、将来にわたって豊かさを保障するものであるので、人々はそのことに苦心してきた。富の蓄え方には、いろいろな形があるし、小さくて価値の高いものが富の代表として便利である。銀や金が、富の代表となった。金や銀は富としての地位を持ち続けると考えられている。それは、大量に生産できないということにもよっている。もしルビーやダイヤモンドが人工的に大量に生産されるようになれば、富としての価値は、低くなる。

安倍政権は、GDPを600兆円にするという目標を掲げた。経済成長やGDPは、どこまで豊かさを反映したものであろうか。批判的に見ておく必要がある。株価が上がっても、そのまま富が増えているわけではないのである。所得の上昇の中には富の増大を意味しないものも多いのである。また逆に、アメリカでは非営利組織のサービスはボランティアで行われて、所得にならないものがある。その額は、アメリカのGDPの20％に相当するといわれる。ということは、アメリカのGDPを20％多く査定しても間違いではない。

ある会社が、100円で売ることを予定していたものを、何らかの理由で200円で売ったとしよう。それが経済法則では競争の中で売れないのであるが、競争を排除する何らかの方法で売ることができたとする。このとき、富は増えたのだろうか。所得が増えるのでGDPは増える。しかし、同じ物が同じだけあるだけである。

余剰の発生

人類は誕生して300万年とも500万年ともいわれる。ただ、ホモサピエンスがアフリカのサバンナから広がって、地上を覆うようになったのが6万年前である。犬が家畜として人間の友となったのが、1万5千年ぐらい前だといわれる。そして、約1万年前に人類は農耕を始めた。農耕は、狩猟採取時代と違って多くの有り余る食糧を生産することができるようになった。余剰が発生した。その余剰が富となる。

余剰が物（食糧）として存在するとき富となる。生産を行わない階層の人々が、余剰の多くの部分を取り込むことができた。それは、その人たちが支配者層を形成したということである。そして、人々に食料取得のために動く、生産するといった時間以外の時間をもたらす。レジャー、時間のゆとりができ、芸術的文化が生まれるようになる。

狩猟採取生活では、人々は毎日20キロメートル以上歩いて、食料を求めていた。そして農耕が始まると人々は定住するようになった。農耕の起源は主要作物に対応した食糧生産ができ、毎年それが繰り返されることで文化を形成していった。文化 culture は耕す cultivate ことから生まれた。そこに人類の文化の類型ができた。麦、バナナ、タロイモなどがその生産の核になる。そしてコメの生産がもう一つの文化圏をやがて構成するようになる。

しかし、近年の三内丸山縄文遺跡の発見は、《狩猟採取時代→農耕牧畜時代》という人類発展のシェーマを覆す。主食は栗である。しかも、定住しつつも、狩猟採取的な生活であった。そして、独自の文化が発生した。しかも、1万5千年前から5千年前まで、1万年の長きにわたって継続した。栽培とまではいかないが、栗の苗を植林していたようである。自然と共に生きるということが、そこにはあった。福岡正信氏の「自然農法」（『わら一本の革命　新版』春秋社、2004年）に通じるものがある。自然を変えない、加工しない、自然の一部となって生きるということからくる理想が人間の生き方の一つの形として提起されてもよいのではないだろうか。古代文明が栄えた、メソポタミアも、エジプトも、黄河流域も、インダス川流域も、現在では自然は荒廃している。農耕そのものに対する批判がこの視角からあり得ることで、私たちはそれも考慮しながら、人類とグローバル社会の未来を見つめる必要がありそうである。

ユートピアと富

トマス・モア（Thomas More, 1478~1535）が、16世紀に『ユートピア』という著作で、羊の牧畜に対する囲い込み運動を批判しながら、理想郷を描いたとき、その理想郷は現代のデリバティブのトレーダーや現在の経営者、政治家の描く理想とはかけ離れているのではないだろうか。多くの現代人は、豊かさを貨幣に還元させている。ＧＤＰの増大が豊かさの増大と重なっている。トマス・モアの理想郷は働かない時間を多く持ち、日に4時間ぐらい働いて、あとは読書やゆったりした生活、遊びに使うというものである。そして、富に関しては、共有＝共産社会的な理想があった。

資産膨張ということ

資本主義の起こりとともに、資産膨張は起こっている。株式会社の発生で、金融膨張は新しい局面を生みだす。管理通貨体制による通貨発行量の増大や国債の発行によっても、資産膨張が起こってきている。そして、金融のグローバル化に伴って国際金融資本の活躍が大きくなった。しかし、現代の資産膨張はスーパーバブルとも呼ばれるように、金融界を中心にした巨大な膨張を生み出している。一面では、金融の社会的役割もしくは経済に関する役割を超えて、暴走しているといっていいような状況である（図5）。１９８０年代は、金融自由化への流れが動き出した時期である。76年から87年に固定資産は、２・３倍に伸びている。金融資産は3・2倍に、株式は6・4倍になっている（相沢幸悦『日銀法二十五条発動』中公新書、１９９５年、１０７頁参照）。

21世紀になって巨大な信用膨張がグローバルに生じている。信用膨張の源は、新しい金融商品の開発、銀行や投資ファンドによるレバレッジ使用の増大、金融緩和などである。この資産膨張は実体を伴わない。生産力が上昇する以上に額面の資産が膨らむ構造ができている。

金融膨張の種類――第一の膨張

資本主義の経済システムは、価値を創造し、増殖するだけではなく、資産を膨らませるシステムを内蔵している。19世紀までの産業資本主義の時代、銀行による信用創造は、資産の増大をもたらして

図5　資産膨張の歴史

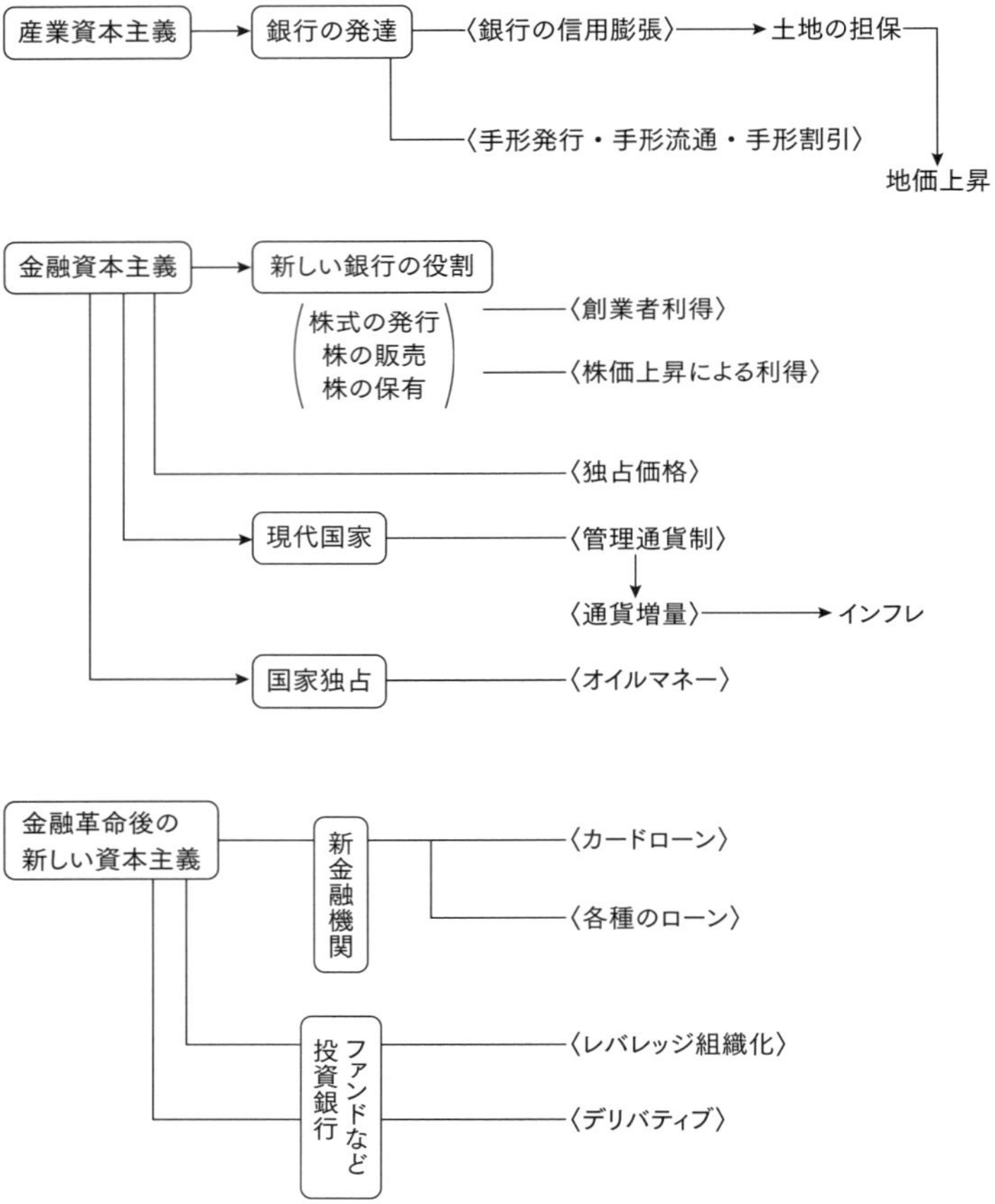
産業資本主義
銀行の発達
〈銀行の信用膨張〉
土地の担保
〈手形発行・手形流通・手形割引〉
地価上昇
金融資本主義
新しい銀行の役割
株式の発行
株の販売
株の保有
〈創業者利得〉
〈株価上昇による利得〉
〈独占価格〉
現代国家
〈管理通貨制〉
〈通貨増量〉
インフレ
国家独占
〈オイルマネー〉
金融革命後の新しい資本主義
新金融機関
〈カードローン〉
〈各種のローン〉
投資銀行
ファンドなど
〈レバレッジ組織化〉
〈デリバティブ〉

いる。価値の増大、生産力の増大以上に資産が増えるという現象が資本主義につきものである。信用創造の資産膨張の内容を見ておこう。

信用創造(Money creation / Credit creation)

銀行の第一の仕事は、預金を貸し出して、利ザヤを得るというものであった。簡略化した例を挙げよう。ある銀行（A銀行）が、100万円をX社から預かり、Y社に90万円を貸し出す。Y社は90万円でZ社に支払いをする。Z社はその90万円をB銀行に預金する。全体としてみれば、A銀行とB銀行を合わせて、190万円になっている。経済的財は、増えていないが、全体として、《最初に銀行に預けた100万円＋借りた90万円＋新たに預けた90万円＝280万円》の資産が動いている。信用機構を通じての価値の創造である。信用創造と呼ばれる。これを繰り返すことで、社会全体として預金は増加してゆく。

元来、銀行は、預金を貸し出すことで利ザヤを得ることに、利益の源泉がある。貸し出したおカネは、他の銀行（B銀行としよう）に支払われるとB銀行は、また他の人に貸し出すので、そのおカネは新たな資産となる。これは信用によって生み出される信用の世界が作られることを意味する。信用によって資産創造が行われることが「信用創造」である。

資本主義のこのような機能により、経済活動の活発化がもたらされた。投資が借入れによって膨らみ、それが価値創造につながってきた。

また、手形の振り出しも、支払いを一定期間ののちに行うという契約書であるが、それが資産としての価値を持つ。このような資産の増大は、資本主義の重要な機能であり、経済活動を活発化する手段である。負債にあたるものが、資産として機能すると言ってもいい。右の場合90万円や50万円は借りる側からすると負債である。それが貸す側には資産になる。銀行貸付や約束手形という資産の増大は、古典的な資本主義の資産膨張の形である。そして、20世紀になると飛躍的に多くの資産膨張が発生してゆく。

銀行貸付と担保価値

銀行の貸し出しによってマネーサプライ（通貨供給量）が増加することになる。信用創造は、銀行の貸付によって連鎖的に実質貨幣量が増えることを意味する。銀行の信用創造は無限ではない。銀行資本は金融緩和になれば多くの資金を中央銀行から借りることができるので、貸し出し可能な貨幣は増える。しかし貸し出しには、危険を伴う。貸し出した相手企業の返済能力がなかったり、返済能力を失ったりすることがある。銀行は、貸し出しの保障のために担保を取る。担保は土地である場合が多い。保証人と担保としての土地と事業の状況から貸し出しが判断される。社債や有価証券、その他の会社の有形無形の財産を、担保とすることもある。土地は最もわかりやすい。しかし、土地の値下がりなどで担保割れが発生する。日本のバブル崩壊もアメリカのサブプライムローンの破綻も、土地住宅価格の下落によって破綻がもたらされたものであった。

バブルで債権の回収が困難になると、銀行は不良債権を抱え込むことになる。不良債権が多くなるとき、銀行は破綻に至ることになる。95年から吹き荒れた日本の多くの銀行の破綻は、膨大な不良債権の山によるものであった。金融膨張は、不良債権を大量に出すことにつながる。金融商品や土地の担保価値の下落などによって、負債が大きくなる。銀行は資産膨張の時、借入額を増やしている。ということは支払利子も大きくなっている。借り入れによって運用した資金が損失を出すことで返済不能に陥る。返済不能で一つの銀行、金融機関が破綻すると、それに貸していた金融機関も回収不能に陥り、連鎖が起こる。資産膨張が巨大になったとき、危険度は重複され大きくなる。株価の下落や地価の下落といった共通要因で債権が不良債権化するとき、金融機関の破綻は連鎖する。資産デフレの怖さである。金融恐慌はこのようにして発生する。

第二の膨張――独占価格

20世紀に資本主義は、独占資本主義の時代に入る。独占による価格釣り上げも、価値の生産から乖離した資産の膨張である。例えば、1、000円の商品を2、000円で販売したとき、富は増えたのであろうか。それを10万個売ったとして、総売り上げの1億円は2億円となる。この差額の1億円は独占による価格の上昇だけで得られたものである。商品の品質やデザインなどの付加価値で独占価格は納得のいく価格に作り上げられる。しかし、そこには擬制がつきものである。悪く言えば「はったり」に近いものもある。ブランドや奢侈に対する人間の意識がそれらの価値の源泉となることもある。ゾンバルト（Werner Sombart, 1863-1941）は、資本主義における贅沢や遊びなどの要素に注目し、そこに資本主義の本質を見たのであるが、それは独占の時代にふさわしい資本主義社会観であると言えそうである。

生産力の増大と同時に価格の上昇が資産膨張をもたらしてゆく。独占という商品生産の形は、現代に至るまで利潤の大きな源泉であり続けている。そして、1890年代に形成されていった独占は、社会全体の体制としての意義を持っていた。巨大装置産業は他の追随を許さないものであり、それが金融資本グループとして形成されることによって社会の主要勢力となっていった。独占と寡占という社会の体制が社会のすべてであった時代である。

第三の膨張―管理通貨制と財政政策

さらに、独占資本主義は国家の補強を得ることになる。それが一つは管理通貨制でありもう一つは財政政策である。この二つはいずれも新しい資産膨張の手段ともなってゆく。管理通貨制によって、通貨の過剰発行が行われ、額面の資産が絶えず大きくなってゆく。価値に還元することのない通貨の増発である。財政膨張は管理通貨制と一体となって資産の膨張を生み出す。

通貨の増発は、当然、インフレーションをもたらす。物価は全体として高騰し、商品価格が増大するのでGDPは増加する。しかし、年率15％の物価上昇で、5年後に2倍になったとしても、財が2倍に増えたわけではない。

さらに金融緩和という金融政策は、通貨増発をもたらすので、資産膨張につながるものである。日本円建てで借り入れをして外貨建ての債券を購入するという円キャリートレードで日本の金融緩和がグローバル金融市場に金融膨張をもたらしている。

第四の膨張―オイルマネー

1960年のOPECの設立以降、さらに国家的な独占によって行われた石油価格の釣り上げによるオイルマネーの発生が資産膨張を生み出した。資産を膨張させた張本人は、得をする。これは一種の独占であるが、国家による独占である。しかし、独占に依拠することは、他面での需要をもたらす経済機構と不可分である。シェールオイル開発や政治的危機そして新しい油田の発見・開発に見られるように、時として破綻に陥ることもある。

第五の膨張―バブル

そしてさらに投機が膨張を生み出す。バブルと呼ばれる現象である。土地や株価への投機が、株価や土地価格を釣り上げてゆく。なんら価値は増えていないにもかかわらず、価格が高騰することで資産は膨張し、価値の増大という数値をもたらす。働かなくても、年収を上回る資産価値の上昇を得る人が、バブルの時代には多かった。膨張した資産を担保にして事業拡大が図られる。そこに安易な企画が横行し、破綻や不良債権の山を築くことになったりする。

第六の膨張―金融膨張の時代――スーパーバブル

ユーロダラーの形成にはじまり、株式や土地の資産膨張による日本のバブルを経て、リーマンショックに至るスーパーバブルなどが、金融革命期に起こったバブルとその破綻であった。金融資産の膨張は金融恐慌を頻発させていった。右の五つの資産膨張とは違った資産膨張が現代に生まれている。この資産膨張は、ジョージ・ソロスがスーパーバブルと呼んだことに一致するが、金融革命の進展によってもたらされているという点で、歴史の必然と言える。スーパーバブルは、金融商品、デリバティブ、土地などの資産の証券化などによってもたらされたものである。

カードによる信用創造

また、カードも信用創造による資産膨張の役割を持つ。いま仮に、銀行がAさんに100万円を融資するとする。それはAさんの預金口座に残高として印字され、Aさんは交通費など10万円だけ引き出し、家賃・光熱費などは銀行口座の引き落としにカードを使用するとすると、当面、銀行の口座には、90万円が残る。銀行はこの90万円をBさんに融資する。Bさんも10％（9万円）だけ現金を引き出して使用する、とするとBさんの口座に81万円残る。銀行は81万円をCさんに融資することができる。ということは、銀行は行内の伝票操作だけで預金と貸付金を増大させることができる。最終的には、等比級数の和の通りで、100万円の現金準備で最終的に1、000万円の預金と900万円の貸出金を創造することができる、ということになる。

金融膨張に対する政府の考え方

金融制度の発達と重なっているので恐慌回避という模索を制度として成就させようと各国政府と国際機関は考えている。しかし他面、膨張そのものは善であると考えている人やエコノミストは多い。経済成長の一つと考えているのである。起こっている事態の本質を解剖することなしに、このような資産膨張は経済成長や富の増大であると意識される。資産膨張を「豊かさ」と考えている多くのエコノミストや政治家が多い。それが同時に庶民の社会通念ともなっている。時として、人々は破綻などに接するとき、ふと、疑問を持ち、本来の人間的立場に立ち戻る。ウォール街にもそのような疑問を持つ人はいたし、多くの人は、時折、人間の意味と価値や豊かさを考え直したりする。

アメリカの企業収益に占める金融業の割合は、2000年代前半で30％を超えた。金融商品の開発や金融ビジネスの拡大が金融膨張の原因である。また、海外からの資本流入が海外投資の原資となり、金融ビジネスがグローバルに拡張した。

様々な資産の現状

大づかみに数字を把握しておこう。

日本のGDPは約500兆円である。国家予算は96兆円。アメリカのGDPは、日本の2倍強。1、200兆円ほど。2009年の段階で、日本の一人あたりのGDPは、OECD加盟30か国で17位である。アジアでもマカオ、シンガポールに抜かれている。日本のGDPは、現在、アメリカ、中国についで3位である。GDPは国力を表す一つの指標とすることはできる。また、富の大きさを表す一つの指標とすることもできる。

金融機関の金融資産の資産額を見ると、1998年のロシア危機で破綻したヘッジファンドLTCMの資本は、約40億ドルであった。LTCMの借入金は、1、300億ドルであったということは、運用資金は、1、300億ドルで16兆円ほどになる。巨額のレバレッジを利かせているので、少しのマイナスで巨大な損失を出すことになった。ソロモン・ブラザーズの総資産は、1985年で680億ドルである。年間営業利益が11億ドルであった。ソロモン・ブラザーズのCEOのグッドフレンドの年俸（1986年）は320万ドル（約5億円）であった。また、ブラックロックの運用資産は、3兆ドルから4兆ドル（375兆円～500兆円）にのぼっている。

日本の個人資産は約1、200兆円である。そして日本はそれと同じほどの、国家負債残高をもっている。世界で見ると、世界中のGDPの合計は約6、300兆円、金融資産は2京1、200兆円である。ところが、CDS保障総額は推定6、000兆円ほどといわれる。CDSは企業が倒産したときなどに支払われるべき一種の保険なので、ある程度企業倒産があると、金融機関が破綻する。これは連鎖的に破壊しつくす可能性をはらんでいる。

アメリカの巨大財閥は、様々な形で資産を蓄える。お城を買うこともできるし、ヴァンダービルトの邸宅はお城のような巨大なものであった。鉄道を買ったり、株式会社の株を保有したり、土地を買い占めることもできた。アメリカは、ルイジアナをフランスから買い取り、国土を作った。そしてロシアからアラスカを買い取った。米西戦争で戦利品としてフィリピンを手に入れた。

ウォーレン・バフェットのバークシャー・ハザウェイという投資会社は、ディズニー、コカコーラ、ジェネラルモーターズ、ソロモン・ブラザーズなど、アメリカの優良会社の多くの株式を大量に保有し、筆頭株主として会社の経営を握っている。2015年には、チーズマカロニでおなじみのクラフトを買い取り、そのクラフトにケチャップのハインズを買い取らせている。アメリカやカナダのスーパーに並ぶ両社の製品は極めて多く、世界がバフェットに所有されているという印象すらもってしまう。

これに対して、アメリカでは低所得者の階層は使える資産、可処分所得を持てなくなっている。約50%の人々は不動産と自動車が資産である。保有資産は1、000万円分ほどあるが、使えるおカネは15万円ほどしか持たない。バブルがはじける前の日本人の平均資産は、赤ちゃんも含めて一人あたり2、000万円を超えていたことを思えば大きな違いである。

金融資産残高と資産形成

2014年度末の金融資産残高は1、708兆円である。その6割が高齢者のものである。一人あたりの資産は60代が2、484万円、70代が2、452万円で、20代以下は268万円、30台が610万円である。住宅ローンの負債などを引いた純資産では40代以下がマイナスになる。60代は、負債を引いても2、000万円が残る（日本経済新聞、2015年7月7日参照）。

社会の資産は、個人のもの、一般企業のもの、金融機関の自己資金、公的なものに分けることができる。これらの資産が金融機関に流れ込む。さらに、海外の資本に出入りする。個人資産は、国によって形が変わる。日本の場合、土地、住宅、年金基金、郵便貯金、現金などである。日本では個人資産の50％を銀行に貯蓄している。

アメリカの商業銀行の資産は、１９７８年では1兆2、０００億ドルであった。ＧＤＰの53％に匹敵する。２００７年には11兆8、０００億ドルに膨れ上がる。ＧＤＰの84％にあたる。

機関投資家の増大

機関投資家が金融資産の増大と呼応するように急成長、急拡大してきた。年金機構、生命保険、損害保険などの投資家としての役割が巨大化している。銀行や生命保険、損害保険は自らの判断で投資している。年金基金は、主に信託銀行、生命保険の特別勘定、投資顧問会社が投資を行っている。アメリカでは投資銀行とヘッジファンドなどが運用の依頼を受けて投資していることが多い。アメリカでは90年代後半から、年金基金、保険会社は、ヘッジファンドに運用を依頼している。ヘッジファンドに関する情報インフラが整ってきたことによっている。

日本の生命保険会社

生保25社の総資産は１９８９年9月末で、１０６兆円である。年収５００万円のサラリーマンが、10％を生保に預けるとすると、5年間で２５０万円を預けることになる。１００兆円ということは、そのような人が、4、０００万人いるということになる。ほぼ日本のほとんどの世帯である。２０００年の時点で銀行が、約７００兆円の投資規模を持っていたが、生命保険が約２００兆円、損害保険が30兆円余りであった。

年金基金

戦後の先進国の社会状況の中で、年金が膨らんでゆく。特に、1946年から60年までに生まれたアメリカのベビーブーマーの拠出型年金が膨らんでゆく。1987年のブラックマンデーでダウ工業株1,738ドルまで下げたが、その後、95年には35%上げて、96年には112%上げている。97年2月には7,000ドル台の大台に達している。このように株価を押し上げた要因に、アメリカの年金基金、日本、ヨーロッパの企業年金などの資金があった。これらの基金が、投資信託とMMFに流れ込んだのである。

【2】株価の上昇

株価

アメリカの株価のダウ平均は、1975年では600ドル、その後何年も足踏みしていた。1987年に、1,738ドルである。そして、1995年2月に4,000ドル台になる。その後、95年11月に5,000ドル台に、96年10月に6,000ドル台に、97年2月に7,000ドル台、7月に8,000ドル台、98年4月に9,000ドル台に、そして99年3月16日に10,000ドルを突破する。2006年末には、12,000ドルに達する。2016年2月25日現在で、16,697・29ドルになっている。

日本がバブル崩壊の後、不良債権で苦しんでいる10年間で、アメリカの株価はダウ平均で約10倍になっている。これは、価値が生産されたのだろうか。過剰なドルがあり、投機が投機を生み、株価が高騰しただけなのだろうか。株価の上昇を価値の増大と見る見方はある（例えば岩崎日出俊『投資銀行』PHP研究所、2006年、第一章）。価値が生産され利益が大きくなるとき、株価が上昇することは資産価値の上昇といえるであろう。しかし、資産価値の増大ではなく、ただ金融的な要因などで、株価が上昇しただけのことのほうが株価上昇の実態であることが多い。

クリントン政権は1993年に誕生する。7月9日に宮澤・クリントン会談が行われ、日米包括協議が開始する。94年2月11日に日米首脳会議が、細川・クリントン会談で行われる。日本の黒字削減がアメリカ側から要求されるが決裂に終わる。95年1月にロバート・ルービンが財務長官に就任し、貿易よりも、金融に舵が切られる。「強いドルは国益である」という観点は、貿易よりも金融で優位を保つことに力点を置いた考えで、投資銀行ゴールドマン・サックスから転身したルービンらしい視角である。クリントン政権時代にアメリカのダウ平均株価は、3、754ドルから1万1、497ドルへと3倍に膨らむ。株価の上昇は株を買う人が増え、アメリカ国債などの金融商品への購買にもつながってゆく。

1995年の世界の金融資産は、63兆9、000億ドルである。世界のGDPの合計が29兆5、000億ドルなので、1年間に生み出された価値の2倍以上の金融資産があったのである。ここで金融資産というのは、株式の時価総額と債券発行額と預金を加えたものである。それが、2007年には187兆2、000億ドルになっている。GDPが約60兆ドルになっているので、3倍を超える額になっている。この資産の膨張は、とても実体を伴っているとは言えない。価値が増えたのではなく、額面の資産評価が上昇しただけである。

株価を通じての収奪機構

他の側面から考えると、金融資産が増えたということは実体的な商品価値の総和は相対的に減少したということで、価値移転が商品から金融資産に移転されたということができる。新しい形での収奪である。例えば、商品の総価値を1、000としよう。その時の金融資産を500としよう。実質的に人々が富として使用できるものは、1、000である。5年後に商品の総価値が2、000となり、金融資産が6、000になったとき、総価値は2倍になったに過ぎない。富の配分を見ると、商品総価値の所有者群は、全体の資産の66・7%を持っていたのが、5年後には25%になったのである。資産全体の総価値は、8、000になっているが、実際の価値は2、000になったにすぎない。8、000の総価値は、実は2、000でしかない。商品総価値の所有者群は、667の価値保有から500の価値保有に代わり、金融資産所有者群は、300から1、500の価値の分配を得ることができるようになっている。価値配分は、1、000の価値のうち、333が金融資産所有者群に配分されていたものが、5年後には2、000のうち1、500が配分されるようになったわけである。この1500が収奪による価値移転ということになる。収奪は、333(33・3%)から1、500(75%)に増幅されたということになる。価値創造群は、1、000から2、000への価値創造の倍増にもかかわらず、価値配分667から500に減少しているという事態になっている。多くの者にとって労働の加重と所得の目減りが起こっている。格差社会を金融システムが生み出す一つの構造的側面である(図6)。

株価の上昇で何が増殖したのだろうか。単に金融的な現象で株価が高騰したとすると、実体的根拠がないのである。資産が株の購入に回り、株式投資が膨れ上がる。バブルかバブルでないかの問題ではなく、すべてが一種の虚構の世界として出来上がっているのである。しかし単なる仮想ではない。実際の金銭に還元できるのだから。

株価高騰とバブル

企業収益の増大と株価の高騰の連関を見る必要がある。仮に、企業利益が100でその時の株価が10、000としよう。5年後に企業利益が200だとすると期待されるべき企業時価総額は、20、000のはずであるが、金融緩和やその他の金融資産増幅でそれが株式投資に流れ込んだ結果、

図6　株価上昇と収奪システム

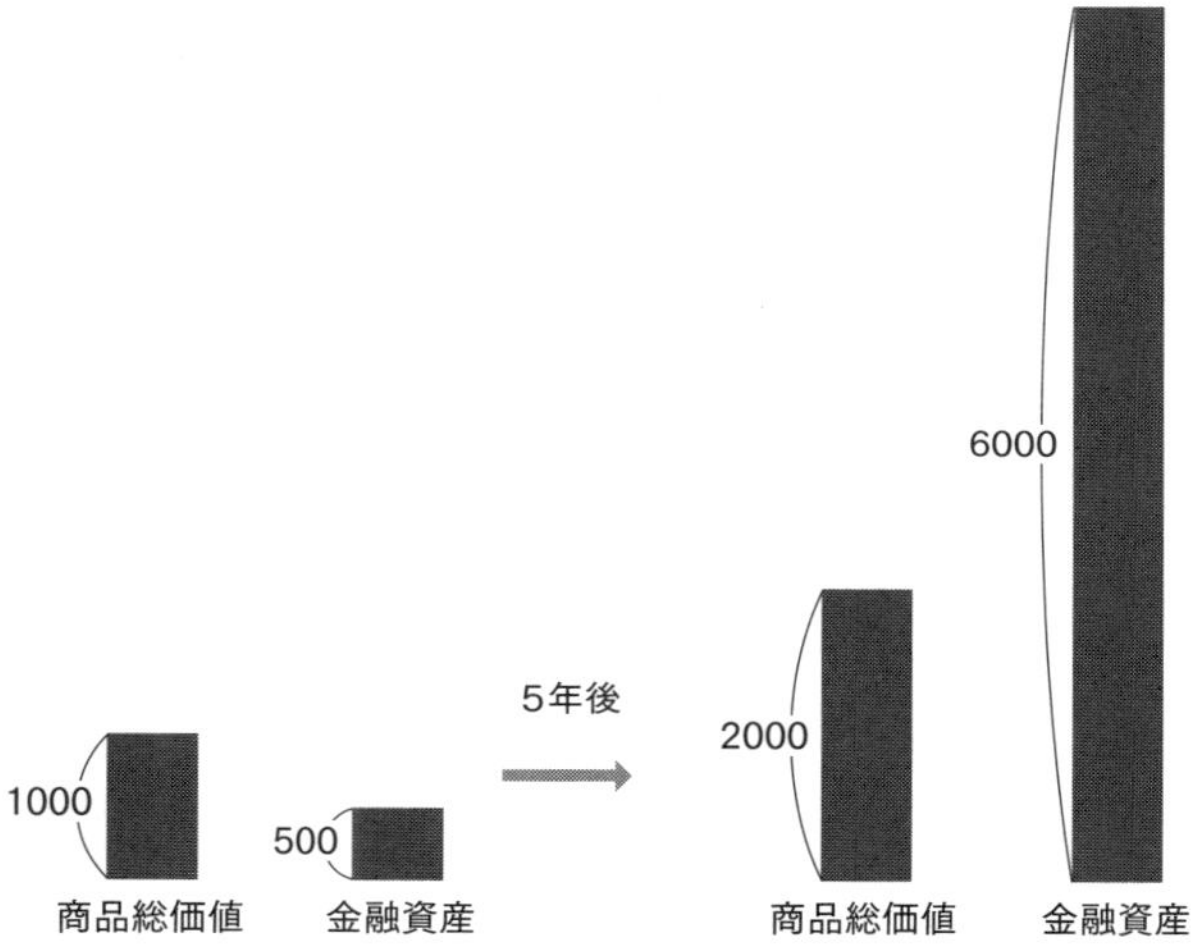

総資産に占める価値率

$$\frac{1000}{1500} = 66.7\%$$

$$\frac{2000}{8000} = 25\%$$

333 の収奪

収奪率＝33.3％

1500 の収奪

1500－333＝1167：収奪増加

収奪率　75％

100、000になったとすると、80、000はバブルである。しかし、バブルは一時的な増幅と考えられるが、現代の資本主義の金融システムはこれを恒常的に増大させるようなシステムを作っている。過度の時は爆発するが、爆発回避の方策が巧妙にとられているのも事実である。金融緩和を続け、破綻しそうな金融機関に特別融資を行う。しかもそれがグローバルにシステム化してきている。リーマンショックは、それでも破綻したということであった。その後さらに、破綻に対する対策が積み重ねられ、危機回避を万全にしようとしている。それは、危機そのものの原因を取り除いたり、修復するのではなく、いわば爆発時に経済破綻を緩和しようといった方策のとられ方である。方法は資金供給の一点である。

株価と利益の関係の本来の在り方を確認しておこう。もともとの株価の決定から見てみよう。100株で100万円を付けていて、その時年間で株の配当が100株に対して1万円あったとする。市場の利子率が1%だとすると、1万円が利子とみられて、元本を100万円とみる見方ができる。利子率は2%だと1万円を生む元本は50万円と考えられるので株価は50万円とみられる。株価はもともと企業業績に基づいて決まるものである。優良な企業は、利益を上げそれを配当に回して株主に還元するというのが、もともとの株を購入する論理である。本来の株価は、配当比率と利子率の比較から、株価が決まるのである。しかし、実際の株式市場は、このようなところからかけ離れて動いている。現在の株価はそれとかけ離れている。別な言い方をすれば、株価は「適正な価格」というものをなくしている。みんなが買えば上がるというだけのこととなる。株価が上がると資産が増える。無配であっても株価はつくし、値上がりを見越して上昇することもある。株式投資は、配当よりキャピタルゲインを意図して行われるようになっている。膨らんだ金融資産が、株式購入に充てられると、株価はどんどん上がる。しかし、これは何が増えたのだろうか。上がった株価の株を所有している人は、それを現金に換えれば様々な商品を購入することができるわけだから、確かに資産と価値は増えているが、価値が創造されたわけではない。

1994年から2014年の間に、A社は業績好調で、経常利益を上昇させたとしよう。その資産総額は、株の値上がりで1・5兆円から9兆円になったとしよう。6倍である。A社の株を1994年に300万円で買ったとすると、2014年に売れば、1、800万円で売れる。この間、A社は資本を増強したわけではなく、株価が上昇しただけである。また、資産の膨張で富の偏りが大きくなっているとも言える。株の価値が上がるということは、他の商品との比較でいうと、他の商品の価値が相対的に低くなっていることを意味する。事実、膨張した資産は資産膨張のない国のより多くの財を購入することができる。新しい収奪システムと言えるのである。金融帝国の動きはすべてこの資産膨張によって動かされているというのが、1990年代以降の世界の状況である。

バフェット銘柄

世界一の資産家ウォーレン・バフェットは、ソロモン・ブラザーズのCEOとして、投資銀行を指導していた。また、ディズニーを支配する。バフェットの企業を見る目に注目し、バフェットが保有する株は上昇するという見込みから、それらの企業はバフェット銘柄と呼ばれる。多くの追随者を呼ぶ。バフェットの株式投資についての考え方は、企業の成長性を企業分析によって判断しようとするものである。長期にわたって成長する企業を見分けることを手法としている。企業会計の分析だけでなく、マーケット動向、経営体質の分析、さらに経営者の資質の判断も大きなファクターとなっている。現代の個人所得番付けで、ウォーレン・バフェットはビル・ゲイツと1位と2位を競う。成長を見込める優良企業の株式を購入することで、バフェットはその巨大な資産を築きあげた。

企業の価値創造のメカニズム

株価は業績を反映する。株価は資産価値を表している。《利益÷資産》が資本効率である。どれだけの資本で、どれだけの利益が上げられるか、ということが、企業活動評価の基本である。A企業が１００億円の資本で、５億の利益を上げたとしよう。B企業は５００億の資本で5億の利益を上げたとする。Aのほうが B より優秀な企業活動をしていたと言える。しかし、社会的評価はそれだけではない。規模そのものに対する評価もある。また、逆の方向で企業がみられることがある。どちらも同じ5億の利益を生み出しているとすると、同じ規模の企業とみなされるという側面もある。

株式投資と企業金融

企業は運転資金の不足や新規の設備投資などに資金を必要とする。銀行からの借り入れで賄い、得た利益で返済するというのが、資本主義の原則的な企業の金融活動である。独占資本主義になると、社債を発行すること、増資を行うことで、企業自ら資金を手に入れることができる。それ以外に、減価償却費や内部留保によって自己金融を行うことができる。あるいは、企業間信用による資金の融通もある。

日本は高度成長期、資金が必要であった。銀行借り入れによってその資金の借り入れで活発な設備投資を行い、増産を達成していった。高度成長期は生活の必要から来る家電で代表されるような新しい商品への需要が大きかった。それがこの時代の経済背景であった。電化製品を中心に必需品がどんどん開発され、需要が旺盛な時代であった。１９４５年から50年代前半は、戦後復興期で企業の資金は不足していた。そして高度成長は旺盛な資金需要の下、銀行借り入れに依存する資金調達が行われた。資金調達は、生産拡大となり、経済の高度成長が達成されていったのである。

１９７０年代後半から状況が変化し始める。成長率が鈍化し、資金需要は低下する。カネ余り現象が起こる。最大の原因は、資金需要の頭打ちである。企業の資金調達の方法も、自己金融に依存する比率が高くなり、そして増資と社債発行による調達の比率が高くなる。証券市場から直接資金を調達するようになる。

「配当」の意味が低くなり、投資家は「利益」を株価上昇の推測の根拠と見る。しかし同時に、株価は市場での株式の需給で決まる。企業の業績という本来の株価決定要因が後方に退き、様々な要因が株価を左右させるようになる。増資、M&A、為替レートやその他の事件、噂などが株価の変動の要因となる。

時価総額

日本の株式市場で、２０１５年5月22日、時価総額がバブル期の最高額１９８９年12月の５９０兆９、０８７億円を超え、５９１兆３、００７億円となった（日本経済新聞、２０１５年5月23日）。企業の数が増えたことも一因である。1、１６５社から1、８８３社になっている。その中には、ソフトバンク、ファーストリテーリング、楽天などのバブル後の新しい企業が株価を牽引している。独占資本主義の時代から新しい時代の転換を照応する事柄である。また、かつて約3割だった持合いが大幅に縮小している。

２０１３年（日本経済新聞、7月9日）、世界の時価総額の順位は、①エクソンモービル4、０１７億ドル、②アップル3、７２２億ドル、③マイクロソフト2、８８４億ドル、④バークシャー・ハザウェイ2、７６５億ドル、⑤ウォルマート2、４４０億ドルで、９位までアメリカ企業が並ぶ。⑩中国工商銀行2、268億ドル、⑪ペトロチャイナ2、232億ドル、と中国企業が入っている。日本は、18位にトヨタ自動車2、079億ドルで、100位以内に5社しか入っていない。これは企業の経済力をそのまま反映しているだろうか。むしろ、投資マネーの流れが、アメリカの金融中心に動いている結果生み出されている側面もあるのではないだろうか。経常収支以外の資本収支の中で社債発行、株式の新規時価発行が資産価値を膨らませているという側面も考慮される必要がある。

また、日銀や年金などの公的マネーが信託銀行に委託され、それが株保有を増やしている。保有比率は18％に至っている。特に、献金積立金管理運用独立行政法人（GPIF）などの年金による買いも、信託銀行に反映されている（日本経済新聞、2015年6月19日）。このような機関投資家が、株式投資に乗り出したことが、株価を押し上げる一要因になっている。

金融取引の増加

実物経済活動と結びつかない金融取引が増加し始めている。例えば、金融機関や企業の短期資金を融通しあう短期金融資本の残高とGDPを比較すると、1980年で残高はGDPの10％であったのが、87年には40％になっている。証券取引規模も、80年にGDPの0・7倍であったが、87年には14倍になっている。まさに、金融革命の進行する中で、金融膨張が起こり、金融暴走につながっている。

日本株を買う外国人投資家

日本の証券市場で外国人投資家が占める売買代金のシェアは、1999年では40％弱であった。2001年には50％を超えた。現在では、おおよそ5割から6割が、外国人投資家による売買である。株価の変動は、外国人投資家の売買動向に左右されている。外国人投資家が買えば、株価は上昇し、売れば下落する。株式市場が、不安定な投資家の動きに左右されているのである。世界は、変動要因が格段に多い。それだけに、日本の株価もそれに左右されることになる。

外国人の株式保有比率は、１９９０年3月末で4・2％であったものが、２０１０年3月末では27・8％になり、２０１５年3月末の時点で、金額ベースで全体の31・7％である。金融革命の結果である。

中国の株価

中国での株式市場の歴史は浅い。しかし、改革開放路線による資本主義化で急成長している。２００７年秋には上海総合指数は６０００になった。１９９０年12月19日の時価総額を１００とした指数である。60倍になったのである。２００９年秋には2、０００を割り込んだ。理財商品の闇金融の問題や地価の暴落などを受けて、２０１４年から貯蓄の中心に株式がみられるようになり、レバレッジを利用して、投資ブームになった。株価急上昇によって、時価総額は膨れ上がった。２０１５年8月にはじける。株価は暴落した。２０１６年年始には、中国の株価下落を受けて、中国経済そのものを不安視する見方が広がって、世界中の株価が暴落した。これは一時的な金融恐慌ではなく、世界の実体経済での世界の工場としての中国の役割に対する警鐘が原因となっている。

経済成長ってなんだろうか

安倍政権が発足から、株価の上昇ばかりを取り上げている。そして２０１５年、5月には日経平均が２０、０００円台の大台を突破した。安倍政権は株価上昇を経済成長として宣伝していた。しかし、株価の上昇は一般には好景気と受け取られるが経済成長と同義ではない。バブルの時、株価が上昇して、日経平均株価が、38、000円台になった。それが、バブルの崩壊で、4、000円台にまで落ちる。成長したのが、マイナス成長になったとは言えないのである。株価は本来、成長の指標ではない。景気は株価上昇の一つの要因であるが、それ以外の要因が働いて株価は上昇するのである。

経済がどれほど成長したかは何によって測るのが正しいのか。銀行の資産膨張や、為替変動による資産の増大は、成長と言えるのだろうか。国の経済を分析するにあたり、第一に重要なのは、労賃と失業率である。そして次に実質経済の伸びである。労賃が上がることが成長というわけではない。物価の高騰があれば、労賃上昇は打ち消される。また、消費税が上がれば労賃の上昇は無きに等しい。そのような要因を考慮したうえで、労賃が上がりどのような生活状況になるかということがその国の国民の福利の前提である。福利は、福祉政策や予算だけで測るものは一面的である。

また、実質経済にしても実際は人々の豊かさにつながっていないものも多い。指標に表れなくとも品質向上や価格低下によって豊かになっている場合もある。さらにまた、豊かになったと言っても、例えばコンピューターゲームが膨大な成長と増加をしたことが、豊かさではあっても人間的文化的生活にとって持つ意味は別である。子供の成長や教育、健全な社会にマイナスになっている場合もある。文明は絶えず、文化と自然を破壊してきた。文化と自然の中に人間の幸せが潜んでいるということも忘れられてはならない。文化が人々を豊かにするものである。音楽があり、スポーツがあり、きれいな都市建設があり、私たちは潤ってゆく。文化以上に、自然は人間的世界を作ることは、ルソーやシラーなどの共通の世界観であった。その国々の、その土地土地の草木や青空の中にこの世に生まれてきた幸せの源泉がある。じっくり夜空を眺め、ブナ林に分け入ったり、街を歩いてみよう。いつも新鮮な喜びがそこにはある。

ルソーは、『エミール』で近代教育論を展開しているが、その根本には自然への崇拝がある。イマヌエル・カントは、そのような人間的自然を『判断力批判』の中で、美と崇高の概念の獲得に結実させている。シラーはカントの美学論を出発点として、近代教育論と文学論を展開している。近代教育の根本には、「素朴な自然」ということが子供の世界に与えられなければならないものであるということがあった。

文化は食糧生産の方法と結びついている。料理をしなくなるとそれだけ文化が失われているわけであり、味覚の貧困がはびこる。人間の幸福は、「自分の存在に回帰する」ことによって得られる。現代の人々は、伝統の中に文化的豊かさを発見し、それに浸ることで豊かさを取り戻し、幸福になる。歩くことは人間のもともとの形を取り戻すことなので、人は歩くことで幸福になれる。母親の胎内にいたこと、母親の心臓の鼓動は人に安堵感と幸福を与える。自分で栽培した茄子やキュウリ、野原や山でとってきた、つくしや栗などは、買ったものより、おいしいのである。

【3】通貨供給——インフレとデフレ

1．物価と賃金

生産力と物価

価値は人々が生産力を増大させることによって増えるが、物の価格はそれとともに低下する。通貨とその他の商品の比率で価格が決まるのである。貨幣は特別な商品である。あらゆる商品と交換可能で、価値を体現するものであるということで、金や銀が貨幣の位置を占めていた。金生産と生産力全体の比率が金の価格となる。

物の価格は根本的には労働力の価値で決まる。日当が800円のフィリピンと日当が8、000円の日本ではフィリピンの方が10分の1の物価になる。特に、食料品はそれに近い価格で決まる。食料品の価格が賃金の基準となり、賃金水準が多くの物の価格の基準となる。しかし、食費以外の支出が、どれくらい生活に必要なものとなるかで、賃金水準は変わってくる。労働力の価値は、基本は食料品の価格であるが、生活必需品を購入する費用がある程度入って、生活費が決まってくる。それが賃金の基準となってくる。食費＋住居費＋交通経費＋教育費などが、生活必需となり、賃金水準は生活の道徳的水準も含めて決まってくる。ただ、生活費の柔軟性は賃金水準に弾力性を与えることになる。したがって、主食の価格、例えば、日本の10kgのコメの価格が4、000円で、フィリピンのコメの価格が400ペソとすると、それが賃金の第一の基準である。それに富裕化と生活の質に合わせた生活費が考慮されることが必要になる。現代では多くの先進福祉国家で最低賃金が決められているので、法的な最低賃金が現実的な賃金となる。日本では、時給が800円程度、フィリピンやタイでは日本円に換算したとき、170円程度になっている。ただ、日本ではこの価格でフルタイム近く働く労働力需要はあるが、フィリピンでそれだけの労働力需要があるとは限らない。すると、月収は週15時間の労働とすると1万円ほどの月収にしかならない。現在ではそれぞれの国がそれぞれの法律規制を行っているので、その法制度下での賃金体系ということになる。

労働の価格は元来、労働市場の需給で決まるが、労働者は生命を維持するという最低限の生活をするという点で、社会的な労働価格が決まってゆく。そのことをマルクスは「価値規定」という言葉で表現した。価値規定は、商品の価値は労働量で決まるが、労働力という特殊な商品は、食糧の価格で労賃が規定されるというものである。例えば、1週間の質素な食費が、5、000円とすると、下層労働者の最低賃金のラインが月給で2万円ということになる。その2万円が価値の基準となるということである。フィリピンでは、一日の日当が200ペソ（約540円）とすると、食費は400円程度以下でなければならない。フィリピンの下層階層の人達は一日一食である。一日に少しのおかずとたくさんのコメのご飯を食べる。食費ということはもともとの労働者の価値規定となるのであったが、高度資本主義国の場合、「最低限の生活」の意味が変わってくる。特に、独占資本主義の時代に入ると階層化とともに、富裕化が進んでゆく。その中で生活必需品の中に、食糧を超えた様々な裕福なものが入ってくる。それを基準にして賃金が決められるので、最低賃金の意味が違ってくる。文化的に健康な生活といったような規定が入り込み、福祉政策的な最低賃金が決められる。「時給400円でも働きたい人は働いたらいいじゃないか。それを違法にしなくてもいいんじゃないか」といった考えがかつて「維新の会」でとなえられた根拠は、この最低賃金のギャップにある。すなわち価値規定による自由競争の中での最低賃金（自然な経済法則）と福祉的最低賃金との間のギャップにあると言える。食糧生産がイノベーションによって10倍になったとき、食糧価格は10分の1になる。様々な商品の生産は、生産力が上がることで価格が低くなり、それが全体としての社会の富の増大となる。

産業資本主義時代の物価騰貴

景気循環の中で景気が過熱してくるとき需要が増大し、それに引きずられる形で物価は上昇する。資本家は生産を増大させ、多くの利潤を追求する。生産の増大は、資本の有機的構成を変化することなく、すなわち同じ機械を使って、同じ技術を使って、機械の台数だけ増やし、1台あたりに必要な労働者を新たに雇い入れる。同じ機械を多く導入することで生産量を増やそうとする。機械あたりの労働量が機械の台数との比率としては同じであるが、絶対数は多く必要となるので、労働者に対する需要が高まる。現代との違いは、19世紀までのこのような資本主義では労働は単純作業であったという点にある。労働者の採用は容易なのである。好景気には需要が大きく生産拡大を計画する資本家が多くなるので、労働者を雇いたい資本家が増える。すると労賃は高騰する。しかし、基本的に商品の価格を決定するものは短期的なこの変動の中では需要と供給である。この物価上昇は労賃の高騰や利子率の上昇により打ち消される。例えば、妥当な想定としては、物価上昇の限界は10％～20％程度になるのに対して労賃は2倍にも3倍にも上昇しえる。労働者を生産することは資本にはできないので、資本家が労働者を必要とする限り、労賃は上昇し続ける。

産業資本主義の時代は、景気循環が物価を左右した。産業資本主義時代の景気循環は、好景気—恐慌—不況という周期をとって規則的に繰り返される。好景気の時は概して物価は上昇する。需要が大きくなることが好況期の状況であり、それが物価を押し上げる力となる。好景気の時は、作れば売れるので資本家は生産を増大させようとする。生産を増大、生産規模を拡大させることでより多くの利潤を得ようとする。生産拡大は同じような技術を使ってそのまま機械と労働者を増やして生産を増大させる。生産構造や技術を高度化するわけではないので、利潤率は一定のまま、もしくは売れ行きによっては以前より少し低めになる。これと逆に、不況期には物価は下落する。失業の大量発生により賃金は抑えられており、需要は停滞する。人々は質素な生活に甘んじる。生産は停滞し、稼働率は低くなる。企業は確実な生産確保と不況脱出策を考えて、生産方法を改良しようとする。合理化を推進し、効率的な利潤率の増大を試みる。技術革新も効率化のために模索される。このような形での物価変動が景気循環とともにある物価の古典的な形である。

独占価格形成による物価上昇

独占資本主義下では、景気循環・物価は違った形になる。独占価格形成は単なる物価上昇とも言い難い。特別の方法で独占価格を形成しようとする。それぞれの商品にいかに独占価格をつけて維持するかということがまず肝要であり、その後、ブランド性、生産体制などによって市場参入壁を高くして独占利潤を生むということが独占資本の行動様式である。20世紀の金融独占資本主義の主要産業は装置産業と言われるもので、巨大企業は圧倒的な大量生産に基づく生産力を持っていたので、価格は規模の利益で低く抑えることができた。しかし同時に安定的な生産体制は市場占有率を確保するという独占で得ることが目指された。産業分野ごとに様々な戦略が可能であるが、まずは高い固定資本を持って規模の利益を持ち、新しい参入を許さないという生産力構造を築き上げたということが、独占の時代の基本である。

カシオが電卓を発明したとき電卓の価格は発明開発費を含めて、1万円に設定することができた。すぐに、普及と共に価格は1、000円ほどまで落ちて多くの人々がそれを使用するようになる。「規模の利益」が独占の時代の価格構造にとって最大の力となる。価格戦略は高度に発達することになる。

1920年代のアメリカ産業

1920年代は、世界経済では「相対的安定期」と言われるが、アメリカ経済をとってみると繁栄の時代である。バーディングの言葉が有名である。「今日のアメリカが必要としているものは、英雄的行為ではなく安静であり、特効薬ではなく平常であり、革命ではなく復古である。」（『世界歴史』26、岩波書店、1970年、255頁）

自動車産業、鉄鋼業、電気産業、石油などで、寡占体制が築かれていた。フォード、GM、USスチール、ジェネラル・エレクトリック、スタンダードオイルといった企業がすでに大独占の位置を占めていた。これらの巨大資本は20世紀を通じて世界の支配者であり続けることになる。自動車産業はフォードが飛躍的に生産を増大させる。1921年に年間150万台の生産であった。29年には450万台を生産している。自動車産業は多くの関連産業を持つ。機械、石油、土木建築、ゴムなどの産業が自動車産業の発展に応じる形で発展する。電力は1880年代に、ロンドン、ミラノ、ニューヨークで発電所が開設されている。電燈、熱源としての利用から、銅・アルミニウムの製造などにつながっていった。電気の時代の始まりである。

また、ラジオと映画は新しい時代の産業となり、マスコミュニケーション、コマーシャルなど新しい環境文化を創造した。また、20年代には、ローンが始まる。自動車や家電製品などがローン販売を利用して消費を拡大させる。

1921年に700億ドルであったGNPは29年には1、000億ドルを超えている。自動車産業、電化製品、ラジオ、映画などの領域で、消費ブームが起こり、農民は企業家農民になっている。銀行が発達し、弁護士、技術者などの専門職の人々が新しい時代の担い手になろうとしていた。

需要の落ち込み

29年の8月には耐久消費財ブームは急速な減速傾向にあった。製造業全体も下降しつつあった。自動車や鉄鋼も生産低下傾向にあり住宅建築は25年、26年から減速過程に入っていた（侘美光彦『世界大恐慌』御茶の水書房、1994年、497頁～参照）。恐慌から不況に続く一連の景気後退は、需要の落ち込みが最大の原因となる。需要の落ち込みは価格の下落につながり、景気減退のスパイラルを生み出す。産業恐慌においては、企業倒産が需要落ち込みの原因であった。大恐慌においては、①金融関連における景気後退、②農業好況による需要減退、③企業の操業規模縮小と倒産による需要減退などである。これらが絡みながら、需要減退のスパイラル効果を生み出してゆく。

1．生産財部門
2．耐久消費財
3．贅沢品

といったものの需要が激減する。

大恐慌の3年半の間で、工業生産指数は54％下落した。特に生産財の生産は77％の落ち込みで、生産が全体として低迷したわけである。

1920年代は耐久消費財の広がりの時期で、それが独占資本主義の主力産業となっていた。鉄鋼、石油をはじめ、ゴム、ガラス、塗料などの産業が生産を急増させ発展の原動力であった。住宅や道路建設が追随していた。しかし物価低迷が襲ってくる。需要の低迷が価格下落につながったのである。

耐久財の苦境は、消費者信用の打撃と結びついている。自動車ローン、住宅ローン、農業での貸付などが、販売の落ち込みで、返済不能になり、銀行恐慌につながっている。農産物価格は、30％ほどの価格に落ち込み原価の回収もできない状況になっている。

アメリカの状況

大恐慌の直前、アメリカは巨大な貿易黒字を持っていた。資本輸出も盛んであった。当時のアメリカの人口は、1億2,000万人。アメリカは第一次世界大戦後世界最大の工業生産と農業生産を持つに至っていた。工業生産力は世界の約半分を占めるに至っていた。アメリカは強力な生産力を持つことで世界貿易の輸出国であった。金保有量は世界全体の6割を占めるに至っていた。しかし他面、この生産力は貿易を見込みに入れるという点でも過剰生産を突き進んでいた。それは、1929年に入ると、輸出の減退となって現れる。農業価格の下落、住宅建設、自動車生産などが頭打ちになってくる。

現在の「独占」戦略と価格破壊

1998年代以後の大競争時代に入った現在でも、独占は大きな役割をもっている。ただ現在の「独占」は、マーケティングの巧妙な戦略と結びつくことが多い。巧妙なというのは、言い換えれば「ずるい」ともいえる。IT革命が過ぎて、「独占」を獲得することとからんで、独占という戦略が社会にあふれている。携帯電話の保護シートは無料でいいはずである。それを月100円や200円で携帯通信料に組み込む。2年間の義務として2、400円から4、800円になる。充電のための線は2、700円であるが、規格を統一すれば100円で可能なはずである。現に、タイのバザールでは20バーツ（70円程度）で売っている。ダイソーでも108円で売っている。プリンターは技術の発達で簡単な家庭用まで複合機になった。プリンター兼スキャナー兼コピー機が現代では8、000円ほどで買える。ところが、インクカートリッジが3、000円以上する。おかしな話である。消費者をどこかで偽っているような販売戦略がある。

一般化しない需要に対してはロットが小さい故に高価格になるともいえるが、競争がないため、あるいは非競争的な環境（この場合すでに複合機を購入しているので、競争の余地がなくなっている）が生まれると、高価格の商品販売が可能となる。ダイソーは、3、000円以上のインクカートリッジを200円で、詰め替えインクを100円で売る。そこに独占価格を破る戦略が生きている。競争による市場原理と独占的な状況を生み出して高価格のものを売りつけるという戦略が併存する。福利厚生的な観点からは低価格が庶民、一般市民の見方であるはずである。市場原理は時としてそのような正義を支えるものとなるので、市場主義が多くの人に受け入れられることになる。

消費者は、大きな通信料でごまかされる。すでに携帯の購入契約をするときにそのような販売が行われると、消費者は価格を意識することや他の会社の商品と比較して購入することができない。ストラップ、携帯カバー、保護シールなど、100円ショップで購入すれば、100円で済む。40倍もの値段で価格設定されている。

国家独占資本主義

独占資本主義はやがて国家の政策と一体化してゆく。国家が経済に大幅に関与するようになるとき、国家政策としての金融政策や財政政策が国民経済を左右するようになる。20世紀の国家の在り方である。帝国主義と結びつくという側面と市民社会を内部から支え、福祉的な政策を行うという二側面がある。帝国主義戦争、二度の世界戦争は、国家と独占企業が結びつくことで遂行された。戦後は、冷戦という体制が国家と経済をいやおうなしに結びつけた。国家のもう一つの側面である市民社会を制御するという役割が福祉の思想や社会主義的正義と結びついて、「善」として受け入れられるようになったのが、現代資本主義である。

一つのきっかけは、大恐慌である。大恐慌の後、国家は資本主義活動を規制し、安定に導く役割を持たせられる。金融制度においても破綻に至らないような規制が設けられた。そして、景気や失業に対して国家が積極的な役割を果たすようになる。そのための理論がケインズの理論であり、多くの先進国で実施されていった。日本では、財政投融資という形が大きな役割を持った。財政投融資というのは、財政の仕組みを通じで生み出される資金や政府の影響のもとに置かれた資金を一定の計画に従って、出資したり融資したりすることである。郵便貯金がそのような資金を提供してきたし、民間資金でも政府の力をバックとして活用されることがあった。また、通産省は国家の経済政策を、行政指導を通じて実現する。通産省の指導力で、民間企業の成長を促す機能を持っていた。『ジャパン・アズ・ナンバーワン』(1979年、TBSブリタニカ)の著者のエズラ・ヴォーゲルは日本の力の源として通産省と企業の一体化した経済力に言及している。このような国家独占資本主義は、金融革命、グローバリゼーションとともに終末を迎えてゆく。

2. ＩＭＦ体制とインフレーション

ケインズ主義とインフレーションの時代へ

20世紀は、先進資本主義国にとってインフレーションの時代である。それは、第一に、独占資本の体制であり、第二に、管理通貨制による通貨の過剰供給によるものである。市民社会と国家の両方でインフレの体制が構築されたのである。市民社会は独占資本主義になったということであり、国家というのは財政政策と結びついた管理通貨制の制度ができたということである。

戦後、先進諸国はＩＭＦ体制の下、財政政策を強力に推し進める。公共事業は失業対策でもあるので、社会主義的イデオロギー、福祉思想にも合致した政策と受け取られる。イギリスの労働党など社会主義政党も国家の経済的役割を肯定することとなる。財政膨張はケインズの考え方では、景気が良くなったとき財政赤字を埋め合わせるという側面を持っていた。しかし、いったん財政膨張で景気刺激策を打ち出すと資本の要求としては絶えず好景気を持続したいという要望になる。財政膨張は恒常的なものとなってゆく。

ケインズ主義の結果はインフレであった。アメリカでは１９７０年代は、年に10％を超えるインフレに悩まされた。しかも、失業率が減らない。失業は増え続ける事態となってゆく。失業とインフレが同時に来た。経済成長のために、財政赤字を行いそれによる財政膨張の結果としてインフレになるが、それは不況対策による失業率の低下ということのために行われるというのがケインズ政策の意義であった。しかし、失業が多くインフレーションも高いとなれば、ケインズ主義政策が実効性を持たなくなったのである。

インフレと預金

インフレの中では、おカネを箪笥にしまっていれば、価値が下がる。10％のインフレ率の時は、100万円で買えるものは、1年後には90％になる。5年後には、59％になる。おカネの価値が半分近くまで下がってしまうことになる。1、000円でパンが10個買えたとしよう。パンの価格は100円である。5年後、同じパンの価格は、161円になっている。1、000円で、6・2個、約6個しか買えないということになる。1、000円の価値が0・6倍になったわけである。そこで、人々はいろいろな金融機関に預けたり、金融商品を購入しようとする。国が発行する通貨が、人々を恒常的に貧困化させるものとなるのである。

利子を目的とした投資は、絶えず人々の関心となる。寝ていておカネが増えていると嬉しい。中国では10％を超える高率の利子を求めて、理財商品が買われた。株式購入も同じような動機があるし、投資信託も買う人の動機は同じである。ところが高率の利子は、リスクを伴う。サブプライムローンで格付けの低い債務者のローンを高いものと混ぜ合わせて、リスクを減らして安全としながら、それに高い利率を反映させた。リスクの高い証券はヘッジファンドが主に購入し高率の利子を得ながら、うまく売り抜けようとする。ヘッジファンドとは、いわばトランプの「ババ抜き」のプロであるということになる。このババ抜きはいつでもゲームを降りることができるという利点を持っている。爆発するとき、ババを持っていたものが大きな損害を被る。しかし、サブプライム関連商品は、「ババ」が危機とともに、大量発生するということになった。

コストプッシュインフレ論の背景

独占資本主義の下では、労働者は正社員となり、流動性を失ってゆく。大企業においては長期雇用を原則化してゆく。レイオフという形は、独占資本主義の中での景気変動に対する対応であるが、根本的には大企業の雇用政策は、経済一般の情勢よりも産業ごとの成長性や企業戦略に依存する割合が大きくなってゆく。

現在の世界では、食糧価格が世界経済の関連の中にあるので、食糧の貿易は、産業への不安定要素となることが多い。１９２９年以降の大恐慌でも農業問題は恐慌の大きな原因の一つであった。食糧問題は、20世紀には、世界農業問題となった。食糧生産が世界経済の輪の中で行われるようになってゆく。アメリカのトウモロコシや大豆、ジャガイモ、小麦は世界中に供給される。もともと資本主義において農業は生産の効率化に難しい点を持っていた。20世紀になると農業は経済矛盾の原因となってゆく。大恐慌でもヨーロッパとアメリカの農業の関連が恐慌の原因の一つとなった。

穀物メジャーが穀物価格を支配し、シカゴの先物取引で穀物や食肉類が投機の対象となる。さらに現代ではそれがデリバティブに作り替えられ、価格を暴騰させる。２０１４年には牛肉の価格が暴騰したが、シカゴで金融派生商品の対象となることで価格が跳ね上がったのである。２００３年に食糧価格は、暴騰した。1年間で、小麦は１３０％、米は90％、上昇した。人々は食糧を買えなくなる。あらゆる食料品が経済システムの大きな波をかぶることになった。

食糧価格は農業生産力が増大しているので、長期的に低下傾向にある。それが現在のデフレの一要因である。ただ、現在の経済システムの中で食糧が投機の対象となるとき、極端な物価騰貴が起こる可能性はあるが、おそらくそれはすべての農産物が対象となるというより特定の農産物が対象となる。

そして、穀物全体が高騰したときには、最も深刻な打撃が来る。

後進国のハイパーインフレと異次元金融緩和

税制が近代的に整備されていない段階では、税金の徴収が不十分で政府の手で経済インフラを整えようという支出が大きい場合が多い。その時、政府は、財政赤字を埋めるために国債を発行する。金融制度も未発達のため民間金融機関は国債を消化することができない。中央銀行が国債を引き受け、通貨を大量発行することになる。メキシコ、ブラジル、アルゼンチンなどが１９８０年代後半にそのような状況に陥り、ハイパーインフレをまねいた。マネーサプライの増加率は、メキシコでは、１９８４年78%、85年１４７%、ブラジルでは２６２%、３３８%、であった。85年のアルゼンチンで４１４%、88年４３７%である。それに対応して、消費物価上昇もメキシコで86%、１３２%、ブラジルで１７３%、２０２%である。85年のアルゼンチンで、６７２%、88年３４３%であった。通貨供給は、インフレを生み出す。また、ブラジルは、１９９２年後半から大きく変わり始める。94年7月には、カルドーゾ大統領の下、新通貨「レアル」を導入しインフレが収まった。それまでは、月に50%のインフレ率であった。年率にすると、約１３、０００%、１３０倍である。

日本も量的緩和、異次元の緩和と言って大量の国債発行を行っている日本銀行の政策は、ハイパーインフレの危険性を孕んでいるという見方が様々な経済評論家の間でささやかれている。ただ、日本の場合は金融制度が高度に発達しているため、国債の民間金融機関での受け入れは、それでもなお大きいし、さらに過剰の通貨供給が金融機関で消化されてしまって、投機資金に回っている。市場へ流れる通貨量が増えないという金融の状況である。投資資金が行き場を失ったときは、通貨が市場に流れ出す。そのときは、ハイパーインフレになってしまう可能性はある。

インフレの終息

インフレーションは時代の産物であった。それはケインズ主義の経済政策の帰結であるし、国家独占資本主義体制が生み出したものである。インフレーションの時代の終焉は次の四つの要素が重なってもたらされている。

第一に、インフレの終息は、ケインズ主義の経済政策を放棄することでもたらされる。インフレーションの原因が取り去られたからである。通貨を財政政策ではなく、必要通貨量の算定に基づいて安定的に供給するとき、インフレーションは終息する。

第二に、もう一つのファクターは、市場での独占ということがある。寡占と独占が市場競争のグローバル化により変質する。グローバル市場の形成により、国内市場はグローバルな大競争の渦に巻き込まれてゆく。国内への海外商品の流入により価格低下が先進国にもたらされることになる。

第三の要素は、労働価格の問題である。ベトナム・タイ・フィリピン・インドネシアなどの賃金は、月2万から3万円ほどである。日本の10分の1である。生産がこれらの国で行われることで、生産力は10倍になる。労働の質が国家という枠を超えて階層化されていく。

第四に、技術の飛躍的発展に伴う生産力上昇をあげなければならない。すでに、独占資本主義の時代に生産力は飛躍的に上昇していた。それが富裕化社会をもたらした。ＩＴ技術を核としたイノベーションは、生産、経営、そしてマーケティングのあらゆる分野で進行し、生産力を飛躍的に向上させ、その結果、物価の低下をもたらす。

3．デフレの時代

インフレの時代からデフレの時代へ

かつて、物価上昇と物価下落は景気循環の中の需要と供給で決まっていた。しかし、独占資本主義の段階になり、価格の上昇は独占という新たな事態で決まるようになった。需要と供給よりも需要をいかに生み出すかということがかなめになった。供給力は価格を低く抑えることによって販売力を挙げて独占を達成すること、ロットを拡大するという意味があった。そして、管理通貨制によって価格を維持する機構が出来上がっていった。独占が金融資本主義によって左右されるのではなく、新しい競争環境を生み出すようになって、市場原理が新たに作用し始める時代となったのである。

戦後数十年にわたって、先進主要国の中央銀行の金融政策の目標は、インフレを抑制することであった。それによって均衡のとれた経済の発展が期待されると考えられた。アメリカでは、１９７０年代の平均は、７％ほどの物価上昇率である。時として10％をはるかに上回ることもあった。１９７９年のポール・ボルカーの強力な金融引き締めの政策によって10％を超えたインフレは一挙に終息した。2％から3％になる。80年代は5・55％、90年代は3％である。それ以後、2・5％程度となっている。90年代からはデフレの到来であった。日本では、１９９１年のバブルの崩壊とともにインフレは姿を消し、デフレの時代に突入する。それは、当初、多くのエコノミストによってインフレを抑制できたということで、歓迎されるべきことと考えられていた。

現代も世界の各国は管理通貨制であるし、財政支出は巨大化し、国債の発行残高は、先進各国で異常に膨れ上がっている。財政支援の意味もあって、多くの先進国の中央銀行は金融政策を緩和に転向し始めた。日本では、金融緩和にもかかわらずデフレは1991年ごろから25年にわたって続いている。政府のデフレを抑えるという意図は、デフレを古い経済理解の枠のまま行っている。デフレは不況期の現象で、設備投資を刺激し、資金を十分供給し、景気を上向かせることでデフレは脱却できるという19世紀までの古典的な時代の理解のままである。しかし、この20年余りの間のデフレは違っている。金融革命期のデフレという現象は、これまでの経済のシステムが根本から変容したことで起こっているのである。

消費者物価の下落と資産デフレ

1980年ごろ、世界のインフレはおおむね収束し、先進国の経済はデフレの時代に入る。デフレといっても、どのような商品の価格が下がっているかが重要である。インフレ率や物価一般の下落と上昇ということを基準としては、経済政策を誤ることになる。物価の構造が重要である。デフレもインフレもその意味ではマネー現象として捉えることは、誤った政策に帰結してしまう。デフレの影響で、過去20年間、名目GDPは、ほとんど増えていないとしても、そのこと自体が問題であるわけではない。例えば、電気製品や衣料品が下がっているとすれば、それは名目GDPを下げたとしても人々は豊かになっているのである。例えば、25万円の月給で年間に買える製品の数と種類が増えたことになるのだから、豊かになっているのである。

資産デフレに過度に目が行くのは、庶民的な発想ではない。資産デフレは土地を購買したい人にとってはありがたいことである。しかし、資産保有者にとっては、資産の目減りとなる。資金を借りるのに必要な担保の価値が減ることになるので、借りられる資金量が減る。ということは、活発な設備投資ができなくなるので、経済的停滞をもたらすということになる。また、貸し手である金融機関側からするとき、資産デフレになると担保価値が下がって、返済が滞った時に不良債権が大きくなる。また、デフレによる経済的な停滞で、返済も滞りやすくなるし、その時の追加資金繰りのための借り入れも難しくなり、倒産確率も大きくなる。

物価について

商品の価格は需要と供給によって決まる。供給はコストを超えた価格で行うと赤字になるので、コストに制約されている。コストの決定的な部分は労賃である。労賃の削減は価格競争力の最大の力となる。機械の導入により労賃コストを下げ合理化すること。大量生産に結びつけて単位当たりの生産コストを抑えること。この二つが競争力を支える方法であった。

独占資本主義の時代、労賃コストの割合は微小部分となった。巨大な装置産業に典型的な独占の力は労賃部分の極小化だと言える。大競争時代になって、価格競争がさらに熾烈になることによって、低くなった労賃コストでさえ、さらに競争の重要なファクターとなる。労賃の低コスト化は価格破壊や物価低下を生み出し、競争力を支えるものとなった。

価格低下はもちろん、商品の種類による。ハイレベルな技術に基づく商品はさほど労賃は問題とならないが、一般的な商品の場合は、労賃は競争力の重要な要素となる。生産のグローバルな体制と市場のグローバル化が商品価格に反映することになる。独占資本主義下では、労賃コストの要因は相対的に低くなっていたが、労賃は大競争の時代には再び、経済状況を決定する重要要素に復帰することとなった。

現在のデフレの原因

90年代から現在に至るデフレは、単なるマネー現象ではない。時代の大きな転換によってもたらされているものである。グローバル市場を舞台とした、地球規模での生産力構造の大きな変化とＩＴ技術の発展が原因である。

独占資本主義体制が崩壊し、財政政策を核として国家独占資本主義体制が崩壊した時代のデフレの到来である。グローバル市場の出現で大競争が起こり、グローバル化の中でそれぞれの国の市場と生産体制が根本的生産システムの変化によって、価格低下をもたらしているのである。金融システムが根幹から変わり、企業の金融の在り方も変化する中でのデフレである。19世紀の一国的資本主義体制を前提としてのデフレ理解では、現在のデフレの対策は、デフレ脱却や国内経済の成長という目的とは、全く違った結果をもたらす。デフレ対策の金融緩和政策によって、偶然、物価上昇があったとしても、デフレ脱却という事態には至らない。景気循環的経済理解が現在のデフレの原因を無視したものなのである。インフレからデフレへの転換は、社会の根本的な仕組みが変わったことで起きている現象なのである。

時代の変化の結果、デフレが発生している。

第一に、独占資本主義の崩壊が価格を下げて新しい競争を生み出した。独占の後退である。独占資本主義の生産体制では、価格は維持される。競争がある意味で不十分なのであった。市場での競争に勝って独占を形成できれば、あえて価格を下げて売る必要はない。企業は十分な利潤をあげることができるようになる。生産力は、生産量と労働量の比率である。生産量が2倍になって労働量が半分になれば、１×２÷０・５＝４倍となる。生産力は４倍になったのである。そのとき価格は、４分の１になるはずである。しかし、独占が維持されれば価格は据え置かれる。価格は、大量販売を目指す時には引き下げられる。それは需要を喚起するためである。量がより多くの利益を確保する。

独占資本は一国の市場での競争をベースにできていた。グローバル化の変化の中で独占が崩れ始める。独占価格が金融資本主義の解体とともに崩れていった。市場がもはや国内的なものではなくなったということが、新しい競争社会を生み出したのである。装置産業だけでなく、あらゆる商品の生産過程で、労働コストの低下がみられるようになる。それが巨大な生産力につながった。

第二に、国家独占資本の財政政策が効果をあげなくなり、国家財政は国債発行に依存することとなる。国家財政支出と結びついた通貨発行は抑制されたが、デフレ対策として新たな政策課題から発行された大量の通貨は金融資本への資金供給となり、設備投資には直接つながらなくなった。

第三に、ＩＴ技術の始まりである。ＩＴ技術の発達は、まさに革命であった。労働力への依存が極端に変化した。生産方法も、マーケティングも、事務所のシステムもすべてが根こそぎ変わってしまった。すでに、20世紀の産業は生産工程に多くの労働を必要としなくなっていた。ＩＴによってさらに革命的な労働力移動が生じる。物を作るコストの中で労働コストが極端に少なくなっていった。労働量は商品の価値を規定するものなので、商品は極端な低コストで生産することが可能になった。時計は、最低でも5、０００円、腕時計は1万円ほどしたものが、両方とも１００円まで落ちた。時計は宝石をちりばめた装飾品や、名前を売るブランドは高価なまま残ったが、時を刻むという本来の役割を担うものとしては、極端に低価格になった。多くの人々にとっては、装飾品としての時計や、携帯電話に宝石をちりばめて装飾する嗜好は、「虚栄の愚かさ」と映っている。虚栄が社会的ステータスと結びついたカッコよさに結びついていた領域は現代では極めて狭い世界に残っているだけである。

第四に、最も根本的なデフレの原因がある。グローバル市場での構造である。大競争時代と言えるグローバル市場での競争が価格低下をもたらしている。特に、先進諸国に安い賃金による低価格商品の圧力が押し寄せるようになる。中国の生産力増大、インドの生産力増大、ベトナム、フィリピン、タイなど、多くの国に低賃金に基づく商品がグローバル市場に提供されるようになる。それが先進諸国の国内の物価の押し下げ圧力となる。企業の生産体制は一つの企業内でのグローバル化した生産体制を作ってきている。仕入れ、アウトソーシング、技術開発をそれぞれ適切な国と地域で行い、価格競争力の強化を考慮しながら、グローバル生産体制を作っているのである。物流の拠点も販売網を考慮して決定される。アップルもマイクロソフトも、技術開発と部品調達で様々な国を使っている。コールセンターも、一国内で賄うのではなく、コストとサービス内容の適した国を選択されるようになってきている。

グローバル化は価格低下をもたらす

市場の共通化、グローバル統合は、大競争を生み出した。すべての企業活動がこの波に巻き込まれていく。自然の津波はやがて引くが、経済のこのデフレ津波は、引かない。低価格は固定化し、さらなる競争へとつながってゆく。

スウェーデンのグローバル企業、H&MとIKEAは、ともに低価格を実現するグローバル調達と物流を武器にして、世界の市場に進出している。IKEAは、日本市場だけ苦戦している。ニトリという強力なライバルに勝てない。グローバル市場では、IKEA対ニトリという新たな競争が出来上がる。IKEAは、「まずは値札をデザインせよ」という創業者イングヴァル・カンプラード氏の言葉を守り、モノ作りを価格設定から始める。世界中に調達網を持っている。平たく梱包する「フラット・パック」化で輸送費を切り詰める。40フィートコンテナに隙間なく詰め込む。H&Mは全輸送の

90％以上が船舶や鉄道などで、コストのかさむ飛行機はあまり使わない。精密に計画された大量生産と低価格の配送システムが競争のかなめである（日本経済新聞社編『大転換』日本経済新聞社、２０１０年、２１３～２１４頁参照）。

独占資本主義時代、「貧者の贈り物」という言葉があった。エネルギー・石油や食料・農産物などは、「南」の発展途上国が供給する。価格差から先進国は優位な価格で手に入れることができる。ただ同然の価格で輸入できた。これが独占大企業の利益の源泉の一部にもなっていた。ところが市場がグローバル化してくると低価格が独占企業の利益になるというより、先進国市場の価格低下をもたらすという形に変化する。

デフレ不況と金融革命

デフレで企業は収益を落とし、借入金に対する利子払いを圧迫するという議論がある。しかし現在では、金融の主力が変わろうとしている。銀行からの借り入れを中心とした間接金融から株式発行や社債発行による企業の直接的な金融に移ってきている。もちろん日本は諸外国に比べて圧倒的に間接金融の割合は大きい。銀行からの借り入れに関しても、デフレ期には資金需要が低く利子率も低く抑えられているので、企業への圧力はそれほど大きいとは言えない。

むしろ価格競争の熾烈さという方が、企業にとっては大きな課題である。１００円ショップの仕入れ価格が30円程度であるので、30円で１００円ショップに仕入れても儲かるような生産体制をつくる必要がある。時計を1個30円で作って大量のロットを販売することで利益を上げるという競争が発生する。多くはかつて中国からの輸入に頼っていた。それがベトナムとなり、低賃金がそのような生産を可能にする。１００円ショップ側からは納期の厳密性を要求され、罰則規定が契約に盛り込まれるので、例えばインド時間やフィリピン時間と言われるような時間にルーズな感覚では仕事ができなくなる。流通や事務処理へのイノベーションが必須となり、企業努力がその方面でも求められる。したがって、デフレというより価格競争のグローバル化したシステムが、企業競争の熾烈な環境を作り出しているといえる。

デフレに対するこれまでの理解

日本では、1999年から物価指数がマイナスになる。バブルの崩壊の後、系列が崩れ始め、銀行倒産が95年から起こった。物価下落は、1990年ごろから始まる。金融革命に至る変化は、インフレの時代がデフレの時代に代わるという現象となって出現した。デフレは多くの論者によりデフレスパイラルに陥るものとして警戒されている。物価下落が経済後退となるということから、物価下落—不況—物価下落—不況の連鎖と捉えられている。デフレは基本的には需要の低迷によって引き起こされると理解されている。商品の価格が下がっても低価格が全面化しているときには、購買意欲につながるとは限らない。限界がある。すると企業収益が落ち込むということになる。デフレ不況の危機的側面は、企業収益率が低迷しているときに企業の借り入れで企業の利子支払いが負担になることである。利子支払いが負担になると倒産に至り大量の失業者を輩出することになる。したがって、デフレの経済問題は失業率の上昇という指標で見なければならない。失業が増えたり、低賃金の構造になるとき、さらに需要が落ち込むので、これがデフレスパイラルとなるということになる。

デフレ期には資金需要は冷え込むので一般に利子率は低迷する。したがって企業倒産に至る利子率の圧迫は実際には存在しない。また、中央銀行は金融緩和により、企業の投資を促進すること、公共事業などの財政支出により需要を喚起し景気浮上を試みるので、利子率はその点でも抑えられる。

このようなデフレ理解に、19世紀までの景気循環をモデルにした理解である。

グローバル化とデフレ

現代がデフレの時代であるというのは、経済のグローバル化がもたらす大競争というところに原因がある。独占資本主義の独占価格維持が市場のグローバル化でできなくなっている。したがってデフレの根本要因は、１９８０年代のグローバル化とともに始まっており、１９９０年ごろから本格化する。この根本的要因に加えて、国ごとのその時の事情が事態の進行を左右する。例えば、１９９０年代の日本経済は円高で輸入物価が下落した。円安の時は、輸入物価は比較的高くなるので、原材料を輸入している産業にとってはコスト高になる。逆に円高になると輸入品は安くなるので、輸入品の販売価格も原材料費も安くなり、物価安になってゆく。１９９０年で1ドルは１４４円である。90年代前半は円高になってゆく。91年１３４円、92年１２６円、93年１１１円、94年１０２円である。毎年急速に円高が進行した。95年に円相場が、１ドル80円を超える円高になる。

そして、ＧＤＰデフレーターがマイナスになり始める。ＧＤＰデフレーター（GDP deflator）というのは、名目ＧＤＰと物価変動を組み込んだＧＤＰの比率で、マイナスになればデフレということになる。それ以来、現在に至るまで、物価の下落は継続して続いてゆく。95年、超円高に対応して、日銀は短期金利を２・３％から０・５％に引き下げた。金融緩和策の始まりである。このようなデフレ現象は、独占体制が新たな競争のインパクトによって崩壊してゆくことから生じた経済現象であるということが本質的な事柄である。90年代に入って、中国をはじめ東アジアから安い製品を大量に輸入するようになる。それと競合する国内製品の価格を引き下げる。それが、工場の海外移転へとつながってゆく。

新しい市場は中産層の形成によって国民経済を担う国内市場となる

市場化にとって重要なことは、中産階層の形成である。中産層が形成されて本格的な大きな国内市場が形成されるのである。中産層が育たないときは、一部の上流階級の贅沢品ぐらいが市場の意味になるが、中産層が形成されて、カップラーメンから電化製品、自動車までが需要を得ることになり、市場に出回るようになる。商業圏の拡大として、新しい商業圏が生まれることになり、資本主義が地球を覆うようになる時代の流れである。

先進国はデフレの時代に入っている

ヨーロッパやアメリカ、日本といった先進国は、グローバル化による大競争と大転換、金融膨張の中で共通の傾向を持っている。一つは、デフレの長期化であり、一つは格差社会の出現である。欧米では物価は上がらず、金融緩和が長期化している。デフレ脱却や公定歩合の引き上げは、物価下落、ディスインフレの基本的な基調の中でほとんど実現しない。ユーロ圏の消費者物価指数は、２０１３年０・７％で、ギリシア物価もマイナスの１・９％である。ポルトガルは０％である。アメリカ経済は、ディスインフレが続いており消費者物価上昇率は１％程度である。

近代社会を作った世界市場の始まり

かつて、世界貿易は巨大な価格差によって巨額の利益を生むものであった。近代社会では、胡椒やお茶といった商品が東洋と西洋を結び付けた。近代は、世界中から様々な商品がヨーロッパに持ちこまれることで形成されていった。その原動力は、新しい世界のノスタルジアと結びついた新しい商品の普及であった。特に、インド、インドネシア、東南アジアからもたらされた胡椒の価格は、輸入に携わる者に巨万の富をもたらした。お茶は東インド会社の主力商品であり、紅茶文化をイギリス社会に根づかせることになった。インド原産の砂糖はポルトガルによって西インド諸島で栽培され、プランテーションを始めることとなる。砂糖はプランテーションを生み、ポルトガルは世界市場で砂糖を独占することになる。アフリカから奴隷を輸送するということはアメリカに先立って、砂糖のプランテーションで生まれたのである。砂糖は奴隷制の原因を作った商品であった。コーヒーやココア、紅茶は砂糖の甘味によって人類に広がったのである。砂糖とミルクは、紅茶、コーヒー、ココアという嗜好品をコーディネートするものであり、それがコーヒーハウスや紅茶の販売店という新しい社会の嗜好につながってゆく。これらの商品は巨大な富をもたらす夢の商品であった。

さらに注目しておかなければならないのは、キャラコとジャガイモである。この二つの商品が、産業革命を生み出した商品である。1680年代にイギリスでキャラコ・ブームが起こる。インドに古くから伝わる綿織物はインドの象徴であった。インドの国旗の真ん中に、「チャッカル」と呼ばれる糸車があしらわれている。それは綿糸を生産する紬車であり、インド独立運動の「スワラジ（自治）」運動の象徴であり、またヒンドゥ教の輪廻を表すものでもある。ジャガイモは、アメリカ大陸原産で、ヨーロッパにもたらされた夢の食糧であった。多く含むビタミンDでイギリスに蔓延していたくる病が解決され、貧困層の食料を支えた。その日暮らしのプロレタリアートはジャガイモで生きた。パンよりはるかに安く、生活にゆとりをもたらすものであった。1845年から1849年の4年間にわたって、ヨーロッパ全域でジャガイモの疫病が大発生する。ジャガイモ飢饉は、新天地を求める人々をアメリカに殺到させ、アメリカの真の建国につながった。

グローバル化による価格の流れ

世界市場は、近代初頭から20世紀末に至るまで、国家という枠組みと市場の分断ということ、植民地体制というものによって、時代とともに様々な形態を持っていた。現在は市場のグローバル化ということが根本的な変化をもたらしている。グローバル化の進展によって、各国間の価格差は縮まる作用がある。現在では商品は、国を超えて流通する。少しでも安いものがあれば、その市場から少しでも高い市場に商品は流れてゆく。価格の安いところから高いところに流れることを「裁定」という。国際的な一物一価の法則が作用するということは、グローバル市場が形成されてきているということである。

ただ、どの商品が貿易の対象となっているかということが、為替レートに反映し、国家間の価値格差となっている。フィリピンのコメは、10kgで450ペソ（1，100円）、日本のコメは、4，000円とすると、ここに4倍の価格差がある。その価格差は、輸出入の原動力ともなるが、主力の貿易品ではない。購買力平価は、その国の市場で購入できる商品で通貨のレートを見ようとするものである。①労賃と②食料品と③生活必需品と④奢侈品に分けて単純化するとき、為替レートの持つ意味が見えてくる。為替レートは、多く貿易に上る商品が大きなウェイトを占め、それに投機や投資と絡まって、金融の需給が影響を与えている。

生活の第一条件は食べることで、低所得者層ほどその部分が大きくなっている。高度文化商品（例えば自動車）が生活必需品の次のものとなるが、それは社会階層による。現代では、階層化が進んでいるので、人の生活に様々なパターンが生まれる。嗜好品はさらに、階層によって違ってくる。ブランド品や高級レストランや海外旅行など消費が多様化している。その消費のパターンは、さらに多様化している。

価格破壊

市場のグローバル化とともに大競争時代に入り国内では系列が解体し、新しい取引関係が広がっていった。その中で価格を破壊するという現象がデフレの時代の象徴的経済活動として登場した。１９９４年は価格破壊元年と呼ばれる。価格破壊はデフレ時代の最先端を切り開く動きであった。眼鏡が10分の1の価格になった。ビールはディスカウントストアが進出し大手スーパーとの間で熾烈な値下げ競争となった。輸入ビールなどが３５０ミリリットルのものが原価20円で、酒税は1缶当たり80円である。２４０円のビールの価格は１５０円前後まで下がった。アメリカでは1缶50円前後で売られ、バーゲンセールでは10円という価格もつけられた。日本のビール類の価格破壊競争の背景には、93年６月の規制緩和がある。全酒類の販売免許に国税局の申請の必要がなくなった。

価格破壊の一つの原因となったのは、プライベートブランド商品の始まりである。ダイエーが93年９月にＰＢブランドの洗剤を製造し、半値近い低価格で販売する。イトーヨーカ堂、西友といったスーパーが自社製品の洗剤などを売り始める。ＰＢ洗剤が安く造れるのは、計画生産が可能で在庫が不要、広告宣伝費をほとんどかけない、などといった有利な点があるからである。作った商品を売るということをマルクスは「命がけの飛躍」と表現した。作っただけでは「生産物」で、売るということで生産物は「商品」となる。「商品は売れなければならない」ということが、資本主義生産の一つのリスク要因である。企業の生死は売れるか売れないかということにある。ＰＢブランドは売るということにかかるコストを削減できるという革命なのである。ダイエー、西友、イトーヨーカ堂、ジャスコなどがＰＢ商品を生産し、低価格で販売した。コーラが１０６円のものが35円から70円、洗剤が７００円のものが２９８円、ビデオテープが2、３７０円のものが５９８円といった価格で販売された。この時代の精神では、価格破壊は「正義」であった。独占価格が悪であった。価格破壊というデフレ時代の先兵は20年後の現在、社会に定着しているものがある。94年に始まった価格構造が現在に続いていると言える。ダイソー、ドンキホーテ、牛丼チェーン、各種スーパーストアなど、低価格の店舗群が定着している。

貨幣価値の推移

1930年の1ドルの価値と2014年の1ドルの価値はどれほどの差があるのだろうか。広瀬氏の試算（広瀬隆『アメリカの経済支配者たち』集英社新書、1999年、17〜20頁）では、1万倍である。広瀬氏の基準はGDPで算定している。しかし、インフレや生産力の上昇などのファクターがあるので、実はGDPは基準となりにくいものである。

商品の価格で貨幣をはかるという発想がいいのではないだろうか。価値はまずは食糧である。農産物の価格で比較すると、本当の価値が判明できる。それで試算すると約200倍である。他の商品で試算すると1、000倍になる。正確な通貨価値の原価に関しては、資料を追いかけて計算するという作業が必要であるが、ここではとりあえず概算として、200倍から1、000倍が妥当な通貨価値の低下とみておくのが正しいと言えるのではないだろうか。通貨が商品価値に対して減価していったのが、20世紀の経済の推移であった。貨幣の価値が下がり続けているということは、最大のファクターとしては、インフレが起こっていたということである。

グローバルな価値規定

現在の経済の最大の特徴は市場が国民国家規模ではないということである。デフレという現象は、グローバル競争の中で生まれている。その背景として、生産力構造が一国的なものではなくなっているということがある。グローバルな生産力構造は、アメリカが1980年代に産業の空洞化を起こし、日本はプラザ合意をきっかけに工場を海外移転させたことなどに始まる。労働力の価値は、経済へ決定的な影響をあたえるのが資本主義の根本的な事情であり、労働力の商品化ということが資本主義の生産力構造の大前提である。現在では労働力を含めた生産力構造がグローバルな生産関係となっている。

労働力の価値は、地域的な食糧の価格が決定する。食糧価格を基準とした賃金体系が、その国の物価全体を決定する。しかも、企業はグローバルに市場に参入してくるので、価格競争が国を超えて進んでゆく。低価格の根拠は、労働力の価格＝食糧の価格である。ある労賃で購入できる市場にある商品が、市場価格を支配する。賃金は、どれだけの購買力が生まれるかに関連しているので、それに合わせた販売戦略が立てられる。フィリピンではインスタントコーヒーは、瓶で売られない。1杯ずつの袋で売られる。10袋で30ペソス（70円）程度である。多くの東南アジア各国の市場で、小分けの袋で売るということが、コーヒー、整髪料、歯磨きペーストなどの形である。低価格で少量でも買えるということが労賃の低い階層が多く存在している市場での販売形態である。5円から15円での販売形態である。飴玉は1個から買える。インドで低価格自動車ナノが販売されると、ほかの車種も価格競争と質的差別化の競争に巻き込まれる。ハイアールが中国市場で独占的な市場支配力を持つ。ハイアールの洗濯機が日本に入ってきて日本の家電メーカーは洗濯機の市場競争で大きなシェアを奪われる。日本の洗濯機の価格低下がこうしてもたらされた。ハイアールの洗濯機は、2万円弱である。日立やパナソニックの洗濯機は、8万円程度から18万円という価格帯である。2、000円コンピューターは、コンピューター価格全体を低下させる。デルはコンピューターを5万円で大量生産するということで、世界シェアトップを維持した。その背景に、インド市場での2、000円コンピューターの存在があった。

国際価値関係

賃金の差が、国際的な価値関係の前提である。賃金は食費で決まる。
しかし現在では、次の要素を考慮する必要がある。

1. 住居費
2. 階層化社会

住居費は、そのまま一定額を、賃金に入れることはできない。中国では、一つの部屋に、10人20人が一緒に寝るということもある。かつて、ヨーロッパでも、近代以前、農家の家族が全員一つの部屋で寝ていた。春になると、野外で過ごすということが多くなる。冬の間は狭い部屋に大勢の人が一緒に生活するストレスに耐えなければならなかった。イースターは春の訪れであり、人々は解放され自然は生命で満ち溢れるようになることを意味していた。フィリピンでは、日払いの住まいがある。払えない日は、野外で過ごす。半ホームレスである。日払いは割高である。例えば、日払いだと1日500ペソ（1、200円ほど）で、月払いだと月5、000ペソ（1万2、000円ほど）という具合である。

賃金が、月3万円が中間的な階層だとすると、その人たちは月払いの賃貸契約が主流になる。家賃部分は1万程度、残りの2万のうち1万5、000円ほどが食費で、5、000円がその他の費用ということになる。その人たちの家賃が3万円や5万円ということはありえない。また、日払いの仕事をする人も多いはずである。その他、自活的な日収入があり得る。散髪屋さんや手伝いの仕事など、必要な時だけ雇われるということもある。日当をもらって、もらった日は、いい食事にありつける。仕事がない時は空腹と一緒に暮らすことになる。

商品の変化

技術の変化は、新しい商品をもたらす。それによって、需要構造が決定的な変化を迎えることとなる。大不況期（1873～96年）は綿製品の需要の限界によってもたらされた。19世紀末の生産力構造の状況の中で新しい発明が相次ぎ、新しい商品が誕生していった。様々な電気製品がどんどん作られ、自動車が普及し、化学工業製品も生まれてゆく。商品の種類の変化は、生産力構造の変化にとって決定的な重要性を持っている。

金融革命の時代に、パソコンやスマートフォン、抗うつ病薬、高血圧病薬、がん治療薬、ハイブリッドカーや電気自動車などが、高価格で売れるようになっていっている。一方で、生活必需品の価格、白物家電に代表されるような、これまでの多くの電化製品の価格が低下し、塾の授業料、散髪やマッサージの価格などにみられるように、多くのサービス商品に価格の低下がみられる。高騰するものと低下するものが混在するところに、現在の価格の特徴がある。

4. 金融緩和政策無力の時代背景

デフレに対する考え方

デフレについて、多くの経済学者は不況の元凶と考える。デフレは企業収益の低下につながり、労賃の低迷を招くと考える。しかし、現在のデフレの根底にあるのは、市場構造の変化とグローバル化による競争の激化という事態である。デフレはそこからくる帰結に過ぎない。①消費者物価の下落と②生産財価格の下落と、そして③資産デフレはそれぞれ違った状況をもたらしているので、デフレ一般を議論することは方向性を見誤ることになりかねない。この三者をそれぞれ吟味することが肝要である。

労賃がデフレなどの景気に左右されていたのは、19世紀までの資本主義で、19世紀末以降の資本主義以降、違った構造上のものとなっている。労働者は階層化し、正規労働者は景気変動で簡単に企業から放出されることはない。不景気で解雇される産業予備軍とは異質な構造を持つ。企業収益は独占や特別な技術に依存する場合もあるし、独特な市場構造に結びついていることもある。多様化する企業戦略によってできているのが今の世界の状況であるので、19世紀の産業資本主義時代のような景気変動の問題は小さなファクターでしかない。

消費者物価の下落

物価が下がることは、低所得者にはいいことであり、低所得者が豊かになることであると考えた方が正しい。サイゼリア、超低価格のスーパー（ラ・ムー、業務スーパーなど）、100円ショップなどに多くの庶民は支えられている。いわばこれらの企業の企業努力が福利を提供しているともいえる。価格を釣り上げること、無用な独占を作って高い品物を売ることは、社会的な不正義である。

1990年から2000年にかけて、日本で多くのものが、30％から80％の価格下落を示した。電気製品は大量生産に入ると、価格は急激に落ちる。価値移転の関係から、労働の在り方によって物の価格が変化する。その変化の法則を捉えることが出発点でなければならない。

多くの庶民は物価が下がるのを歓迎する。物価が安いと輸出競争力につながるし、国の経済力が対外的に強くなったと言える。現代では労働者の賃金はある程度の硬直性を持つので、物価が下がると多くの人の生活は向上する。ただ、企業収益が圧迫されるか、もしくは利益率が下がり、より過激な競争に追い込まれる業種もある。生産が縮小し労賃が下がるという場合もある。景気変動の周期の中で不況期にはそのような現象は生じるが、現代ではそもそも景気変動自体が周期性を失っている。

資産デフレ

デフレは金融危機をもたらすことがある。特に、土地や株式などの資産のデフレは担保価値を低下させ、不良債権を金融機関にもたらすことになる。また、不況業種の企業は借入返済に行き詰まり、金融危機をもたらす。不良債権の増大は、銀行などの経営を圧迫し、金融機関の破綻とその連鎖という事態を招く。金融危機を救うために、マネー供給を増大させるということが、マネタリズムの基本政策である。それによって銀行は救済され、金融のパニックを回避するわけである。しかし、マネー供給の増大は、過剰な通貨供給を生み出す。それは、第一に土地価格の上昇をもたらす。中央銀行が発行する通貨は銀行に流れ込む。銀行は様々な金融機関に通貨を供給することで、その通貨は土地の購入、住宅の供給に回る。地価が上昇し、上昇を見越した土地投機が発生し、金融機関がそれを助長し増幅してゆく。金融政策は、資産デフレや土地価格の投機現象を指標としてみることが肝要で、土地価格変動への対策として見てゆくべきである。

過剰資金が次に回ってゆくのは、石油である。石油価格が高騰し、オイルマネーが膨らむ。そのマネーが国家ファンドの資金となり、アメリカ国債の購入や株式の購入に充てられる。過剰資金は、商品への投機に回る。金やプラチナ、レアメタルだけでなく、穀物投機にも回る。牛肉や石油も投機の対象となる。デリバティブが投機に拍車をかける。穀物投機は大衆、貧困層の人々に深刻な打撃を与える。低所得国での穀物価格の上昇は食糧暴動につながっていった。

また、金融緩和は資産膨張につながっている。長引く低金利にもかかわらず、銀行の預金残高が増え続けている。２０１５年11月末の時点で６７７兆円に達している。高齢世帯の貯蓄が大きい。投資は不安定で、目減りしても貯蓄を望む傾向がある。

デフレに関する政策

デフレは経済に害悪をもたらすものとして、根本的にデフレをなくす方策が、経済政策の課題として提起されることが多い。デフレを解決すべき経済の根本問題として捉えようとする議論が、多くの経済学者を覆っている。物価の下落が給与を下げる。売り上げを減らし、景気低迷をもたらし、企業を不況もしくは破綻に追い込む、という見方である。

このようなデフレ退治の論に対して、現在の経済状況に即した形でデフレを考察する必要がある。

まず、賃金である。賃金は、簡単には下がらない。デフレよりもむしろ海外との労賃競争の方が、賃金の低下をもたらす。デフレは過度の賃金上昇をもたらすことはないが、それが独自な賃金下落の要素とは言い難い。むしろ賃金構造は、二つの要因から決まっている。第一は、独占資本の時代の終息で、会社が上層階層の労働者を抱えるという構造、社会体制が崩壊したことによる。正社員が減り、派遣労働やパートのアルバイトが増える。これは、デフレというより社会の根本変化に根差すものであり、むしろこれはデフレの原因になってゆく。過剰競争が発生し、低賃金が競争力を支え物価下落をもたらしている。

第二に、企業の売り上げ低下である。15年にわたるデフレは景気循環で生じる不況期の価格低下とは異質なものである。企業はグローバル競争の中で、価格競争を行っているので、価格低下は新しい流通のイノベーションと結びついている。価格低下が企業業績につながるという見方は、産業資本主義時代の景気循環の見方であるし、余りに古い時代錯誤であるということができる。現代の価格低下はグローバル市場での市場の拡大に関連している。グローバル市場を視野に入れると販売のロットが国内市場の数倍になる。

金融緩和のマネーはどのように流れてゆくか

金融緩和によるインフレーションの誘発は長期的、中期的計画を経て現れる。金融緩和政策は中央銀行の買いオペによる通貨増発において行われる。供給される通貨は銀行などの金融機関に滞留する。銀行は貸し付けを過度には行わなくなっている。バブル期の不良債権の悪夢がある。しかし、クレジット・クランチは企業の柔軟性を損なうことになりかねない。資金が円滑に供給されることは一時的な経済変化、一時的な失敗を企業が乗り越えるときの最後の決め手となる。資金の融通が得られれば、数年かけて復活することができるということも多くあることである。

金融緩和によって、銀行や保険会社の金融機関に流入したマネーは、様々な方向に流れていく。一つは、国債の購入にあてられる。第二に、企業への貸し付けに回る。第三に、他の会社の発行した社債の購入に充てられる。第四に、海外の債券、金融商品、金融派生商品の購入に振り向けられる。第五に、ヘッジファンドなどに貸し付けられて投機資金として運用されるようになる。日本の金融緩和による低利のマネーが、１９９７年のアジア通貨危機に使われたという指摘もある。また、海外に高い利率を求めた投資に利用され、裁定取引の資金となったとも言われている。このような資金の流れからすると、企業が生産設備に投資したり、生産拡張・新しい事業展開のため雇用の拡大などに充てるといった景気刺激に必ずしも回るとは限らない。日銀によって供給されたマネーが市場に出回る比率は現代の金融システムでは複雑化して、以前ほど決して大きくない。

アベノミクスのデフレ対策

アベノミクスの最大の特徴は、金融政策にある。その根拠はデフレ対策である。デフレこそ諸悪の根源という認識から出発する。しかし、その政策の根拠となるデフレの解明はなされていない。単に貨幣的現象と捉えるという、マネタリストの認識に依拠している。そのうえで2％のインフレターゲットに固執した政策をとり続ける。経済にどのように波及しているかという認識が表面的な、一国経済の経済理解モデルに基づいたままである。

デフレが何によってもたらされていて、それを解決するためにはどうするか、という認識が欠けている。さらに、デフレが問題である根拠も明確に示されているわけではない。デフレは経済成長を妨げているという考えの上にその対処が提示されたのが、アベノミクスの三つの矢の路線である。三つの矢は、金融政策、財政政策、成長戦略と言いなおすことができる。金融政策と成長戦略の根幹になっている思想と方針は、マネタリズムの上にできているものである。そして、第二の矢である財政政策は、ケインズ主義的な発想に依拠している。

デフレの克服

デフレの克服と言っても、何を克服するかということがまず考慮されなければならない。最大の問題は資産デフレであるが、株と土地では根本性格が異なる。生活必需品の価格下落は、問題視されるべきことではない。ただ、生活必需品を生産している会社にとっては利潤を出すのにより大きな努力が必要となるが、与えられた市場の条件の中で努力するしかないのである。賃金に関しては国際的な賃金比較と国際労働力の移動の問題、さらに企業の海外移転などの在り方と合わせて考察されなければならない。

このような点を踏まえて、どのような経済構造にしてゆくのかということで、企業活動のどの部分に配慮すべきかを検討しなければならない。先に述べたように、金融緩和策は対策であっても解決とは無縁である。むしろ金融危機のとき、金融機関の連鎖倒産を避けるときに大胆な金融支援が必要となるので、物価下落に極端に反応して、恒常的な金融緩和策をとるとかえってそれが金融危機の原因・増発につながるものとなる。したがって金融緩和策は極度に行うより、ある程度控えめにしておく必要がある。

金融政策は、デフレの克服ではなくデフレの緩和対策であるべきである。あえて言えば、このデフレは克服する必要はないのではないだろうか。むしろ、デフレは恩恵も大きい。経済はもはや一国のものではないので、デフレは必ず不況をもたらすというわけでもないし、失業者を多く生み出すというわけでもない。むしろ長期的な視野で、世界経済の動向を見極めることの方が肝要であり、もう一つは労働の在り方の対策が肝要である。正社員は容易に解雇されないし、給与がすぐに下がることもない。

むしろ、上がらない給与の下でのインフレによる実質賃金の低下の方が危惧すべき事柄である。デフレ対策と称して、インフレターゲットで、1・8%の物価上昇を見るとき、給与が30万円から5、000円のベースアップがあったとしよう。賃金上昇は、1・67%であるので実質0・13%の給与削減に等しい。さらに、消費税が、5%から8%になると、消費ベースで考えれば、3%+1・67%=4・67%の実質賃金下落である。

デフレが失業をもたらすという一般論に過度に反応して、インフレを起こすという方策がとられているのであるが、むしろ労働政策や労働の在り方が注目されるべきことである。現代では、一国の労働状況を見るということは、国際的な労働移動、資本移動と合わせて考えられなければならない事柄である。金融緩和だけに頼るデフレ克服策は、実はデフレ克服と無縁なのである。注目すべきは、需要の大きさ、それに対応した設備投資の活発性、労働者の格差と労働の質の問題などである。金融緩和はデフレ克服のためでなく、必要資金の提供という視点だけで十分である。むしろ、巨額の財政赤字とインフレを警戒すべきである。

金融緩和はグローバルな資産膨張をもたらす

ＦＲＢの金融緩和政策による利下げでアメリカの資産価格の上昇が生じ海外から資金の流入が起こった。90年代後半、世界の投資資金がアメリカに集中した。経常収支の数倍の7、500億ドルという投資資金がアメリカに流入した。アメリカの金融資産価格が高騰する。この資金流入は急激なドル高をもたらす。アメリカの株式相場は急上昇する。海外のマネーはまず財務省証券（国債）を買う。その金が、個人投資家、投資信託会社、年金資金に流れてゆく。

石油先物市場

投機的なマネーが金融革命とともに出現した。アメリカのドルの大量供給もデフレ時代の金融緩和策も市場に出回る通貨量を多くする。中央銀行が貸し付ける通貨は、投機に利用される構造が金融自由化によって生み出された。例えば、外国為替法の改革により、日本で得た通貨は自由にドルやほかの通貨に換金できる。その通貨でもって有利な市場で株や債券を購入することができる。株や債券、それに通貨といったものが価格変動をもたらすので、投機的資金が活躍する場ができることになる。株式市場へ流れた投機マネーは、株式暴落や金融危機に直面すると、石油先物市場や穀物先物市場に流れこむ。

21世紀の原油市場は金融市場の一部としての性格を強めている。投資マネーの動向で相場が振れやすくなっている。ヘッジファンドは、このマネーを借り入れて投機の先兵となる。２００７年1月から1年間で原油価格は2倍に騰貴した。１バレル50ドルの原油価格が、２００８年7月には１４７ドルまで上昇した。サブプライム危機の結果、土地投機から投機マネーが石油市場に流れ込んだことが大きな原因である。中国やインドの石油需要も石油価格上昇の原因となっている。しかし同時に、投機的なマネーの動きによる石油先物の動きが石油価格の高騰をもたらしたと言える。石油先物市場に群がる投機筋の関心は石油価格の動きにある。石油がどのように産業全体にかかわり、人々の生活に関連するかは、関心の対象とならない。関心はいかに価格を釣り上げ売り抜けるかという一点に集中している。サウジアラビアやアラブ首長国連邦の石油関係者は、原油供給不足はないと説明する。それでも原油が高騰するのは、原油先物市場に巨額の投資資金が流れ込んでいるからである。

原油は世界で1日に約9、０００万バレル生産される。中東、ロシア、ベネズエラ、アメリカ、カナダなどの状況で価格が変動する。シェール革命で原油生産が増大し、ＯＰＥＣの価格指導力が低下した。それに対抗する形で、中東の産油国が価格を低下させシェール石油産業潰しに出た。そのようにして、２０１5年、石油価格が暴落した。２０１6年1月12日には、30ドルを切っている。12年ぶりのことである。実際、アメリカのシェール石油生産業者は苦境に立たされ、多くの倒産が発生している。中東の石油生産の原価は、１バレル20ドル以下である。シェールオイルの生産コストは50ドルほどである。生産コストのこの差が、価格を下落させたとき、シェールオイル生産会社は倒産せざるを得なくなる。石油という商品は特殊な商品である。実質的に自由市場がない。ＯＰＥＣや国家が石油価格を決定している。いわば国家独占である。シェールオイルはその間で可能性を見出してきた。それが中東の産油国にとって脅威となったのである。シェールオイル生産によって、アメリカがサウジアラビアを抜いて、世界最大の産油国となった。そこで産油国は、独占価格で暴利をむさぼることを一時放棄して、シェールオイル生産会社を破綻させる方策に出たのである。他方で、世界の石油需要は鈍り始めている。ハイブリッド車の普及や電気自動車への移行がある。ＯＰＥＣは公式の販売価格を維持できなくなっている。

国家のメルティング

国家が流動化し始めている。「柔らかい国家」、「柔軟な国家」と呼ばれる国家に変質し始めている。経済活動する国家である。国家はもともと権力体であった。20世紀に福祉国家の理念が生まれた。今、国家のメルティングが始まりだしている。柔らかい国家は、過渡期の国家といえるかもしれない（拙著『国家の死滅』創元社、２０１3年、10章を参照）。

国家と企業、企業連合のアソシエーションが、共同で経済交渉にあたる。ＡＰＥＣやサミットでは国家に経済団体が同行し様々な交渉を国家と一緒に実現してゆく。移民政策は国家が自国の国益を守ることを前提として成立しているのであるが、第一の関心事は、その国の安全や国家成立の根拠となる国家イデオロギーを守ることである。犯罪につながることや、社会不安を助長することは、まず排斥すべきことである。民族的な観点から、本来、国家を構成する民族的政策に適合した政策をとることなどが、優先する。そのような原則を持ちつつも、国家は経済政策的観点や人道的観点を考慮して移民政策を実施するようになる。

さらに、資産国家はその資産のグローバル金融市場の中での活用を考慮するようになる。国家財政はもともと国民のためのものであるが、国際貢献という観点から広がって、グローバルなインフラ投資や国際機関との連携など、国家の行動が国家の枠を超え始めている。また、国家財政による国家の枠を超えて、国家ファンドを創設した投資活動がグローバル金融の一翼を担うようになってきている。あるいはまた、アイスランドに見られるように国家財政が国家のヘッジファンド化へ進むような活動さえ現れている。

独占組織の新編成

国家が溶解してゆくというのは、企業がグローバル化してゆくことと表裏の関係にある。企業に関しては、金融革命期に二つの大きな編成があった。一つは独占的大企業のグローバルな統合である。国家を超えた合併統合が進み、業界がグローバル市場のもとで再編されていっている。もう一つは、銀行など金融機関自体のグローバルな統合とメガバンクの形成である。国を超えた銀行の統合が起きている。２０１６年1月、三菱東京ＵＦＪ銀行は、フィリピンの大手銀行、セキュリティバンクに出資し、持ち分法適用会社にする目的で、株式の約20％を握っている。２０１３年にはタイのアユタヤ銀行を買収している。２０１４年9月、三井住友銀行は香港の東亜銀行を持ち分法適用会社にしている。２０１１年9月、みずほ銀行はベトコンバンクに15％の出資をしている。そしてそれぞれの国の内部でもグローバル市場を視野に入れた統合が起こり、メガバンクが形成されていっている。グローバル市場は、大競争を生み出し、一国的な市場では、国家を超えた大競争の渦の中にあり、国内の寡占体制は崩壊した。

【4】バブル

投機

17世紀はオランダの世紀である。アムステルダム銀行が世界で最初の中央銀行として設立され、海外貿易のために1602年オランダ東インド会社が設立された。デカルト、スピノザ、レンブラントなど近代を作る偉人たちがそこに過ごした。ニューヨークは最初、ニューアムステルダムと呼ばれた。そのオランダで世界最初の証券取引所が開設され、チューリップ投機が起こった。1636年がチューリップ投機のピークである。

オランダに続いてイギリスが覇権をとるようになる。オランダとイギリスの間での国際戦争は近代国家ができたときの最初の国際戦争であった。海軍を主力とする戦争である点でも近代国家の戦争であったと言える。オランダに勝利したイギリスが、最初のバブルに見舞われる。「南海泡沫事件」である。南海泡沫事件（South Sea Bubble）は、1720年春から秋にかけてイギリスで起こった投機ブームによる株価の急騰と暴落である。

資本主義初期のこのような投機に始まり、リーマン恐慌に至るまで我々は歴史に多くの投機を見てきた。熱狂によって投機が起こるものであり、心理的な要因が働く。人々はギャンブルや偶然の金儲けに魅力を感じる。同時に、投機は単に心理的なものであるだけではなく、その背後に投機を生む経済のシステムが存在する。

これまで土地や住宅が投機の対象となってきた。日本のバブル経済でも、アメリカのサブプライムローンでもその基礎には土地に対する投機がある。土地は生産できないものであり、本来商品ではないものが商品化されて売買の対象となっている。そこに土地の特殊性があり、この特殊性のゆえに投機の対象となってきたのである。戦後日本では土地価格が上がり続けた。下がることがなかった。土地を買っておけば豊かになれるということが現実であった。土地神話が生まれ、土地に対する投機熱が生まれ、土地価格はさらなる勢いで高騰し続ける。土地価格の高騰が投機によるものである時、いったん下がり始めると価格は崩壊する。暴落に見舞われることになる。

土地バブルは社会現象として起こる。土地が値上がりするという経済予測の時、1年前に1、000万円であった土地が1、300万円になっていても、値上がりするという予測が立てば1、500万円で買う。土地の資産価値は、500万上がったわけである。500万を手にした人は、確かに現金が手に入るので現実だと思う。しかし、売買しないと値上がりしたものが値下がりすると、元の木阿弥で高い地価がついていたのは夢に等しい。他面、土地は下がりだすと社会全体の資産価値は減少する。バブル崩壊ということになる。後で地価の上昇はバブルであったということであるが、そもそもバブルでない価値というのを算定することは極めて難しい。

土地以外に様々なものが投機の対象となる。商品、株、社債、ゴルフ会員権、金融商品、通貨などが投機の対象となってきた。商人資本の行為は、商品を仕入れてそれを販売するという行為である。鉄鉱石や金や石油が将来高騰すると考えられる場合、それを買っておくと将来、大きな利潤が入ってくる。人が気づいていないことを見極めて、それらを買い込むことは商人資本の根本であるし、それは個人レベルで行われることもある。資本主義はもともとそのような活動が大前提の社会である。

バブルを生む金融システム

国家の政策として経済の自由な活動をできる限り尊重しようとするとき、投機は発生しやすくなる。マネタリズムや市場主義の台頭によって、金融の規制や諸制度が撤廃された1980年代以降は、バブルが発生する時代になったということもできる。80年代後半の日本のバブル経済、アメリカのITバブル、サブプライムローン問題からリーマン恐慌は、そのような時代のバブル現象の一環であった。日本のバブル、ITバブル、サブプライム危機、リーマンショックにおける、投機・バブルの経済構造には次の三つの要素が働いている。第一には、マネーの過剰であった。金融緩和による過剰な通貨供給は株価の高騰や土地価格の高騰を生み出す。第二には、金融の自由化に伴う変化である。そして第三に、新しい金融商品やデリバティブの開発、ローンの証券化である。この三つの条件の下、極端な金融膨張が発生した。現代では金融機関の資産膨張のシステムが出来上がっているのである。

国土交通省は東京夏季オリンピックがある2020年ごろまでに、不動産投資の市場規模を30兆円程度に倍増させる中期目標を打ち出した。不動産投信（REIT）への税制優遇措置などを検討する。名目国内総生産GDPを600兆円とする目標に呼応している（日本経済新聞、2016年3月22日）。しかし、REITで不動産価格を釣り上げることが、成長といえるだろうか。価格は上がるが何の財も増えていない。資産膨張をもたらすだけである。政府がバブルを創設しようとしているというのに等しい。

債権・借入・株式発行

債権は、企業からすると借金である。資金の獲得は、銀行からの借り入れも、社債も借金である。株式の発行による資金は資産の増大であるからこれは借金ではない。しかし、いずれも富が生み出されているわけではない。債券による資金調達と株式発行によりエクイティファイナンスが融合する。エクイティ＝株の発行を推し進めるのは大企業である。転換社債はその一環で、ワラント債（新株引受権付き社債）が付け加わる。転換社債は株に転換すると社債は消滅するが、ワラント債は株の取得と社債の利子取得を合わせもつもので、87年から89年に56兆円もの巨額に上る資金調達を実現した。

アメリカでは、金融機関からの借り入れが、２００４年で、９・３％。債券によるものが15・２％である。資金調達で株式が51・１％を占める。日本は債券が９・５％で、借り入れが34・３％である。日本の株式による資金調達は35・２％である。

金融膨張と金融バブル

１９９０年、世界の金融市場の規模は54兆ドルであった。その時点で世界のＧＤＰは22兆ドルである。２００５年に、世界の金融資産の総額は１２０兆ドル（1京3、０００兆円）になる。２０１０年になると世界のＧＤＰは63兆ドルになり、金融市場の時価総額は２１２兆ドルになっている。この金融資産は価値増殖で増えるものではないのだから、単に取引で価格が釣り上がっていたというのが原理的なところからする見方である。すると、212－54＝１５８兆ドルは取引だけでもたらされたものということになる。金融市場での時価総額の伸びは、単純にＧＤＰの伸びを差し引いて、158－(63－22)＝１１７兆ドルが、金融取引だけの所産で、価値増殖に関係しないということになる。それは価値の増殖なしに膨らんだものだとすると、１１７兆ドルもそれに元の54兆ドルも加えて、１７１兆ドルが資産価値はゼロに等しいということになる。これは主にデリバティブの増加などによるところが大きく、金融資産膨張の結果といえる。金融資産は、本来、実体経済と表裏一体のものである。金融資産はそれだけでは付加価値を生むことはできない。しかし、金融業はGDPの伸びを上回る高い成長を続けてきた。そのこと自体の中に、資産膨張の病的性格が表れている。

アメリカでは、ITバブルの崩壊の後も景気拡大が続いた。2001年のITバブル崩壊で、実体経済が収縮する中で、金融は膨らみ続け、収益を上げ続ける。金融膨張は借金の増加に依拠していた。投資銀行をはじめとした金融機関が借り入れを膨らまし、金融資産への投資を増やし続けた。投資銀行は金融商品を創出し、ヘッジファンドをはじめ投資家に商品の販売を行ってゆく。2002年以降年平均3％前後の成長が続いた。金融部門と個人消費が成長を牽引していた。経済全体で債務は増え続けた。

リーマンショックでは、投資銀行、ヘッジファンドなどの経営者が、やりすぎた。レバレッジを利かせ過ぎた。リーマン・ブラザーズの負債は大きすぎた。デリバティブ投資に資金を入れ過ぎた。しかも、多くの金融機関が似た状況に陥っていた。投資銀行は、自らも金融商品に投資していった。金融資産残高は、2002年でGDPの3・4倍となり、2007年には4・4倍になる。デリバティブは、2002年の想定元本で141・7兆ドル、2007年末で596兆ドルになる。

日本のバブルとその原因

1986年（昭和61年）12月から1991年（平成3年）2月までをバブル景気と呼んでいる。その発生の背景には、金融膨張がある。株価の高騰は、日経平均株価が1989年12月のピークを記録した。株価と並んで土地価格が高騰した。

1980年代後半は、日本でも金融革命が進行し始めている。企業の資金調達が銀行の貸付中心の間接金融から、企業が社債の発行や株発行による直接金融へ向かい始めている。86年から89年にかけて、エクイティファイナンスが、活発に取り組まれた。まず、株式の時価発行が行われるようになった。続いて、転換社債やユーロ・ワラント債の発行である。外貨建ワラントは、分離型で、ワラント債の社債部分とワラント部分（新株予約権証書）を切り離して、別々に販売できるタイプのものである。企業の資金調達は、直接金融への移行が始まったのである。企業も本業を忘れて財テクに走る企業が多く見られた。社債発行での直接金融も多くなり、それを金融商品の購入に振り向けた。銀行や証券の業務が大きく転換する。プラザ合意後、金融緩和を世界各国がとるようになる。日本も金融緩和に踏み切り、銀行は過剰資金を抱えるようになる。企業の資金調達が社債発行、新株発行などで直接金融に移ることで、貸付の需要が激減する。この環境の中で銀行は、土地投資への融資が中心になってゆく。土地バブルがこのようにして発生する。

１９８５年～88年までの為替レートにおいては、プラザ合意後で、急激に円高が進行した。バブル景気の引き金になったのは１９８５年のプラザ合意に基づく為替への協調介入であったと言える。金融市場の国際化が進み、海外金融機関が日本の金融市場に新規参入し始めている。また、「財テク」ブームなどに象徴されるように、個人が株式投資に誘発された。

日本のバブルは、土地と株式への投機が核となって起こった。１９８０年代後半から株価が上昇する。85年末の日経平均は、１万３、０００円台であった。87年10月には2万6、０００円台になる。この月のブラックマンデーで世界の株価は暴落する。その後、株価は再び上昇を続け、日経平均株価は、１９８９年12月29日の東証大納会で史上最高値の３８、９５７円44銭を記録した。そして１９９０年１月から株価の大幅下落が始まる。株式の時価総額は６３０兆円となり、ＧＤＰの１・6倍になっている。バブルの中で日本の資産が膨張した。「日本を売れば、アメリカが四つ買える」と言われた。

バブル期の土地価格上昇

株価と並んでバブルを作ったのは土地価格である。土地価格は株価より若干遅れて上昇し始めるが、戦後一貫した上昇傾向があり土地神話を生み出していた。83年ごろから東京都心部の地価が上昇し始め、次いで、大阪圏そして名古屋圏で上昇し、その他の地方に波及してゆく。商業圏から始まり住宅地の上昇へと波及していった。日本では土地は担保として重要な資産である。韓国や中国においても土地は蓄財の代表的なものである。そのような国の経済状況では土地は投機の対象となりやすい。

株価と地価を中心に多くの資産の価値が上昇した。地価の急上昇はあらゆる資産価格の上昇の期待を生み出し、資産に対する需要を増加させた。それを支えたものは、長期にわたる金融緩和の結果、銀行の積極的な融資活動にあった。十分な担保を取ることよりも貸付額を増加させることが至上命令になっていた。担保価値をはるかに上回る貸し付けが行われた背景には、土地価格が上がるという背景があった。

土地を担保として融資を行うに際しては、通常は評価額の60%~70%を目安に融資を行うが、この時期、将来の土地の値上がりを見越して過大に貸し付けることも珍しくなかった。北海道拓殖銀行では120%を融資した事例もある。単一の物件に複数の担保をつけることも行われた。この融資の一部は後の地価下落によって不良債権となった。バブルは、銀行の過剰貸し出しによって発生したと言える。この背景には、銀行そのものの変化があった。資金需要、貸し付けへの需要が大きい時代が終わり、企業は直接金融に転換し始めていた。銀行は企業への貸し付けから土地への投資に対する貸し付けに舵を切っていた。土地や株価などの値上がりを見越しての投機であった。土地価格と株価がいったん低下すると、担保価値が減じて、債権は不良債権化する。バブル崩壊によってもたらされた損失は、大量の不良債権を銀行が抱える結果となってゆく。それはのちのリーマンショックの場合と根本的に異なる点である。リーマンショックの損失は、投資銀行的な活動、すなわち金融商品の生産と販売に基づくもので、金融商品の価値が損なわれたときの損失である。バブルの損失は商業銀行的な損失であったと言える。

土地本位主義

銀行が間接金融中心で、貸し付け業務が大きなウェイトを持っているとき、担保が重要な役割を持つ。その時、土地が金融に大きな役割を持つということになる。日本の資本主義は、土地本位主義といわれる。土地を担保として銀行から多くの資金を借り入れるというものである。借り入れたおカネのある部分を銀行に預金するということさえ恒常的に行われている。それは、メインバンク制度が支配する中で銀行と企業の癒着が企業存続の基本だったからである。

バブル崩壊

株価は1990年1月以後、暴落に転じた。湾岸戦争と原油高や公定歩合の急激な引き上げがそれを加速させる。90年12月から92年8月までの下落率は63%になる。株価は、ピーク時の約3分の1になるという下落幅である。昭和金融恐慌の下落幅は、67%で、それに近い。バブルの崩壊で、1991年（平成3年）3月から2002年（平成14年）1月まで不況期を迎える。この不況は単に景気循環における景気後退というよりも、急激な信用収縮によるものである。また、日銀は信用崩壊のさなかにおいても金融引き締めを続け、経済状況を極度に悪化させた。

地価は、1991年秋頃から下落していった。土地神話の崩壊である。以後、2005年に至るまで下がり続けた。

不良債権

1990年代は失われた10年と呼ばれる。最近では、2010年ごろまでを、失われた20年とも呼んでいる。10年は、不良債権の時代であり、20年とは、デフレ不況の時代であると言える。不良債権は世界的な現象であるが、日本の場合は日本独自の在り方があった。ブラックマンデー以降、世界の株価が低迷したが、日本だけは例外であった。過剰資金がバブルを生み、バブル崩壊によって巨大な不良債権を各銀行が持つようになった。銀行危機の時代である。80年代日本の銀行をリードした住友銀行も大量の不良債権を持った。1994年9月の時点で1兆1、900億円である。各銀行の引当率も巨大不良債権の処理の準備として94年から95年に、膨らんでいった。銀行は赤字決済をして、立て直しに向かった。

この時期のバブル崩壊による不況を「複合不況」とみる宮崎義一氏の見解がある（宮崎義一『複合不況』中公新書、1992年）。不況の要素として、金融の自由化という要素と不況下のクレジット・クランチによって、もたらされた不況であると捉えている。ただ、新しい時代の一つの新しい現象が加わっている。外資系会社による金融先物とオプション取引の大規模な売り投機である。これが、株価の下落に拍車をかけた。

日本はバブルのあと大量の不良債権を持つようになる。アメリカの投資銀行は不良債権をビジネスにしようと乗り込んでくる。ゴールドマン・サックスは、日本で不良債権化した94のゴルフコースを買収した。リップルウッドの日本長期信用銀行の買収劇は、有名な例である。M&Aが株価に反映するようになる。企業売買で企業の株価は上昇するが生産性は伸びないという、奇妙な状態が発生するようになってゆく。

銀行破綻、ゼネコン破綻

不良債権は、1997年になると銀行・金融機関の破綻につながってゆく。11月三洋証券、ついで北海道拓殖銀行、山一證券、徳陽シティ銀行とあいついで破綻する。銀行は政府の護送船団方式に守られて、不倒神話ができていた。97年に護送船団方式は瓦解したと言える。

そしてこの年の夏、いくつかの中堅ゼネコンも破綻する。東海興産、多田建設などである。ゼネコンはつぶれないという神話も、この97年に崩壊する。まさに、金融革命を象徴する出来事である。

世界の不良債権問題

ブラックマンデー以降も株価の大きな低迷を迎えなかったことがバブルにつながった。バブルが主要な金融ビッグバンの前に起こっていることは、バブルが商業銀行的性格をもっていたことにつながる。1980年代から1990年代半ばにかけて、世界の多くの国々で不良債権問題が発生している。世界的な規模での金融制度の構造転換が自由化とともに発生したということができる。オーストラリア、カナダ、デンマーク、イタリア、韓国、ニュージーランド、ノルウェー、アメリカ、イギリスなどで、不良債権比率が貸付額の4%から13%に上っている。アメリカでは、1980年から92年の間に、1、142の貯蓄貸付組合（S&L）と1、395行の商業銀行が閉鎖されている。金融の自由化によって、世界のあらゆる国で金融システムの根本的変化を迎えていたのである。

資産価値の崩壊

恐慌によって資産の減少が起こる。現代では資産は、株式、土地、その他の債券、金融商品、金融派生商品などの形をとっている。金、プラチナ、銀、銅なども資産として保有されるが、これらの物の価値は、「希少性」に依存している。商品一般は価値物であるが、ほとんどは生産されるものであるので、一般の商品が本来の価値物である。土地は本来、「価値」を持たない特殊な商品であり、生産できないという限定された存在であるので、市場経済の中で商品化されて価値を付与されているものである。例えば現在のドイツでは土地政策が確立されているので、土地が投機の対象となることはない。本来、価値は生産と結びついたものである。土地は生産されるものではないので、商品化されたときに需要と供給によって価格が決まり、市場で価格が上がるから価値があるという現象として形成される。いわばもともと「あぶく」なのである。

担保価値と資産デフレ

土地は資産としてみなされているので、担保となる。日本の戦後の金融は土地担保主義と言ってもいい。バブル期まで、その土地価格は上がり続けた。そこに土地神話が生まれた。資産インフレと言えるような側面がバブル経済にはある。信用膨張を止めるべきタイミングとして最適なのは、バブル初期の成長期である。だが、中央銀行は物価や賃金の上昇には敏感に反応しても、土地や株などの資産の価格上昇は守備範囲外だとする。物価上昇に対応する形で、土地価格と株価が上昇するのは、いわゆる資産膨張という現象であるが、これがバブルを生み出す原因ともなる。

バブル崩壊で土地の資産価値が減少すると、それが不良債権の大きな原因となった。土地価格の下落で担保の価値が査定より大幅に減少したので、債権が回収できないのである。資産デフレという事態になった。資産価値の下落は、２００８年のリーマンショックでも再度、起こった。リーマンショックの後、日本のみならず、先進諸国では総資産額は、先進国の合計で約16％下落した。中欧と東欧で15％、ラテンアメリカとアジアで12％下落した。

貿易と金融取引

現在では、国際市場で金融取引の額は、世界のマネーの流れの95％を占める。貿易額はわずか5％に過ぎない。これまでの経済学では、金融政策も、通貨のレートも、貿易を基準にして考えられる。しかし金融の巨大化によって、国家にとって経済政策の無力、錯乱の時代に入ってしまっている。これを根本から是正するには、金融のシステムの根本的変更が不可欠であると思われる。もはや中央銀行の金融政策自体が、副次的な意味しか持ちえなくなってしまっている状況であるので、政策は思うような結果をもたらさないのである。

世界への広がり

アメリカで作られた金融商品は、ヨーロッパや日本で買われていた。アメリカは、ＩＭＦ体制の中で世界にドルを散布してきた。そしてＩＭＦ体制の崩壊の後も、ドルは決済通貨としての役割を持ち続けている。サブプライムローンを基礎にした証券化商品で、そのドルはアメリカに還流してきた。大量の余剰資金が、中国、産油国、その他の高所得諸国に存在する。

スーパーバブル

フレディマック（連邦住宅金融抵当金庫）とファニーメイ（連邦住宅抵当公庫）の総資産を合計すると700兆円もある。資産と言っても借金である。預り金で金融商品を製造し、あるいは購入して、それを保有している。500兆円は金融派生商品であり、200兆円は社債である。その10％が焦げ付けば、70兆円もの救済資金が必要になる。救済不可能な額であるが、政府系の住宅金融機関である両社を切り捨てることはアメリカ経済に深刻な影響をあたえる。しかしまた、アメリカのGDPは1，500兆円なので、国家は救済することができなくなる。このような状況は、アメリカの国債は信用を失わせることになり、国債のプレミアムは跳ね上がる。

1980年代以後のバブルを、ジョージ・ソロスは「スーパーバブル」と呼ぶ。それは、三つのトレンドが合わさったものであるとする。第一のトレンドは、長期的な信用膨張のトレンドである。融資額の比率が担保価値やGDPに比べて大きくなっていったというトレンドである。第二のトレンドは金融市場のグローバル化で80年代から起こっている。デリバティブ、通貨過剰、信用膨張が積み重なって生まれている。サブプライムから発生した証券化による金融商品と金融派生商品の巨大な膨張がある。レバレッジが極端に大きくなった投資銀行、ヘッジファンドなどの行動が生み出したものである。第三のトレンドは金融自由化である。

「スーパーバブル」は、リーマンショックに至る信用膨張である。リーマンショックでこのバブルははじけて、すべての金融機関は証券化商品を警戒し、買わなくなった。しかし、問題は、バブルそのものは消滅していないということである。三つのトレンドは生きたままである。ボルカー・ルールが2010年に作られたが、施行は2015年にようやく始まっている。この規制は有効性があるだろうか。自由化は世界のルールとなっているのではないだろうか。信用膨張はさらに膨れあがっている。グローバル化は国家ファンドや新しい主役が登場しより大きいものになっている。スーパーバブルの主役を演じた投資銀行は復活し、CDOやCDSといった金融商品は影を潜めているが、デリバティブは大きいままである。そして、FXなどの新しいカジノ市場が出来上がっている。経済のカジノ化は崩壊するどころか巨大化し、政府や金融機関は金融システムの高度化で恐慌は回避できるといった観念を持っているのではないだろうか。しかし現実は、金融規制の撤廃が、アメリカをはじめ世界の各国で行われて、それがバブルにつながっているのである。

金融革命による投機社会出現

投機が経済の根幹となるのは、不健全な経済と言えるが、マネタリズムの自由主義はそれを許容した。そこに投機社会が誕生した。投機はある段階で、買い手が尽きる。その時、売り逃げする人が出始める。市場はよろめき始める。するとますます多くの人が逃げ始める。恐怖が市場に広がり相場が暴落を始める。

政府による緊急の資金投入は、一時的な歯止めになる。政府でなくても銀行連合が、買い支えをして資金を株式市場に投入して継続する暴落を抑えようとする。政府の大量の資金投入は、膨張した株価を持ち直させると第二段階の暴落をより大きく増幅させることとなる。根本的な解決はされていないのだから。その結果、政府がバブルを大きくすることになる。

富が消える

1990年代にアメリカの株価が高騰して日本の株価は低迷した。10倍の資産を失ったという表現がある（岩崎日出敏『投資銀行』ＰＨＰ研究所、２００６年）。日本がバブル崩壊で不良債権を抱え資産デフレの下で、金融再編を迎えていた時期である。その時、アメリカは好景気を迎え、かつ世界中からマネーが流れ込んでいた。１９２９年からの大恐慌の時、株価は9分の1になった。何兆ドルもの富が失われた、という表現がある。90％の富が喪失したという表現がある。リーマン恐慌で、株式時価総額が４００兆円失われたという表現がある。逆に、株価が倍になり、時価総額が倍になったとき、富が倍になったという表現がある。しかし、富は本当に失われたり、増えたりしたのだろうか。

虚無の創造でしかないといえるのではないだろうか。しかし、膨張した株価や土地価格は、現実の金銭に還元できるのであるから現実の貨幣＝富である。ここに、新しい物神性がある。資本の物神性では、利子（配当）を生むということが物神性の意味であったが、キャピタルゲインにつながる資本の価値増殖の物神性は、その資本物神をはるかに超えるものである。「キャピタル増幅物神」とでも表現しようか。株価は、業績を指標にして増殖し、その結果、巨大な富をもたらすものである。

物神は、商品物神、貨幣物神として資本主義の理念を形作っていた。そして、利子を生む資本として資本物神は、かつて究極の物神と考えられていた。持っていると増殖するというものである。しかし、その増殖は配当を意味していた。今、配当はほとんど問題とならないほど小さい。資本そのものを売買する時代、Ｍ＆Ａの時代が到来しており、しかも資本の売買は企業の売買となり、そこで得られる利益は巨大化している。また、もう一方で、「錬金術」としきりに表現されるような金融商品と、デリバティブに世界の金融機関は翻弄されている。それだけではなく、公的な性格を持つ年金機構や、保険会社、そして国家そのものまでファンドとなり、金融的な利益を追求している。新しい巨大な物神性が地球を覆うようになっているのである。

第4章

恐慌か安定か

はじめに――現在の恐慌の可能性と社会の安定性

現在は経済の不安定や経済恐慌は克服されているのであろうか。あるいは、危機をはらんでいたり、危険性が大きくなったりしているのであろうか。本章ではその「恐慌」の内容を吟味しておきたい。

リーマンショックは大恐慌と同じ現象だろうか

グリーンスパンがリーマンショックを100年に一度の危機と呼んだ時、明らかに1929年からの大恐慌が意識されていたし、多くの論者が改めて大恐慌を意識した。中にはリーマンショックは大恐慌と同じ恐慌だと捉える人も多い。私はむしろ両者は根本的に違っていて、繰り返しなどではないと考えている。100年前の独占資本主義の恐慌と今回の金融革命期の恐慌は、根本的に違っている。違いが重要である。むしろ事柄の本質は資本主義の恐慌という特性などでは片付かない。もっと資本主義の根本的変化が起こっているのであり、それこそが重要なことで今後の世界を考えるときの出発点とならなければならないことである。

ノーベル経済学者のポール・クルーグマンは次のように言っている。「1990年代の終わり、世界の生産高のおよそ四分の一を担い、約六億もの人口を抱えるアジア諸国の一群の経済が、大恐慌と不気味なほどそっくりな不況に陥っている。……中略……その危機をアジア諸国だけの問題とみなす人々もいたが、私はわれわれ全世界へ向けられた恐ろしい予言として受け止めていた。それは今日においてさえ、恐慌型経済の問題がまだ消え去っていないことを我々に警告しているように思えたからである。」（ポール・クルーグマン『世界大不況からの脱出』早川書房、2009年、6頁）さらに続けて「悲しいかな、私の心配は当たってしまった。……2008年末、世界のほとんどの国、特にアメリカは、金融・経済危機への取り組みに躍起になっている。今回の危機には、90年代のアジアの金融危機より大恐慌に似た点がはるかに多く見出されるのだ。」（同書、7頁）しかし、この指摘はむしろ的外れである。アジア危機もリーマンショックも大恐慌とは似ていないのである。根本的に違った原因、違った経済構造の下で起こっている。現代の恐慌は、本書全体で解き明かそうとしているのであるが、基本的には、新しい金融を中心とした経済構造の中で起こっている。デリバティブ、投資銀行、ヘッジファンド、M&Aなどが、金融自由化の中で経済活動の中枢に座り、それがもたらした経済危機なのである。

そもそも資本主義は恐慌の必然性があると言われる。しかし、その論拠は示されていない場合が多い。単なる投機と、その背後にある経済の構造は区別して考察する必要がある。そもそも、資本主義の恐慌の意味があいまいなまま議論されていることが多いので、あえてここで整理しておかねばならない。

現代の恐慌分析の歴史的課題

金融自由化からリーマンショックに至る経済の変化、さらに現在に続く経済の動きは、金融の役割の増大と「金融暴走」というような現象になっている。

現代の経済は制度の発達、金融技術の高度化とともに安定性を増しているように考えられている一方で、リーマンショックや多くの金融恐慌などにみられるように大きな不安定要因を持っているとも見られる。ケインジアン達は有効需要を創出することで、失業を減らし、安定した経済の発展をもたらすことができると考えた。マネタリストは市場の自由を尊重し、不況時に貨幣を供給しインフレの時に金融引き締めを中央銀行が行うだけで、自然に市場のバランスは保てると考えた。高度に発達した経済体制は安定神話と成長神話を生み出している。新自由主義ないし市場主義の主張は、一方での規制や政府の介在に対する批判のうえに、市場への信頼に依拠するものである。中央銀行の金融政策だけであとは経済への信仰にゆだねればいいというものであった。

これに対して、ジョージ・ソロスは、もともと金融市場は不安定になりやすく、バランスが崩れパニックが起こるものであるとみるべきだと言う。一概に、資本主義の本質が不安定なものであるとか、安定成長するものであるとかということはできない。金融の自由化が金融危機をもたらすということは、多くの人が指摘しているが、ジョージ・ソロスはその代表的な論者である。「金融市場は均衡点に向かって収斂するものではないので、自由化の結果、金融危機が頻発するようになった。」（ジョージ・ソロス『ソロスは警告する』講談社、２００８年、１５４頁～）現在の経済は金融システムの高度化によって矛盾を増幅しているので、ソロスが言うような危険性をはらんでいるということが重要である。私たちの課題は、何が危険性を生み出す可能性をもっているのか、ということの分析とその経済構造の解明にある。金融独占資本主義の時代の恐慌の在り方と現代の恐慌の在り方の違いが出発点となるべきだし、各時代の矛盾とその経済恐慌を生み出す原因を明確にすることが、資本主義観を論じる前に必要なことである。

かつて、カール・マルクスは資本主義経済の矛盾は必然的に経済恐慌に至る法則があると説いている。マルクスの恐慌論は、産業資本主義の生産様式で必然性として展開された。マルクスの言う資本主義の根本矛盾は、労働力の商品化にあり、それが人口法則を通して景気変動の中で、矛盾を爆発させるというものであった。すなわち、景気が好調なときに、利子率と労働力価格が上昇し、利潤でカバーできなくなるという論である。

今、解明しなければいけない課題は、リーマン恐慌を生み出した原因と構造であり、それが今後どのようになっていくかということである。マルクスの時代の矛盾は、大恐慌の時代すなわち金融独占資本主義の時代には根本的な変容をきたしており、変容した新しいシステムの中で巨大な恐慌が勃発した。それは株式会社の時代の恐慌であった。金融独占資本主義は1980年代より新しい資本主義に置き換わろうとしている。それは近代という時代の枠組み自体を変えてしまって、もはや国民経済ではないという事態になっている。新しい資本主義は「グローバル資本主義」というのがいいのではないだろうか。この時代に金融は巨大化し、金融パニックが国家の規制や対策、金融機関の対応を超えて巨大な恐慌に至る構造を生み出してしまっている。

80年代の金融自由化の変化とともに資本主義経済の主役に躍り出た投資銀行は、新しい資本主義の中枢を担うものであった。アメリカの五大投資銀行は、新しい時代の主役となりながら、リーマン恐慌の中で破綻していった。ゴールドマン・サックス、メリル・リンチ、モルガン・スタンレー、リーマン・ブラザーズ、ベア・スターンズ、ソロモン・ブラザーズ、これら投資銀行のすべてが破綻もしくは変容した。しかし、その後の新しい資本主義体制の中で、投資銀行はファンドや企業との連関を深め、また、投機性を是正しながら新しい資本主義で大きな役割を再び担おうとしている。しかし、そこでは金融主義的経済の貪欲さは、結果として、格差社会を生み出す収奪機構を高度化し、促進させているのである。

リーマン恐慌への政府財務省と中央銀行の対応で、金融制度そのものの崩壊を食い止めた。そして多くの金融機関を延命させた。政府が緊急資金の貸し付け、資金提供を行った。そこに新しい安定した金融制度は確立されたのだろうか。また、それは永続する金融システムとなったのであろうか。そもそも金融の新しい役割と金融資本のもうけに走る動きは、一致するのだろうか。投資信託や証券化、そしてデリバティブは意義のあるものなのだろうか、それとも巧妙な詐欺まがいの商法なのだろうか。政府の不健全な経済活動を取り締まる政策とマルチ商法などの市民社会の正義に反する法律規制は、複雑化する金融工学の前に翻弄されている。

リーマン恐慌の時代的背景

リーマン恐慌は、金融自由化、金融革命の帰結として発生した。1980年代中葉以降、アメリカでも日本でも銀行倒産が発生し、金融恐慌が頻発する時代に入っている。バブルの発生とバブルの崩壊が繰り返される。私たちの現在の社会は、経済システムが発展した社会である。経済の混乱は経済制度の未発達の中で起こったもので、再び起きないだろうと考える人々がいる。他面、アメリカの貯蓄信用組合の破綻に始まり、ブラックマンデー、日本のバブル、アジア通貨危機、ロシア危機など、経済破綻は頻発している。メキシコやアルゼンチンの国債のデフォルトや中国の理財商品の破綻なども視野に入れなければならない。そして、2008年のリーマンショックは、3年間に及ぶ巨大な危機となった。経済の発達したシステムが、新たな経済危機を防げるものではなかったことの証明である。むしろ経済の発達と称して現実にはこの危機を生み出したという側面がある。各国政府は多額の国債発行を行い、その償還に不安を抱えて、ギリシア危機やヨーロッパ財政危機が一部商品のデフォルトと債務放棄につながり、ＩＭＦ、各国の中央銀行などの支援でその場しのぎの延命がなされているのが現状である。

政府は、いくつかの対策によって金融恐慌を食い止める方策をとった。しかし、事態は激しく大きくなる一方で、特にリーマン恐慌以後、根本的な対策は取られていない。このままでは再度の危機は必然と言えるのではないだろうか。現代の金融が、スーパーバブルを生み出し、投資銀行を核として、様々な金融機関がこぞってカジノ経済に邁進し、個人の投資という形で、個人をも巻き込もうとする政府の姿勢が後押ししている。規制は、方向性を見出せない。このカジノ経済ということが不健全であるだけでなく、金融恐慌による経済パニックが結果としてもたらされる危険をはらんでいる。銀行恐慌は、金融の自由化の帰結として起きているもので、新しい恐慌であると言える。これまでの独占資本主義が変容する中での新しい社会システムがもたらしている恐慌であると言えるのである。

危険を増幅するものにヘッジファンドがある。リーマンショックの時点で、ヘッジファンドは1万社を超えて世界の隅々で活躍している。その数は飛躍的に増えている。2万を超えて3万社に届こうとしている。しかもその会社としての存続年数は平均で5年を切っている。投機市場は再び活性化されている。最前線の兵は、死ねば補えばしまいである。ヘッジファンドは倒産すれば、簡単に新しいヘッジファンドを作って置き換えればしまいである。

【1】三つの恐慌

資本主義の発展と三つの恐慌

恐慌は資本主義的生産様式という経済システムの本質から発生するものであった。しかし、大恐慌とリーマン恐慌はそのまま資本主義的生産様式に根差しているものというよりも、それぞれの時代に発生している経済体制の在り方に根差している。現代の恐慌は、19世紀の循環型恐慌とは違っている。それ以前のチューリップ恐慌や南海泡沫事件の恐慌などの前期資本主義的恐慌とも違っている。そしてさらに、独占資本主義段階に起こった1929年以降の大恐慌とも違っている。

19世紀の循環型の産業恐慌と1929年からの大恐慌と2008年のリーマンショックの恐慌は、経済恐慌の在り方が根本的に違っている。そこには社会の在り方が端的に見えてくる。これら3種類の恐慌の違いの中に、それぞれの時代の資本主義社会の本質を見ることができる。

循環型産業恐慌

古典的な19世紀の恐慌から考察しよう。19世紀のイギリスの資本主義は、経済の原理的世界を提供してくれる。多くの経済の発想がこの時代の状況を原理として資本主義の根本的性格を理解することができる。恐慌の本質に関しても、まず、この時代の恐慌を考察しておくことが重要である。
1823年の恐慌は資本主義形成期のいわゆる前期的な恐慌と根本的に違っていた。それまでの恐慌が投機的な要素を主としていたのに対し、生産過程を巻き込んだ恐慌となったのである。資本家的生産が社会全体を覆う時代に入っていた。金融は好景気の時に資本家が借入れを行って、生産を拡張するという意味が大きくなってくる。同時に、支払いは約束手形の流通によって猶予を持つことができ、それも生産の拡大に役立った。この生産拡大ということが、恐慌を生み出す必然性を伴っていた。

ここで経済恐慌の必然性を簡単に説明しておこう。好景気には販売好調であるので、資本家はより多くの商品を生産しようとする。生産の拡大は、機械の導入、雇用の増大、原料の仕入れを増やす、といった投資によって行われる。半年間の経費を、1、000万円の機械と労賃1、000万円と原料仕入れ1、000万円としよう。生産物の販売額が4、500万円になったとして、その時の利益が1、500万円ということになる。利潤率が、1、500÷3、000＝0・5で50％である。好景気で需要が見込めるとき、資本家は倍の生産物を作って利益を倍にしようと考える。同じ種類の機械を倍にして2、000万円の費用にする。その時、資本構成が同じであるので、労賃は2、000万円となり、原料仕入れ2、000万円になる。手元に資金がなくとも、銀行からの借り入れでこの増産が可能になる。資本家は、生産物の販売額も倍の9、000万円になると想定し、倍の3、000万円の利益を見込む。しかし実際は、資本主義生産様式の根本には、労働は人間であり商品として生産できないということがある。労働者が枯渇してくると労賃は極度に跳ね上がる。そして生産のための投資の借り入れを行っているので、その利子負担が生じる。好景気時には多くの資本家が同じように資金需要を持つので、利子率も高騰する。例えば、労賃が1・5倍になり利子率が3％から8％に上がったとすると、資本家の負担は、労賃が3、000万円となり、労賃追加投資2、000万円、機械追加投資1、000万円、原料追加投資1、000万円で合計4、000万円となり、追加投資4、000万円の資金に対する利子支払いが、4、000万円×0・08＝320万円となる。総費用は、3、000万円＋4、320万円＝7、320万円ということになる。多くの資本家が生産拡大を行っているために商品需要が下がっているので商品価格も低下する。価格が20％下がったとして売り上げは、9、000万円×0・8＝7、200万円となる。利益はマイナスになっている。生産すればするほど赤字が膨らむという構造になっている。利子が支払えなくなり、手形の決済が行き詰まるという事態になってゆく。資本家はこの時、生産量を増やして利益を多くしようとするが、多く生産すればするほど赤字が増えていくことになる。

資本家は資金繰りを手形の振り出しで補っている。生産の拡大で、手形がより多く出回るようになる。しかも、資金が赤字で枯渇しているので、手形の不渡りを発生させる資本家が出てしまう。1人の資本家の約束手形の不渡りで、手形保有者の間に資金ショートの連鎖が起こる。ほとんどの資本家は、手形の決済で資金繰りを考えている。不渡りが出ることで、自分も資金繰りができなくなってしまうわけである。これが資本主義生産様式の必然的宿命である経済恐慌のメカニズムである。それに手形を決済する銀行が絡んで金融恐慌を誘発すると、事態はより深刻になってゆく。恐慌とともに生産は一気に低下する。労働者は失業し、需要が低下するので商品価格は暴落する。

産業恐慌の意味

産業恐慌は、資本主義的生産様式に必然的なものである。資本主義のいわば宿命を表していると言える。この恐慌は、生産過程に根差したものである。生産過程に根差しているということは、資本主義独自の人口法則との関連において出現するものということである。産業恐慌以前の経済恐慌が、流通過程のものであったのと根本的に違っている。流通世界の恐慌は多分に投機的要素を持っていた。循環型の恐慌は、投機と関係なく発生したのである。

また、資本主義的生産様式が、国家単位の市民社会、国民経済として存立しているなかで恐慌が発生しているのであって、世界恐慌という側面は二次的である。産業恐慌は景気循環の一環として現れる国内的な現象である。産業資本主義時代の資本家は個人であり、会社の規模は、数十人から数百人までのものである。産業は、綿工業を主としたものであり、それにいくつかの生産部門、機械、製鉄、金属加工など、もろもろの小産業が小経営的に付随しているという構造である。信用制度は約束手形の流通を基礎とし、商業信用と銀行信用ができている。20世紀の企業からすると、それらは小生産者に近いものと言える。

1830年代で、イギリスの綿工業は、世界の生産の70％を占めており、製鉄業は60％を占めていた。19世紀半ばで、綿工業を中心とした繊維産業の労働者は、全労働者の60％を占めており、産業の主力は綿工業であった。「食」と「衣」が産業として文明社会の基礎を作っていた。労働は単純肉体労働であるので、労働量の差というのは時間で表される。時間が賃金と直結し、一律の賃金は商品の価値に直ちに反映されるという経済構造を持っていた。〈時間＝賃金＝食料の価格〉という関係が成り立っている社会であった。商品の価値は労働の量であるという経済学的想定が意味を持っている社会であった。

現代の経済構造との違い

19世紀の産業循環型恐慌を生み出す経済社会は、現代社会と大きな違いがある。

1．労働が画一的で、単純肉体労働であった。不況期には大量失業を発生させ、好況期には急激な労賃上昇をもたらす。
2．資本は個人経営で、約束手形と資金の融通を銀行借り入れに依存していた。
3．国家の役割は、経済社会の内部にほとんどかかわりを持たなかった。
4．市場は、国内市場が中心であり、海外との貿易は二次的な要素であり、恐慌も世界市場の影響は比較的小さいものであった。
5．産業は、綿工業が圧倒的に大きく、産業全体が綿工業を中心としていた。

これらの点を現在の先進資本主義国の経済構造と比較すると現代の経済構造は以下のようなものになっている。現代と言っても、19世紀末から1980年代ごろまでのことである。もちろん地域と時期によって違いはあるので、ドイツアメリカを中心とした先進資本主義国とお考えいただきたい。
1．労働はいくつもの種類を持つようになっている。労働者は階層化し給与体系も多様化している。不況期にも失業する階層と失業しない階層に分かれる。
2．会社は株式会社となり、はるかに大きな規模の会社になっている。また、同時に中小企業が併存し、経済構造が重層化している。
3．国家が経済過程に大きく関与するようになる。さらに、労働者を公務員としても抱え込む構造ができている。
4．世界市場の役割が大きくなっている。貿易に比重、通貨の役割などが世界市場の前提となっている。
5．産業は、鉄鋼業、電気産業、自動車産業、化学工業が大きなウェイトを占めるようになり、造船、鉄道、建設、通信その他の企業が多くできている。

次に、金融革命の結果、独占資本主義体制から変化している社会を見ると次のようになる。

1. 労働が国内経済の枠を超えて、グローバルな価値関係を生み出している。先進国では労働者の階層化は、新しい変化を迎え、新しい貧困層が生まれている。
2. 株式会社は自ら企業金融を行うようになり、絶えず合併と買収を視野に入れた企業経営がされるようになっている。
3. 国家の経済的な役割は不安定になり、企業が国家を超え始めている。金融機関も同様に国家を超え始めている。国家の動きを決定づける財政もグローバル競争の中に置かれるようになっている。
4. 世界市場は、一つの市場となりつつある。１９９０年ぐらいからグローバリゼーションと呼ばれる世界市民社会の出現といった現象が起こってきている。
5. 産業は、新しい形の企業群が生まれ始めている。巨大固定資本を背景とした独占資本ではない新しい独占がＩＴ関連産業などの分野を中心に発生した。

このような根本的な違いがどのような景気循環や経済状況に影響を与えているかをこの章全体で考察してゆきたい。

世界市場との関係

19世紀、イギリスは「世界の工場」としての地位を持っていた。綿工業の原料の綿花は、１００％輸入であった。綿製品の輸出は19世紀初頭で全生産額の半分を占めていた。19世紀末では、80％にあたる。鉄鋼業も19世紀を通じて４割が海外市場向けであった。国内市場を中心に確立したイギリス市民社会であるが、海外市場は無視できない大きなウェイトを占めている。国際商業、海運、金融、銀行業、保険業も貿易と結びついて活動していた。1857年の恐慌は、景気循環を繰り返す中での産業恐慌としては、歴史上、最大級のものであった。1857年の恐慌は、クリミア戦争が終結した時に穀物価格が急落したことにより起こった。世界恐慌の最初の例といわれる。

1873年恐慌の特徴

1873年から始まる大不況期は、資本主義の産業主義段階から金融資本主義段階への過渡期である。この恐慌にはこれまでの循環型の産業恐慌と違った特徴がみられる。

第一には、資本主義の主導的な国がイギリスからドイツとアメリカに移り始めている中での恐慌であった。

第二に、綿工業の変化である。綿工業では需要が慢性化し、綿製品という商品は、爆発的に作れば売れるというより、安定した需要の状況になっていた。

第三に、何よりも、金融恐慌を併発しなかったということである。

1823年に始まる産業恐慌は、ほぼ10年の周期で発生した。資本家的な生産様式の宿命と言えるものであった。それは、恐慌がやがて景気循環を経て好況に至る過程を伴っていた。しかし、1873年の恐慌の後のイギリス社会の状況には根本的な変化が見られた。綿工業の市場は、もはやヨーロッパ大陸を始めとした世界の市場が国内市場より大きな比重を持つまでに至っていた。そのヨーロッパ大陸市場自体が飽和状況に近づいていた。

農業恐慌

農業独特の経済恐慌がある。それは、農産物の特殊性に基づく。作りすぎれば値崩れを起こすということは、市場経済の一般的な原理である。そこから過剰生産恐慌という発想が生まれた。農産物は、作りすぎれば価格の暴落を引き起こす。そうすると採算が合わない。生産コストを販売額が下回るという現象が生じる。キロあたり800円の胡瓜が、650円になるのは耐えられても、50円になると捨てないといけないような状況になる。多くの農産物は保存がきかない。過剰生産で価格が低下するのではなく暴落するのである。

農業恐慌は、産業恐慌と併発することはあるし、19世紀以前にもみられた。そして、1929年の大恐慌は、農業恐慌が先行した。大恐慌の時は、好景気の中での増産は、価格暴落をもたらしたのである。オレンジ、豚肉の廃棄処分が行われた。

宇野弘蔵氏は、農業恐慌が歴史的要素によって引き起こされていて、資本主義の産業競争とは性格を異にすると論じている。「19世紀後半の世界的な交通関係の発展に伴う西欧諸国の農業恐慌とか、さらにまた第一次世界大戦後の植民地農業の発展に伴う世界農業恐慌というのは、資本主義の発展の一定の段階にあらわれる。そしてまた世界市場の特殊な関係を基礎とするのであって、資本主義の一般的既定の下に明らかにされる恐慌とは性質を異にしている。」(『宇野弘蔵著作集　第5巻』岩波書店、1974年、8頁)

【2】大恐慌とその原因

課題

産業資本主義の時代には、恐慌は必然性を持っているということが資本主義社会の決定的な事実であった。1873年以降の資本主義の変化とともに、恐慌は克服されたのか、それともそれまで同様、恐慌は必然的なものなのか。恐慌は社会不安や暴動の原因となる。さらに、戦争への道につながったり、社会主義革命を誘発することとなる。したがって、恐慌は資本主義社会の存立の根本にかかわる事柄である。資本主義の様々な制度が発達した今日においても、根本的問題であり続けている。金融独占資本主義の時代の最大の事件は、1929年以降の大恐慌である。しかも、この恐慌は規模と影響力において、これまでのどの恐慌よりとびぬけて大きなものであった。しかし、他面、産業恐慌のような必然性を持っていないという側面がある。

そこで私たちは、今後も恐慌は起きるのかということを考えるうえでも、次のことを考察する必要がある。

1. 金融資本主義の時代になぜ大恐慌が発生したのか。
2. そのメカニズムは何か。

3．この恐慌は産業資本主義時代の循環型恐慌と同じ性質のものか、違った性質のものか。

独占資本は、景気循環の直接的な影響下にはない。産業資本主義の時代では生産のための投資、すなわち生産拡大は、好況期に資本構成をそのままで行われるか、もしくは不況時に新しい生産体制を構築するために行われた。独占資本主義下では、投資は恒常的に行われる。もちろん資金面や市場の需要という点では好況期に投資が多くなることはあるのであるが、独占資本は巨額の内部留保とたえざる技術革新、独占にかかわる体制作り、産業分野ごとの企業戦略、労働の内容の多様化と、労働者の雇用形態の多様化、階層化といったような事態が生み出されている。これらの事実は、産業恐慌の必然性を乗り越えた社会になっていると言えるのである。

しかし、他面、恐慌は現実に発生し、巨大化している。何故、恐慌が起こるのだろうか。産業恐慌とは違った、新たな恐慌の社会構造が作られているのではないだろうか。そして、この新しい恐慌はいかに克服できるのだろうか。国家はどのような克服策をとってきて、その対策は当を得たものであるのだろうか。

大恐慌の原因

大恐慌は、株価の暴落に始まり、農産物の大量廃棄、銀行の倒産、全米の銀行の閉鎖、大量失業、多くの企業の生産停止、物価の急激な下落となって、社会のすべての経済活動を麻痺・停止に近い状況に陥れた。しかも、1929年に始まって1934年まで続く長期にわたる恐慌であったので、飢えをしのぐことさえできなくなる人々が、溢れかえった。暴動と革命の危機は、目前に迫っていた。暴動は、警察を超えて、マッカーサーの率いる軍隊によって抑え込まれた。

この恐慌には、いくつかの原因がある。何よりも第一に、この恐慌は株式市場から始まったということがある。株式という金融の投機性が基礎にある。第二には、銀行倒産、銀行の閉鎖という金融への矛盾のしわ寄せがあった。銀行を中心とした新しい金融制度そのものの危機と崩壊であった。第三に、農業生産体制の矛盾が農産物の大量廃棄となって現れ、農業恐慌という側面を持つ。これは農業がこれまでになく、銀行からの借り入れを行って生産の過剰という投機的な生産を行ってきたことの帰結であった。第四に、この農業の破壊は世界に広がった経済の連携、市場関連によって、生まれたものであった。国内的要因では片付かないものを含んでいたのが、これまでの産業恐慌と違う点である。もちろん、これまでの産業恐慌も、世界市場との関連は持っていたが、これほど大規模な要因ではなかった。第五に、投資信託という新しい金融商品の手法によって、危機は増幅されていた。これが、株式投機の原因でもあった。そして最も本質的な点は、これらの恐慌を生み出す諸原因が産業資本と金融資本の結合の体制から生まれているということである。これが新しい金融資本主義の社会体制であり、恐慌はだれか特定の人間が起こしたものではなく、社会の新しい経済体制の在り方そのものに根差した根本矛盾から発生しているものである。人々は、無垢である。経済の大混乱の渦の中で苦境に耐え、解決の道を模索する。人間はそもそもそれほど叡智にとんだものではないのだから、恐慌の対策に関して、だれにも責めを負わすことはできない。

大恐慌は、産業恐慌とは違い世界経済の一体化が進んだ中で起こった恐慌であった。その原因を一つの論理で絞ることはできない。大恐慌は第二次世界大戦へつながってゆくが、大戦後、世界の資本主義の政策原理となったケインジアンの分析と80年代から世界の経済政策の主流となるマネタリストは、それぞれ大恐慌を一つの論理から説明しようとしている。

ケインジアンの考えでは1920年代のアメリカでは自動車やラジオなどが大量生産され、住宅ブームや建設投資が盛んになった。そして、20年代の大量生産で各家庭に自動車やラジオがいきわたり、需要は限界に達した。需要減少で生産が頭打ちになり、設備投資が減少する。それが物価の下落をもたらし失業を生み出したと考える。したがって、対策として有効需要を創出したことが経済効果につながったと考えるのである。

これに対しマネタリストは全く違った視角を持っている。大恐慌は通貨供給の不足から発生したと考える。通貨不足が、人々に物を売って通貨を抱えこもうとさせたとみる。買い控えとなり、物価は下落したと考える。物価下落でも物が売れず企業は不況に陥り、労働者を解雇したと考える。

マネタリストの考えでは、株価の下落は説明できない。銀行倒産は、資金不足によるものであるので通貨供給策がとられているとパニックは緩和できたということは言えるが、恐慌そのものの原因の解明が通貨現象では説明できないのである。また、ケインジアンもマネタリストも、ともに労働者の状態の変化を視野に入れていない。労働者が階層化しており、どの人たちが失業したかということも重要な要素なのである。

なぜ大恐慌は29年から33年にかけて深刻になっていったか

大恐慌の場合は、金融混乱、通貨問題、農業恐慌などの要素が、深刻さをもたらしただけでなく、独占資本主義体制に根差した要素が決定的に大きい。

１９２９年から33年にかけての世界恐慌は、社会の悲惨としては、二つの世界大戦に匹敵する規模のものであった。戦前派と戦後派ということで、思想信条を含めて時代を考える日本人の意識のごとく、アメリカの人々は、恐慌前派と恐慌後派ということで、世代は区分される。

1・株の暴落――株式会社の時代と恐慌

株式市場というのはもともと不安定なものである。株に投資し、値上がりを待つ、配当を受け取る。額に汗して働くということをしないで、苦労なしで富を築くことができるということが人々をひきつける。そして、利得を得ることができるという体験がさらに利得を求めた投資を生み出す。

大恐慌の第一の特徴は、株式市場における株価の暴落という形で経済パニックが起こったことである。現代では、景気は株価の動向で判断され、恐慌を株価の暴落と理解する観念がある。しかし、経済恐慌はもともと株式の暴落ではない。そもそも株式市場そのものが存在しなかった中で産業恐慌は起こっていた。

金融資本主義の時代になると、株式市場が大きな役割を持つようになる。会社の業績は株価に反映され、株価の動向の総和が景気判断の基準とされるようになってゆく。産業資本主義の時代の金融は、銀行信用が中心であった。恐慌は、信用の全面的な破壊を伴って生産活動の内部から起こっていた。大恐慌では、株式投資という投機的要素が先行したものであった。

株式会社の起源

株式会社は、それほど古くない。1856年にイギリスで始まったにすぎない。株式会社そのものの起こりは1602年のオランダ東インド会社の設立が最初とされる。この時代の株式会社は国王の許可によって成立するものであった。いわば絶対王政期の許可制と同じような形である。1856年の株式会社法で法律に基づいて誰でも創設できるようになる。法律に基づいた組織としての株式会社ができるのが、1856年からなのである。このことを準則主義というが、これで株式会社制度というものが市民社会的なものとなる。1870年代には、フランス、アメリカで株式会社が始まる。証券市場はそれから作られてゆく。株式会社の形態は、各国の資本の在り方、経済の状況で違ったものになってゆく。

個人所有の会社やパートナーシップの会社は、会社の負債に対して個人が無限責任をもつ。個人の全財産が責任の対象となるので、会社の負債は個人の負債に近い。逆に、それだけの責任をとるので、個人の会社やパートナーシップの会社は国家の規制からの自由度が大きい。会社会計の公開義務などがない。会社の規模が大きくなり、様々なビジネスの可能性が出てくるときに会社は多くの人々の投資を必要とする。その時、投資する側の人は会社の運営に関して過度な責任を持つことが、不合理になる。そこで出資した範囲のみの有限責任ということが多く人が出資するときの要件となってくる。そのようなことから、株式会社が広がってゆく。

株式会社の一つの特徴は、会社の所有権が自由に売買できるということである。売買を自由にする場として、証券取引所が創設される。19世紀半ばの設立期の株式会社は、鉄道、運河、銀行、保険などの業種であった。それが製造業一般に広がってゆくのは、20世紀になってからである。

1929年恐慌の性格

産業資本主義の時代は、恐慌は株式と無縁である。会社は個人のものであり、会社の所有者は資本家個人であった。株式会社は19世紀半ばから発生し、20世紀に一般的な会社の形態になってゆく。アメリカでは、1901年のUSスチールの成立が、会社がほとんど株式会社という形になっていく時代の幕開けの象徴であったと言える。大恐慌の一つの特徴は、株価の暴落から始まったということである。循環型産業恐慌では、約束手形の不渡りによる会社倒産とその連鎖から始まった。もともと経済恐慌は、生産過程に第一の原因があった。ところが大恐慌は、まず、株価の暴落から始まったというところに、金融資本主義の時代の恐慌としての特徴がある。現在、恐慌と言えば株価の暴落が現象として人々の脳裏に浮かぶ。フーヴァー大統領は、この経済恐慌はすぐに元に戻るという産業恐慌時代の例を思い浮かべていた。ところが１９２９年に始まる恐慌は、34年まで続く。株価がピーク時の９分の１まで落ち込んでいった。

ガラ

１９２９年は、すでに3月に小さな暴落が起こっている。9月になると悲観論も出始める。信用取引の証拠金の引き上げが始まる。ダウ平均は、9月3日が頂点となる。10月23日には３２５ドルから３０５ドルに下落する。そして、10月24日、「暗黒の木曜日」がやってくる。

ガラは、１９２９年の10月24日の木曜日だけのことではない。すでに株の下落は、19日から始まっており、24日に40％を超える落ち込みとなった。さらに、28日の火曜日の落ち込みはそれ以上だった。そしてそれは１９３４年まで続く。株価はピーク時の10％にまで落ち込んでゆく。

2・投機

金融の投機性：借り入れの効力

金融の一つの効用は、資金を供給することである。金融がなければ、限られた資金での経営になるところを、金融を利用することで大きな規模の経営が可能となる。商人資本は、貨幣―商品―貨幣（利潤を含む、G（貨幣）―W（商品）―G′（貨幣））という連鎖であるので、最初の貨幣の量が活動全体を左右する。最初の貨幣を金融機関より借り入れることで、より大きな利潤を得ることができる。好景気の時、通貨の供給は多く望める。銀行も貸し出しを大きくして利益を追求しようとする。商人資本に限らず、産業資本主義の時代の好景気の時の借り入れ、金融独占資本の時代の好景気の時、株価の値上がりを予想しての株式購入のための借り入れ、など、金融は投資の可能性を拡大する。ところがその反面、一つ行き過ぎれば、投機につながる。むしろ金融は投機を絶えず伴うともいえる。借り入れ=借金=レバレッジはあらゆる時期の恐慌に共通する事柄であるが、時代と共にその規模は飛躍的に巨大化した。そして、近年の金融革命とともに借り入れの金融システムは巨大化していっているのである。

先物取引の投機性

将来の一定の期日の受け渡しを条件として、あらかじめの取引を結んでおくことがある。そのような取引が先物取引である。住宅を建てるのに、「請負」という制度がある。4か月先に、2、000万円で住宅を建設して引き渡すという契約を結ぶと、4か月先までの期間で、材料費・工事費などが上がっても下がっても2、000万円で住宅を引き渡さなければならない。先物取引はこのような請負と同じような契約である。将来の価格の動きを、見通すことで利益を得ようとする行為が、投機である。先物取引は、その意味で投機の対象となる。

投資と投機の対象としての株式の意味

株式会社は元来、配当を得られるというところに、株を購入し、株を所有する根拠がある。したがって、市場の利子率と配当額を比較して配当が大きいときに株購入の動機が働く。しかし、株式市場が大きくなっていくとき、配当は大きな動機とならなくなってゆく。また、他面では株式会社による所有権が会社の支配ということに関与してくる。しかし、多数の一般株主にとっては株の値上がりを期待して株を購入するという要素の方が、配当による利得や会社の支配より、関心が大きい。キャピタルゲインは配当よりはるかに大きな利益を生む可能性があるからである。そこに株への投機が発生してくることになる。

株価が投機性を持った価格になっているかどうかは、株価と一株当たりの収益の比率が指標となる。その株価が割高かどうかの基準である。この比率は株価収益率ＰＥＲ（Price Earnings Ratio、株価／一株当たりの利益）というもので、絶えず投資の基準になっている。時価総額を純利益で割ったものである。低ければ低いほど、利益に対して株価が割安ということになる。戦後のアメリカではＰＥＲはおよそ20倍であった。バブル期に入ってゆくときに日本の株式のＰＥＲは70倍であった。すなわち日本の株価は割高になっており、すでに投機が始まっていたといえる。ＰＥＲが低くかつ業績がいい企業が、新たな投資を見込める判断基準ともなるが、逆にＰＥＲが高い企業は投機の対象になっているのでさらに、当面短期的に高騰するという見方も成立するのである。

投機を煽るもの

さて、投機的な投資をする人々の側の論理を考えよう。投機は冷静に投資する合理的根拠があるから起こるのではなく、投機したいという動機が先にある。投資したいからおカネをつぎ込むための根拠を見つけ出すのである。それを煽る言動が投資したい人たちを投機に駆り立てる。しかも、１９２０年代のアメリカの人々は、株式市場の初期で、大衆にとってはほとんど初めての経験であった。株価暴落の経験、経済恐慌の経験を持たなかったので投機を煽る言動は、投機を助長することとなった。

追随

投機は、大手投資家に他のものが追随するという形で加熱する。追随は投機を大きな社会現象にする。それは１９２０年代の広範囲にアメリカで起こったことであり、現在まで続いている。投機は20年代から約１００年間で、さらに大きくなってきている。日本では、野村証券より一歩、先に出ると方向性を間違ってしまう。かといって一歩遅れると他の証券会社に負けてしまう。追随のタイミングは微妙である。間髪入れずということが重要である。ジョージ・ソロスが、１９９７年にタイ・バーツの空売りを仕掛けたとき、主要なヘッジファンドは追随した。そして、世界中の大手銀行も追随した。その動きによってタイ・バーツは暴落した。みんな稼げると踏んだからである。このようにして、投機は過熱しバブルは巨大になる。

大恐慌の投機

アメリカの１９２０年代では、農業不況に加えて鉄道や石炭産業部門も不振になっていたにもかかわらず投機熱が煽られ、適切な抑制措置をとらなかった。アメリカの株式市場は１９２４年中頃から投機を中心とした資金の流入によって長期的な上昇トレンドに入る。株式で儲けた話を聞いた人々が、好景気によって得た資金を株式市場に流入させる。信用取引により容易に借金ができるようになり、さらに投機熱は高まる。ダウ平均株価は5年間で5倍に高騰した。１９２９年9月3日にはダウ平均株価３８１ドル17セントという最高価格を記録した。市場はこの時から調整局面を迎え、続く1か月間で17％下落したのち、次の1週間で下落分の半分強ほど持ち直し、その直後にまた上昇分が下落するという動きを見せた。それでも投機熱は収まらない。のちにケネディ大統領の父親のジョセフ・P・

ケネディは靴磨きの少年が投資を薦めたことから不況に入る日は近いと予測し、暴落前に株式投資から手を引き、巨大財産を築いて大恐慌をうまく切り抜けている。

フロリダ土地ブーム

アメリカの投機熱は繁栄の中で生まれている。豊かさは、貪欲さと結びつく。1925年にフロリダで土地投機ブームが起こる。所得の向上が保養地への魅力につながることが、投機へと変化する。当時、毎年、南へ行くことが年中行事になるという裕福な階層が生まれていた。

この保養地という魅力を見た人たちが、土地の値上がりを見込んで土地を購入するということが起こる。土地の価格が上がるということは、説得して信じるような人々の世界ではなく、信じる口実を求めている人々の世界である。フロリダの気候は、土地が騰貴することを保証するものではなく、高騰すると信じたがっている人々にそう信じる根拠を提供する材料となる。1925年はフロリダの土地はとめどもなく高騰する。鉄道は混雑する。分譲地は、海岸から40マイル離れたところ、100マイル離れたところまで広がってゆく。この高騰は、26年以降も継続する。

投機の制度化

しかし、単なる投機熱だけで、大恐慌が引き起こされたわけではない。単に人々が金銭欲に走るようになってあぶく銭を稼ごうとした強欲、株式売買に走るという行動だけではない。その背後に投機を格段に大きくする経済システムができていた。一つは、①投資信託。ミューチャルファンドである。投資信託は、投資家たちが会社の株式会社を直接買う代わりに投資してくれる会社に委託するものである。委託される会社は投資銀行である。そして第二に、②信用取引、レバレッジによる取引である。

このシステムが、銀行などの金融機関を巻き込んで大金融恐慌をもたらしたのである。投資信託以外に借入金で投資を行うことが大きなレバレッジを生む。借りたおカネで投資するので、それがレバレッジとなって大きなおカネを動かすことになる。投機は単に株を買うというだけではない。その買い方の革命が20年代後半に作られていたのである。

ゴールドマン・サックス

ゴールドマン・サックスは現代では投資銀行の最大手で、優良企業の代表であるが、大恐慌期には、大きな損失を出すと同時に、業務の仕方で悪名を持つことにもなった。引受業務を担当したパートナー（ゴールドマン・サックスは1987年までパートナー制の会社で会社はパートナーが所有する形をとっている会社であった）であるワディル・キャッチングスは、1928年12月に会社型投資信託を組成した。「ゴールドマン・サックス・トレーディング・コーポレーション（GSTC）」である。証券投資を目的とした会社を設立し、投資家にその会社の株を買ってもらうというものである。今日の投資信託に似ているが、投資家が買うのは社債ではなく会社の株である。会社はファンドを作ってその株を買ってもらう。株式バブルとなっている状況の中でファンドに対する需要は非常に強くなった。例えば、GSTCの新株100万株の額面が100ドルで全株をゴールドマン・サックスが買い取り、その90%を104ドルで売る。360万ドル（4ドル×100万×0・9＝360万ドル）が瞬時に手に入る。

人はもうかると同じことを繰り返す。しかも、規模を大きくしながら。GSTCは新たな信託会社シェナンドウを設立し、株式を募集する。すると募集の7倍の応募があった。シェナンドウは、さらに規模の大きい信託会社ブルーリッジ・コーポレーションを設立する。こうして信託会社は次々と作られてゆき高いレバレッジが作られることになる（リサ・エンドリック『ゴールドマン・サックス』早川書房、1999年、70頁〜を参照。ガルブレイス『大恐慌』徳間書店、1971年、119〜132頁参照)。

3・独占資本主義

独占資本と恐慌

大恐慌は産業恐慌と違って、企業の連鎖倒産を招いていない。企業は景気循環を、ある程度、脱していたと言える。企業は会社を維持したまま、大量の失業者を出した。一部の社員のレイオフである。そこに独占資本主義時代の恐慌の特徴がある。現代の社会は言うまでもなくこの独占資本主義の上に立っている。しかも巨大な国家の力が状況を左右することができるようになっている。

産業資本主義の時代は、労働者は不況によって簡単に解雇された。労働の質は同じであるということが、当時の生産様式の特徴である。一言でいえばそれは単純肉体労働であり、すぐに代替可能なものである。金融独占資本主義の下では、不況だからと言って簡単に解雇されない。労働者は、「いつレイオフされるかもしれない」という不安を持つことなく、愛社精神を持つことが重要になる。シアーズ・ローバック、ダウ・ケミカル、IBM、ヒューレット・パッカード、デュポンなどは、レイオフしない会社であった。独占企業は、研究開発費を削減せず、将来の技術革新をリードするための先行投資を継続的に行ってゆく。それを支えるのが独占資本主義の利益構造であった。

独占資本の成立とともに、景気循環は変容をきたす。第一に、手形の流通は役割を小さくする。商業信用による企業間の信用関係は二次的なものになる。第二に、銀行の役割が変化する。好景気の時期に集中した銀行からの借り入れは、景気循環を超えた形になる。設備投資は、常時行われるようになる。技術革新と生産体制の拡大は、長期的な計画によって行われるようになる。また、株式や社債を通じた直接金融の役割が増大する。そして内部留保の拡大、自己金融という要素が大きくなる。第三に、労働は複雑化するようになり、雇用の形態が変わる。特に大企業において労働者の質が求められるようになる。会計係、弁護士、技術者、販売員、マーケティング、管理業務などが増大し、単純肉体労働の部分は小さくなる。さらに、商品の価値構成において、独占価格の維持の下、恒常的な高賃金が可能になる。第四に、市場における需要構想、商品種の多様化が起こっている。例えば自動車においてローンでの購入が行われるようになると需要の集中は決定的な程度にまで緩和される。すでに20年代に自動車購入の70％がローンを利用して行われるようになっている。

独占資本とその他の産業の景気

大恐慌で不況が始まると需要の落ち込みは、耐久消費財のほうが大きい。鉄鋼産業や自動車産業、電気産業でそれぞれの需要構造は異なる。鉄鋼は生産財の提供が大きい。個人消費に回る部分は極めて小さい。不況の中で設備投資が減ると鉄鋼需要は落ち込みが大きい。

生産縮小と解雇と時間短縮によって賃金水準を維持するので、全体として支払われた賃金は大きく落ち込んでいる。恐慌後数年で恐慌勃発時点の半分になっている。しかし、大企業自体は価格を維持することとリストラによる経費削減で一定の利益を確保し続けている。独占の強さである。操業度を下げ、レイオフや失業者を出すことで生産を縮小する。商品価格は供給が減るので維持される。耐久財生産部門では、寡占ができているので生産の急速な縮小が可能である。77％もの生産縮小を実現している。

独占の時代

1930年代は、独占が確立される時期である。株式会社が産業の支配的な形態になるのは、1890年代の企業合同運動からである。スタンダードオイルが石油供給をほぼ独占し、USスチールが鉄の供給を独占するのは、1900年代である。フォードが量産体制に入り、GMがフランチャイズのディーラーを展開し販売システムに変革をもたらした。大量生産をテコに、価格を低下させながら車種のラインアップを競うようになるのが、1930年代である。大恐慌の一つの結果として、企業の淘汰、資本集中が進み、寡占体制が成立したのである。

大恐慌における独占企業の雇用政策についてはすでにみたように、賃金維持を行いながら社内での対応ができる力を持つに至っていた。搾取よりも収奪のシステムができたと言えるのが、この時代に形成された独占資本主義の社会構成である。「搾取」は、労働者が生産する価値を資本家が取得することである。これに対して「収奪」は、手に入れた剰余価値、蓄積された利潤を他の資本家が何らかの方法で手に入れるものを言う。生産販売のイノベーション、銀行が取得する利子、などは、そのような収奪を行う一つの方法であると言える。

収奪機構は、独占資本主義段階になると飛躍的に発達し、現在はさらに収奪機構が巨大化している。収奪は独占という形が社会を構成することで経済のルールの下で実現しているのであった。収奪は、最終的には階層社会、格差社会となって固定されてゆく。そこに国家が介在するとき、収奪は国家の政策とともに経済法則を超えて行われるようになってゆく。

4・銀行倒産

銀行破綻

１９３０年から33年までの4年間で約9、５００のアメリカの銀行が破綻した。人々は自分の銀行口座を閉じて現金を家で保管した。そのことが銀行破綻を助長した。確かに経済の根本的なシステムが現在とは違っている。中央銀行は銀行救済などの思い切った措置を取らなかった。そもそも中央銀行としてのＦＲＢは、創設されてそれほど時間がたっていない。１９１３年創設である。それまでの銀行は、発券機能を持っており、その信用地域において貸出業務が自由にできた。ところが、ＦＲＢの創設で、ＦＲＢの発行する共通通貨を使用する必要があった。１８６３年に国法銀行法ができた。この法律によって、国法銀行ができ、発券業務を行うようになる。もともとアメリカの銀行は通貨を発行していた。銀行券は発行する銀行の信用の下で流通していた。南北戦争のころ統一したアメリカの通貨はなかったのである。

ＦＲＢは資金が枯渇しているときに思い切ったマネー供給をしていない。銀行は、マネーが枯渇し、取り付け騒ぎに見舞われた。多くの銀行が、それに対処できずに、閉鎖する以外の方法がなかったのである。１９３０年後半から銀行倒産は増えてゆく。30年に1、３５０行が破綻した。31年はさらに規模が大きくなる。倒産のピークは32年である。１９３２年の不況のどん底では、大量の銀行が倒産した。１９３３年が取り付け騒ぎの年であり、最大の倒産件数をもたらした年である。大恐慌の一つの大きな特性は、銀行の連鎖倒産である。政府はそれに介入する力も発想も持つものではなかった。

１９３０年の銀行危機は農村部の中小銀行が中心であった。支払い停止によるパニック、人々は生活の糧を失業で失うだけでなく、銀行預金という最後のよりどころも奪われ、苦境に立つ人々で溢れかえった。農業部門への貸し付けが過剰生産恐慌を生み資金回収が不能に陥った。銀行倒産は連鎖反応を起こす。金融破綻が都市部にも広がってゆくという経過をたどった。銀行倒産が未曾有の経済危機を生み出すことになる。

　このような大量倒産が発生した原因は、農業貸し付けの不良債権化以外に次のような原因があった。第一に不動産と債券の評価損に見舞われている。第二に、企業倒産や消費ローン、住宅ローンなどで貸し付けがこげついている。新しい消費生活形態が恐慌を大きくする。アメリカの１９２０年代には、消費者信用が、すなわち自動車ローンと住宅ローン、電気製品の購入のローンなどができていた。また、農業の不動産の担保付貸し付けがアメリカ農業の基本的な形になっていた。新しい借金社会ができたと言える。他の見方をすれば、金融制度が発展したともいえる。社会の根本的な在り方が変化したのである。倫理観が変わるほどの大きな変化である。20世紀のこの借金社会では、ひとたび、所得が減少し始めると個人の生活が破綻しやすくなっている。夜逃げ、自殺が発生する。ローン会社も破綻してゆく。第三に利子の下落によって利子収入が減少したのである。そして、第四に、大恐慌の投機の破綻、株の暴落の影響がある。大恐慌は株式の暴落に始まったが、多くの倒産や投資家の破綻から失業者が溢れかえり、需要が減退した。需要減退によって生産は縮小し、物価は低落した。このような一連のことがらが銀行倒産の背景になっている。加えて、アメリカの銀行制度が持っている複雑な性格もある。州ごとの規制が多く、活動範囲が限られていた。そのせいで、銀行数が多いのもアメリカの特徴である。

フリードマンの大恐慌分析

　ＦＲＢの金融政策の誤りということが言われる。フリードマンは、大恐慌を金融の歴史として分析している。そして中央銀行が適切な役割をはたしていれば、恐慌は回避されたという論を展開している。フリードマンはマネー供給が十分であれば、銀行は倒産に至らず、恐慌は回避できたという主張を展開した。すなわち、買いオペをやって、市場に通貨を供給していれば、多くの銀行倒産などは回避できたという考えである。フリードマンは、中央銀行は買いオペをすべき時にしなかったことで、銀行恐慌をまねいたとしている。確かに、買いオペをしていれば通貨が供給され、取り付け騒ぎなどに対処することはある程度できたであろう。しかし、フリードマンはこの恐慌の他の側面を見ていない。資金供給だけで多くの問題を解決することはできないのである。企業破綻、農業の過剰生産、輸出向け産業の過剰生産、失業、需要の冷え込みなどに、買いオペだけで対処することは不可能である。労働の社会構造、金融制度の変化、農業の状況、新しくできた大企業の論理などを把握することが重要である。大恐慌の原因は、もっと構造的なところにあったのである。

5◆農業恐慌

アメリカ農業

アメリカは移民の国、開拓者の国である。そして新しい世界で生きていくためには、まず、食糧がいる。すべての移住者が農業をやることから始まる。第三代の大統領のジェファーソンは、アメリカは農業社会であることが健全な精神の源であると考えていた。アメリカの市民は自営農民層だった。自営農民は中流階層を構成する多数派であった。1820年には、勤労者の4分の3が農業生産に従事していた。1880年の時点で、人口の半分が、農村人口であった（日本では、第二次大戦直後で半数が農村人口であった）。1929年の時点で、農村人口は約30％になっている。そして第二次大戦後の1949年には農業生産者は勤労者のうち8分の1になっている。そして1958年に9・9％、

1981年で3・4%になっている。

アメリカの農民は、中世的な倫理的な存在ではない。広大な土地と豊かな自然に恵まれた農業国であるが、それを発展に導いたのはアメリカ農民の合理的な思考方法だと言える。ヨーロッパのような農奴も貴族層も存在しなかった。アメリカでは最初から資本主義的な秩序として契約社会が成立していた。農業の資本主義化に何のためらいもなく、機械を導入し、農耕地の拡大を進めた。しかも、資本を銀行からの融資によって行うという近代資本主義経営であった。それが、農業の発展と同時に農業恐慌の原因を生み出すものとなった。アメリカの農民は、自己の資本を増殖するために、つねに投資活動をしていた。綿花、土地、銀行、鉄道などが投資の対象となっていた。アメリカの農民は生産者であるとともに不動産投機家であった。

アメリカ農業は、コーンベルトを中心に国土の約半分弱が農業と牧畜の使用地であった。アイオア、イリノイ、ミネソタなど豊かな農地に恵まれた地域である。しかも地域ごとの特産農業産物を生産している。ワシントン州はリンゴ、アイダホはジャガイモ、コーンベルト地域は小麦やトウモロコシ、カリフォルニアはオレンジやアボガド、といった具合である。したがってこれらの農産物は、大量に生産されて市場に出るということが基本であり、地域の自給につながるものではない。そして輸送ということが要になるので、運河や鉄道、道路網が生命線を握る。穀物の集積地としてシカゴとセントルイスが浮上し、穀物市場として19世紀後半から発展した。しかも、穀物市場は金融市場となる。シカゴの穀物市場では80%以上が先物取引である。実際に、シカゴ市場を経由して出荷される穀物は、1割程度にすぎない。

農家の金融

農家は農業生産物の価格が上昇しているとき、生産を拡大しようとする。19世紀の産業資本主義の時代の資本家の行動と同じような行動である。生産拡大のために耕地面積を広げ、農業機械を買い増す。そのためには農地を担保にした抵当貸付を受ける。資金は銀行と生命保険会社から流入した。市場は農家の思い通りの価格が付くとは限らない。気候変動による豊作や不作もあるし、その他の経済要因、世界市場との関係もある。農業にとって自由経済は、不安定要因がきわめて多い。

アメリカ農業と大恐慌

農業は、企業家的農民を生み出すようになっており、ある意味ではこの農民は自らをビジネスマンと意識している。それは現在のアメリカやカナダの農業の姿に通じる。

大恐慌は独占資本主義時代の農業問題を集約的に表現することになった。しかも世界市場の問題として農業問題が現れるようになっている。１９０９年から１９１４年は、アメリカ農業の黄金時代であった。第一次世界大戦中から１９２０年後半まで、ヨーロッパへの農産物輸出は飛躍的に増大した。農家は耕地面積を広げ、農業機械を導入し、増産を図る。銀行や生命保険会社からの借入が、そのことを可能にした。アメリカでは１９２０年代前半に既に農作物の余剰が生まれていたが、ヨーロッパに輸出して、農業恐慌に至らなかった。アメリカの農業は機械化による過剰生産とヨーロッパの復興需要があった。しかし、やがて破綻がやってくる。第一次世界大戦の荒廃から回復していない国では、購買力に限界があった。ロシアは社会主義国・ソビエト連邦となり、世界市場から離脱する。アメリカ国内の生産も過剰になっていった。一旦、ヨーロッパからの需要が消滅すると農家は過剰な耕地と機械と借金を抱え込むことになる。

農業恐慌は大恐慌の一因となり、同時に大恐慌の発生で、農業金融は破綻に見舞われる。恐慌による需要低迷で農産物が売れなくなってしまう。需要はあるはずであるが、買うことができない。大量の失業者で、潜在需要が現実の支払い能力を伴った需要に結びつかない。食事がとれない人々がいる中で、作物は畑で腐っていった。農産物は廃棄された。オレンジが燃やされ、牛や羊、馬が餓死した。牛乳は廃棄された。経済というものの、恐ろしさである。

6・世界恐慌

1920年代の世界の貿易構造

第一次世界大戦の後を受けてヨーロッパ諸国は復興に努力していた。アメリカは自動車産業が国内で飽和市場になってくる。海外に輸出を始めるが、自動車社会へのインフラはまだヨーロッパにおいてすら十分ではない。

アメリカはヨーロッパの復興のために資金を提供していた。この時期はイギリスの通貨スターリングが世界通貨の地位にありながら、徐々にアメリカドルの役割が大きくなってくる。

世界恐慌

大恐慌は世界が貿易で密接に連関し始めた中で起こった。1920年代のアメリカは戦争で疲弊したヨーロッパへの輸出によって発展した。ヨーロッパ市場が需要を生み出し、アメリカの産業を発展させたのである。また、国内でも帰還兵による消費需要が拡張する。自動車工業が躍進し、モータリゼーションが始まる。アメリカ経済は好景気を迎える。ヨーロッパの疲弊に伴って、アメリカの対外競争力は相対的に上昇した。「永遠の繁栄」と呼ばれる経済的好況を手に入れた。フーヴァー大統領は、就任の29年3月に国民に永遠の繁栄を約束して大統領についた。

しかし、大恐慌で世界の貿易は3分の1に落ち込む。そして、失業率はアメリカで33年には25％になり、イギリスでも300万人を超える失業者を発生させた。

イギリス

大恐慌は世界恐慌としての性格を持っている。市場が貿易を通じて相互に連関を強くしている時代の恐慌であったので、世界市場への影響がすぐに生じた。アメリカの価格の低下は世界市場における物価の低下となった。

イギリスへの影響は非常に大きいものであった。アメリカが29年から33年にかけて、生産も収入も2分の1になったのに比べて、イギリスでは工業生産が3分の2に落ちこんだ。物価は大幅に低下した。造船業や鉄鋼業では失業者は約50％になっている。300万人に上る失業者が出たということは、社会保障を充実させるという政策をとっていたイギリスにとっては失業手当が膨大となり、財政赤字に見舞われるということになる。労働党のマクドナルド内閣は、実質的に破綻することになり、連立政権へと移行した。

1930年代初頭は、公共部門の投資が増え、31年がピークになっている。第二次労働党政府の政策によるものである。道路、橋梁、鉄道、公共サービスなどが増えている。同時に、民間部門では、住宅建築、鉄鋼、自動車が投資を多くしている。

イギリスにとっては、輸出が減退することになる。海外市場が収縮し、アメリカをはじめ需要が極端に落ち込んでいった。イギリスの商品輸出量の減退は30年の初頭から始まり、31年初めに急落した。32年の後半に底に達した。綿製品、鉄鋼、羊毛製品の落ち込みが大きい。

世界金融恐慌

大恐慌はヨーロッパの金融に打撃を与えて、金融恐慌を誘発した。暴落の後、アメリカに金が流入する。金が流入すると金本位制の下では金融資本は通貨に置き換わることができるのでインフレーションになる。FRBはそうならないように財務証券を発行して、政府が金を吸収する政策をとる。これは金不胎化政策と呼ばれる。

金本位制を取っていたドイツやオーストリアや東欧諸国は十分な金準備を持たず、また第一次世界大戦とその後のインフレにより金融システムが極めて脆弱な状態であった。そのため、金流出により金準備が底をついてしまい、金融危機が発生した。

保護貿易政策と経済のブロック化

大恐慌の進行は、各国に保護貿易政策を取らせることになる。イギリスが、1932年2月に保護貿易政策に移行する。7月から8月のオタワ会議で、イギリス各自治領、南ローデシア、インドとのあいだで帝国特恵関税制度をつくる。

世界恐慌という経済の減少を避けるために、世界は経済ブロックへと進む。植民地を持っているイギリスやフランスと経済規模の大きさを持つアメリカは、金本位制から離脱し、高関税を設けた。自国の産業を保護しようとするものである。貿易は低迷し、経済は世界市場から撤退し、国内市場に限定されたものとなってゆく。ソビエト連邦や日本、ドイツといった国の場合、産業統制により資源配分を国家が管理することで恐慌から脱した。これによって、全体主義政党や軍部が台頭した。第一次世界大戦後、世界恐慌まで続いていた軍縮と国際平和協調の路線は一気に崩れ、国家対立が前面に出てくる。

【3】大恐慌がもたらした金融独占資本主義体制

世界戦争と大恐慌

20世紀の前半は、人類社会の危機の時代であった。二つの世界戦争と経済システムを根底から破壊する大恐慌があった。資本主義はこれらによって壊滅的な状況に至っていた。共産主義とファシズムが台頭し、資本主義は否定的なものとなっていった。

資本主義はその中で矛盾を解決するような制度の発展を模索した。一つは金融制度の問題であり、恐慌をひきおこす投機が問題であった。もう一つは、恐慌によってもたらされる失業の問題であった。

恐慌回避の経済構造

1929年以降、大きな恐慌はほとんど起こっていない。1937〜38年の恐慌は、それほど大きいものではない。特に、第二次世界大戦後は恐慌に至っていない。それにはいくつかの原因がある。一つは、IMF体制ができてインフレーションが恒常化し、矛盾がインフレとなって形を変え、景気循環の中で爆発することはなくなった。第二には、労働が変化した。技術者、事務職、会計・簿記、営業マン、公務員など、幅広い職種ができ、労働は景気循環を超えて企業に必要なものとなった。労働者は階層化され、企業が上層の労働者を正社員として抱え込むようになる。給与は富裕化の中で大企業の体制の中に高賃金を実現し、社会の富裕化がもたらされる。上層の階層から下層の時間労働、日雇いなどの低所得層まで階層化する。第三に、国家が経済に関与し、国家的な需要を創出するようになった。第四に、国家は冷戦体制やベトナム戦争で軍需特需を恒常的に抱えることとなり、景気循環に異変をもたらせた。

1. 国家の経済への介入——公共事業と財政政策

大恐慌の悲惨は、資本主義が人類にとっていい制度かどうかという根本にかかわることであった。ニューディール政策で、失業を何とかして、人々に仕事を与えるという政策がとられた。公共投資による景気刺激、有効需要の創出であり、それによる失業問題の解消が最重要課題となったと言える。それは、やがてケインズの理論と結びついて国家政策、財政政策となってゆき、戦後に続く国家の経済政策となってゆく。このケインズの理論に基づく政策は均衡財政を破ることになるので、財政政策の柔軟性が必要である。そして赤字財政を行うには、通貨発行の問題が絡んでくる。したがって、管理通貨制や国際的な決済制度の検討も課題となる。

ニューディール政策の歴史的意味

大恐慌は、ニューディール政策によって徐々に回復の道に入っていった。そのニューディールは、アメリカにとってまさに新しい政策であった。共和党のフーヴァー大統領のイデオロギーは自由主義であった。ルーズベルトは「中道より少し左寄り」と自ら表現している。この時代から左寄りということがアメリカでは社会政策的福祉重視型ということにつながっていくようになる。アメリカの歴代大統領の中で、ワシントン、リンカーンと並ぶ評価を得るルーズベルト大統領は、この大恐慌の未曾有の危機に対処できた大統領であった。

人民の自助Self Helpの国、自由の国は、国家の役割を大きくする第一歩を踏み出すことになる。国や政府に頼ることなく、自分で道を切り開き自己救済するということが、アメリカの精神を作ってきた。アメリカイズムはベンジャミン・フランクリン以来、自己救済の原理を伝統的精神としてきた。しかし、大恐慌という事態に直面し、アメリカは政府の公共事業などの政策に依拠するようになってゆく。それが、その後のアメリカと世界の構造に大きな一歩であり、20世紀末の金融制度の大変革に至るまでの世界の体制の出発点であったと言えるものとなってゆく。

本節における、我々の問いは、次のようなものである。

1. ニューディールを経てどのような通貨制度、中央銀行制度、金融システムが出来上がるのか
2. 公共事業を中心に財政はどのような役割と比重を持つようになってゆくのか
3. 社会政策、社会保障は資本主義体制の中にどのように組み込まれてゆくのか
4. 産業と社会の構造はどのようになってゆくのか

国家が経済に関与するということで、ニューディールは新しい時代の現象であった。社会主義的な要素を含む一方で、国家独占資本主義の始まりとも言える。国家が関与するということでは、資本主義経済に依拠しながら、社会主義的側面を持つものとなる。国家の役割が強くなるということなので、福祉政策という側面を持ちながら、統制の仕方では民主主義を超えて、全体主義的な民族主義にもな

りかねない。市場にゆだねることが恐慌をもたらすということが、恐慌の教訓であった。何らかの規制が必要であると考えられた。

ニューディール政策

民主党のフランクリン・ルーズベルトは、ニューディール政策を掲げて当選した。ルーズベルトは就任後、100日間のうちに重要な政策を打ち出してゆく。まずは銀行対策である。就任直後の銀行の休日宣言に続き、6月までに銀行の信用を取り戻すための政府保証を実現した。そして連邦緊急救済委員会（FERA、Federal Emergency Relief Administration）を設立する。

産業の回復のために全国産業復興委員会（NRA）、公共事業のための公共事業委員会（PWA）を設置する。テネシー川流域開発公社を設立、農業調整法や全国産業復興調整法を制定した。資源保全、テネシー川の開発（TVA）、住宅開発、鉄道政策などが図られた。そのための財政出動が行われた。農業救済のために、農業調整委員会（農業調整法AAA、Agricultural Adjustment Actによる）と農業信用委員会（FCA）を設置する。フーヴァー政権の1930会計年度の歳出予算は対GDP比3・4％程度だったが、1934年ルーズベルト政権は10・7％まで引き上げた。

1929年から32年の税収入は経済状態の悪化によって約半分となり、歳出は5割増加となっている。大幅な赤字財政になっている。赤字額は、32年で27億ドル、歳入総額の40％以上にも上る。インフレーションの体制ができ、物価の下落は起こらなくなった。それによって独占企業は、いつも独占利潤を確保できるようになった。

2．金融制度改革

フィスカルポリシーと金融

ニューディールと関連した金融制度の変化は、1．管理通貨制、2．銀行などの金融機関の整備、3．財政政策に対応した金融システムの三つだと言える。これらの改革は、独占資本が成立してきているときの経済システムの構築である。

国家財政の経済に対する役割は急激に変化する。公共事業への国家資本の投資によって財政の必要性が大きくなった。それは、政府系金融機関の活用を通じて実施された。復興金融公庫をはじめ、PWAなどの役割であった。財政規模は、10％余りから一挙に、30％台になる。GNP比率においても、3・4％からほぼ10％弱へと変化する。10％という額は、今の日本にたとえると約50兆円規模の財政である。現代の資本主義各国の姿がここに登場している。現代の日本では、財政規模はGDPの20％に近づこうとしているわけである。

新しい金融制度の確立と銀行改革

アメリカの金融制度は、大恐慌を経て確立されたと言える。ルーズベルト大統領は就任後、まずしなければならないことは、銀行の取り付け騒ぎと銀行倒産に対処することであった。1933年3月にはアメリカの決済機構全体が壊滅しかけていた。銀行恐慌に対する対策は、ニューディール政策の第一の緊急課題であった。そこで、全国の銀行に休日宣言が出された。大統領は、金融資本と外国為替の引き渡しを要求する権限と追加的な通貨発行権が与えられた。6月には銀行預金に対する政府保険制度が作られた。

1933年の銀行法は大恐慌の反省から生まれている。通称、グラス・スティーガル法と言われる。大恐慌の銀行倒産が市民生活に及ぼした影響をかんがみ、庶民のおカネを預かっている銀行が証券投資や投機的な活動にかかわらなくするためのものである。商業銀行の活動と投資銀行の活動に垣根を設けたものである。大恐慌は、金融恐慌という側面が大きい。9、000行にも上る銀行の倒産には銀行が投資家に投資資金を融資していたことで、その投資家が株式の暴落で返済不能になり、銀行が資金繰りに行き詰った。この投資家の過熱が大恐慌の最大の要因であった。このような投機は一般市民を巻き込んで、投資と関係ない人々にマネーが回らなくなった。そして、銀行は取り付け騒ぎを起こすことになった。銀行の役割を株式投資にかかわる証券的な部分と一般産業と市民の金融機関としての役割に峻別することが、当然必要と判断されることとなり、グラス・スティーガル法が作られた。

1935年の銀行法は、連邦準備制度理事会の強化を図ったものである。連邦準備制度は、12の連邦準備銀行からできている。それを統括するのが、ワシントンの連邦準備制度理事会Board of Governors of the Federal Reserve Systemである。金融政策の柱をなす公開市場操作は、連邦公開市場委員会Federal Open Market Committee（FOMC）が行うが、それも大恐慌下の1933年に創設された。

消費者ローンとそのための金融機関の発生

20世紀初頭から消費者金融が始まった。自動車産業を中心に新しいマーケティングの方法として消費者ローンが定着してゆく。販売金融会社や個人金融会社が誕生し、20年代には著しく発展する。商業銀行はこれらの新しい金融機関に対して、資金提供者となる。30年代後半には、商業銀行自ら自動車手形などの割引業務や個人貸し出しに進出してゆく。

商業銀行の役割

大企業の金融が自己金融化で銀行依存が低下する中で、商業銀行は中小企業金融への貸し出しを始め、消費者ローンを行う金融機関に対し資金の卸売業者としての機能を持つようになる。さらに、政府の財政への重点移行に伴って財政支出が増大する。その原資としての公債発行が行われるようになる。公債発行高が激増する。それに伴って商業銀行に新しい役割が付与されてくる。公債を商業銀行が保有することになる。

商業銀行は1900年から20年代にかけて、資産総額で5割ほどを占めていたが、30年代以降は3割余りになっている。現在では、アメリカ人の銀行への預金、貯蓄は極めて少ない。株式や証券の購入が多くを占めるようになっている。

政府系金融機関

アメリカの金融機関は、①連邦準備制度、②商業銀行や貯蓄金融機関などの民間金融機関、③政府系金融機関に分けることができる。政府系金融機関としては、1916年に連邦土地銀行、23年に連邦中期信用銀行制度ができている。これらは農業金融の機関である。1918年に戦時金融会社ができている。これは戦争遂行に必要な産業の金融的支援を目的としている。しかし、政府系金融機関が本格化するのは大恐慌の結果である。1932年に復興金融会社が設立された。銀行や鉄道の救済を目的として作られたものである。住宅関連も大恐慌の原因の一端を担っており、投機の温床となり恐慌を拡大した。住宅抵当金融は、以後、さまざまな政府系の機関が設立されている。

3. 失業と社会保障政策

産業資本主義の労働と独占資本主義時代の労働

循環型産業恐慌では、労賃上昇は恐慌の一つの大きな原因であった。好況期末期に労賃が急騰するのは、生産拡張が新しい労働力需要を生むためである。いったん投下された資本は後戻りできない。機械を増やし原料を増やしたところで、労働者も増やさなければならない。この労働力の特徴は、単純肉体労働ということである。すぐに補填できるのである。と同時にすぐに解雇もできるというものであった。労賃は、不況では生活費ギリギリまで低下し、あるいはそれ以下までも低下する。好況期には労賃は高騰を続け、好況期末期には労働力不足を生み出して、極端な高騰をもたらす。利子率の高騰と並んで労賃の高騰が、利潤を上回ることとなる。

資本主義がこのような根本矛盾を内包していることが、資本主義社会が絶対的なものではなく、革命によって否定される根拠でもあり、社会主義的要素をとりいれて修正することの論拠ともなった。社会主義革命というのが恐慌と結びついて考えられてきたのも資本主義の矛盾に対する自覚という点から発している。失業対策は、また、社会政策、社会保障の根本となってきた。失業は、資本主義の最大の病理である。社会政策・社会保障はもともと「人間」ではなく、「労働者」を社会の主役であるとする点から出発している。失業や雇用がなくなったときの老後、最低賃金、労災、など、すべて労働者を前提としている。福祉が発展すると、次に「生活者」とか「人間」といった人たちの支援という課題が出てくる。社会主義も労働者のための社会ということが出発点で労働搾取の否定が社会主義的正義の「原点」であった。いわば、これらの論理は「労働の時代」のもので、それが20世紀に入ると少しずつ変化してゆく。それは、〈人間＝労働者〉という枠組みの終焉へとつながってゆく。

恐慌と失業

恐慌の最大の影響は失業の発生である。約25％の労働者が職を失った。１９３２年後半から１９３３年春にかけて恐慌のどん底をむかえていた。１９３３年の名目ＧＤＰは45％減少し、株価は80％以上下落し、工業生産は平均で30％以上、下落した。失業は、１９２９年の株価暴落の直後はそれほど多くはない。１９３０年の３月で３２５万人から４００万人程度である。31年３月には７５０万から８００万人になっていった。そして33年に１、５００万人ほどに膨れ上がっている。失業率は25％に達している。閉鎖された銀行は１万行に及び、１９３３年２月にはとうとう全銀行が業務を停止した。

人々は生活に困窮するだけでなく、自殺者が出たり、社会不安、そして社会動乱につながる。資本主義はもともと大量の浮浪者を抱え、都市にスラムを発生させることから始まっている。いわゆる産業予備軍を形成させる。ケインズの思想は失業への挑戦を出発点として、完全雇用を実現させるという目標の下に作られた、経済政策であった。社会動乱は、社会主義革命につながる可能性のあった時代である。社会主義は未来の社会像という側面を持っていた。労働者の福祉、労働者のための国家、社会ということが、思想の流れの中で存続していた時代である。

フーヴァーの賃金政策

大企業は賃金を固定したが、フーヴァー大統領は１９２９年11月に会議を開き常勤の雇用労働者の賃金を下げないという協約を交わした。協約は31年末まで続く。賃金自体は落ちなかったが、失業を多く出す結果となった。

富裕化と労働組合

当時の多くの経済学者は大量失業に対して、賃金が高すぎることをあげている。当時、独占資本主義の成立に伴って富裕化が進行していた。労働者は階層化され、高賃金の労働者が生まれていたのである。それに対して、大恐慌期の高失業率を緩和するために賃金の引き下げが唱えられ実際に行われている。賃金が下がることでより多くの労働者が職を得ることができると考えたものである。現代のリーマンショック時にワークシェアリングで対応した方法と共通する考え方である。ただ、当時はピグーやロバートソンなどの経済学者によっても、一般的な経済論として議論されていた。

アメリカでは1886年にアメリカ労働組合連合会（AFL）が結成される。世界的には、マルクス主義の労働運動が主導権を握るようになっている。ドイツで1890年に社会主義者鎮圧法が撤廃されると、社会主義勢力が勢力を増してゆく。生産技術の高度化とともに労働者の間で、労働貴族化が進む。大企業の労務管理政策に適合した労働組合の在り方が発生してくる。

矛盾の内部化

独占資本主義段階では資本主義の矛盾が恐慌という形で爆発するとは限らない。むしろ、金融独占資本は、矛盾を内部に抱え込み、矛盾を爆発させない構造を作り上げていったと言える。階層社会を生み出し、たえざる矛盾を内在させて、国家がそれに関与することで福祉政策などによって緩和したりすることで対処してきた。独占資本は研究と商品開発にたえざる努力をするようになる。したがって、たえざる投資を行い、長期的視野に立った成長を計画することができる。いわば、景気循環を超えた方針を作ることができる。特に、金融を会社内部に持つことで利子の高騰を避けることができる。

また、労賃の高騰に関しても、労働の商品価値に対する比率の減価によって労賃高騰に対処できるようになっている。商品生産の中で労賃部分が少なくなり機械で大量生産できるようになっているということが、装置産業の大きな強みである。且つ労賃をある程度の水準に維持することで上層労働者層を生み出して体制を維持することができるようになっている。階層社会を作ることで労働力の商品化の矛盾がそのまま表面化しない。労賃は資本主義的生産の最大のポイントであることはそのままであるけれど、労働の在り方が多様化し、商品の価値構成においても独占価格と機械による大量生産によって労賃の問題が景気循環に直接影響されなくなってきている。独占は、同時に収奪機構を発展させる。安価に材料や農産品を仕入れることができる支配力を確立させてゆく。

戦争および戦争に至る危機という非常事態に際したときは、関心が社会内部の問題よりも、戦争の方にそらされたりすることもある。矛盾は社会構造化する。階層社会というのは、大企業と中小企業そして個人営業といった社会の階層化であり、その階層化に対応した労働の階層化である。

労働者の階層化

生産力構造の変化の中で、多くの装置産業が生まれた。それらの産業では、機械化と合理化によって人間の労働の必要量は激減した。手工業の割合は減り、単純労働の量も減った。かつて商品生産で労賃の占めるコストの割合は、大きかった。装置産業では、労賃の占める割合が極めて小さい。そして、様々な複雑化した労働が要求されるようになってくる。技術の発達はテクノクラートを生産体制の主役に押し上げてくる。労働の質、種類の違いが、労働者を階層化させることとなる。もはや、資本家、地主、労働者という階級社会ではないのである。不熟練、半熟練、熟練などの労働の差ができはじめ、肉体労働の半熟練の割合が増えていった。

アメリカの状況は、商業では、１８７０年で卸売りと小売りの70％が個人の自営業者であり、サラリーマンの比率は３％でしかなかった。１９４０年には、自営業者が27％、サラリーマンが41％になっている（C・ライト・ミルズ『ホワイトカラー』東京創元社、１９５７年、57頁参照）。ローンや分割払いの普及で、金融部門の発展が著しい。この部門の事務労働は新しい中間層を生み出すことになる。新しいホワイトカラー層の形成は、大企業と政府における雇用でも生み出されてゆく。会計、統計、帳簿、一般事務といった労働の量が大きくなる。管理職の階層も増え、売場の監督や管理専門の階層が生み出されてゆく。事務職は、１８７０年で１％から２％であったものが、１９４０年には11％になっている。

大恐慌による失業

１９３０年代を通じて失業は継続する。大恐慌後の不況のどん底では、１、５００万人の失業者が出、失業率は25％であった。農業を除けば36％である。37年になってもその数は７７０万人に上り、14％の失業率である。37年に小さな恐慌が起こり、再度、失業率が上昇している。38年の失業者数は１、０３９万人で、19％の失業率になっている。30年代は常に大量の失業を抱えた時代であった。

大恐慌の社会的災難の最大のものは失業であった。ニューディールの最大の課題も、失業対策ということになる。ニューディールは、銀行対策、農業対策、失業対策を政策の柱としている。これらの三つを産業復興や労使関係調整に優先させている。失業対策は、緊急の支援に始まり、恒久的な失業対策事業へと展開した。すなわち、最初は連邦緊急救済委員会（Federal Emergency Relief Administration, ＦＥＲＡ）の活動が最初であり、事業促進委員会（Work Progress Administration, ＷＰＡ）の活動に発展させられた。ルーズベルトは失業対策として、第一に連邦直轄の対策事業を提案する。それは資源保全市民団（Civilian Conservation Corps, ＣＣＣ）の結成に至る。ＣＣＣは失業中の青年をキャンプに収容して、植林、公園造成、林道開発、資源保全事業に従事させるものである。第二に、州の救済事業への連邦補助金の交付を行う。これは上の連邦緊急救済委員会（Federal Emergency Relief Administration, ＦＥＲＡ）の活動である。そして、第三に緊急公共事業を始める。事業促進委員会（Work Progress Administration, ＷＰＡ）の活動となる。アメリカでは伝統的に社会慈善団体が失業者の援助を行う。民間慈善団体に公的援助が行われる。つぎに地方公共団体の救済給付や公共事業の推進がある。しかし、地方政府は十分な財政資金を持たない。固定資産税が財源の中心であるので、そもそも失業対策に回すことのできる財源は極めて小さい。そこに固定資産価値の下落で、固定資産税自体が激減し、財政収入が減っている。そのような状況で、失業対策にも限界があった。

革命と暴動

革命の危機があった。失業者の不満は極限に達していた。それは社会への批判となる。労働組合にも農業者団体にもその危機は感じられていた。しかし、アメリカではそれを理論化し、組織化する人々は現れなかった。むしろ、景気の回復によって、そして社会事業によって失業の状況から脱出することが考えられていた。起こったことは、商店が襲われるという社会暴動であった。

大恐慌の下で、不況が深刻化するにつれて、失業者や農民の不満は鬱積していった。暴動や革命の予感が広がった。商店がおそわれ、騒乱が発生するようになる。１９３２年3月にミシガン州、ディアボーンのフォードの工場でデモが起こった。デモ隊と警官隊・消防隊の衝突が起こり3人が死亡、50人が負傷した。5月にはポートランドで退役軍人のデモがあった。各地で様々な暴動が起こった。軍隊が出動する事態も起こっている（林敏彦『大恐慌のアメリカ』岩波新書、１９８８年、１０２～１０９頁）。

【4】管理通貨制度

大恐慌の通貨制度への影響

管理通貨制が恐慌の帰結であったという側面には、異論もあると思われる。イギリスが1931年に金兌換を停止したことは、管理通貨制への移行であり、この金兌換停止が大恐慌の波及によってもたらされたものであるということでは、管理通貨制は大恐慌の結果であったと言える。しかし、大恐慌から人類が教訓を学び作った制度であるかというと疑問が残る。イギリスの金兌換停止で、先進各国は同じように金兌換停止に移ってゆく。

金兌換停止が国際的な決済制度として国際的な通貨制度に至ることがなかったところに、1930年代という時代の国際状況があった。国際関係は、通貨を拠点としたブロック経済になってゆき、貿易が経済ブロック内でのものとなり、それを超えた貿易は消滅してゆく。決済ができなくなるという事態で、帝国主義的対立を先鋭化し、やがて第二次世界大戦へとつながってゆくことになるのである。

金本位制からの離脱

イギリスは大恐慌による世界市場における需要の低下によって輸出量を減退させていた。そこに、フランスが銀行恐慌への対処としてロンドンの短期資本を引き揚げた。これにより金の海外流出は決定的となり、イギリスは金本位制を維持できなくなった。1931年9月、金本位制を放棄する。金本位制のもとでは経済危機はその国の金の流出につながる。イギリスからの金の流出は数千万ポンドに上った。第一次大戦以前は、イギリスの通貨は世界の基軸通貨の役割を担ってきた。1920年代はアメリカのドルとイギリスのスターリングポンドが基軸通貨の役割を持っていた。それはいずれも金との兌換ということが前提であった。ドルとスターリングの金為替本位制の時代といえる。

アメリカも1933年4月に金本位制を停止する。イギリスのポンドは世界通貨としての地位を持っていたので、イギリスが金本位制の放棄を行ったのをきっかけに金本位制を放棄する国が続出した。当時、金価格は1トロイオンス＝20・67ドル、4・25スターリングポンドであった。戦後はニクソンショックまで1オンス＝35ドルの固定相場であった（1トロイオンスは31・103グラム。通常のオンスは28・349グラムである）。

では、貿易の決済はどのようにできるのだろうか。貿易は、何らかの決済方法が必要である。決済通貨がないと貿易決済ができないので、元来の世界貨幣である金に頼ることになる。各国はまず、金に対して平価の切り下げを行う。30％から60％の切り下げである。金の価値が通貨に対して上昇していることの反映である。金のみが通貨であり続けるのであるが、これでは安定した貿易はできない。そこで、各国は為替安定基金を創設して何とか決済の機構を創出させようとする。34年1月にアメリカは為替安定基金Exchange Stabilization Fund、36年10月にフランスも為替安定基金Fonds de Stabilisation des Changesを創設する。世界規模での通貨体制への序曲と言える。

他面、各国の方向性は貿易から離れることであった。経済ブロックを作ってその中で貿易して経済生活の自立化を図ろうとする。経済ブロックの基礎には、通貨がある。ポンドとドルと金の三つのブロックができる。しかし、ドイツと日本はどれにも入れない。

ブレトンウッズ体制へ

第二次世界大戦の終了後、世界経済を復活させるということが重要課題であった。それはブロック経済化した戦前の国際経済の状況を打破し、決済機構を構築することであった。ケインズとホワイトが、それぞれイギリスの立場、アメリカの立場で国際通貨体制を再構築しようとするものであった。第一次世界大戦まではポンドが世界貨幣であった。両大戦間はポンドとアメリカドルが併用された時代である。世界通貨の可能性はポンドを世界通貨とするか、アメリカドルを世界通貨とするかという点につきる。

第一次大戦前のポンドの世界通貨の体制は、イギリスの金保有に基づいていた。金は世界貨幣であるということを打ち破らない限り、イギリスのポンドが世界通貨になることは不可能である。ポンドが世界通貨である時は、イギリスは世界貿易での一つの主導権を持つことができる。ケインズ案はそのような背景で、「バンコール」という世界通貨を創設することを提案した。バンコールは、多国間決済制度を通し、会計帳簿上の単位として国際貿易において使用される、とするものである。この制度を敷くにあたり、ＩＣＵ（The International Clearing Union; 国際清算同盟）という機関が想定された。それは大戦前にブロック化した経済体制に自由貿易での決済を行う機能を回復させようとする目的のための国際決済通貨である。しかし、通貨の本質からするとき、そのような国際決済関係は帳簿上とはいえ、混乱をもたらすに過ぎないものとなるのではないだろうか。通貨の本質を見誤った案であったと言える。通貨はまず、商品である金という価値物によって担保される必要がある。また管理通貨制度は国家という強力な権力体があって初めて可能なものである。国家信用なくして管理通貨制は成立しない段階であったと言える。

【5】金融自由化と金融恐慌

1. 自由化と金融恐慌

金融独占資本主義の生産力の発展

独占資本主義時代は、それなりの繁栄と安定を迎えていた。「繁栄は完全なる黄金時代とはいえなかったが、すべての所得層で収入が上がり、社会的階級も向上した。米国人の所得と富の格差は縮小して、巨大な中間層が出現した。米国人のほとんどは新築の家を建て、そこには食器洗い機、冷蔵庫、テレビ、ステレオ、そして駐車場にはフォード、シボレー、プリマスなどの大衆車が整っており、彼らは自分たちが選択した民主主義を疑う理由はなかった。」（ロバート・B・ライシュ『暴走する資本主義』東洋経済新報社、2008年、7頁）金融独占資本主義は、先進諸国に中産層を生み出していった。それが、富裕化という現象をも生み出していた。独占によって生み出された巨大な生産力は豊かさにつながったという見方ができる側面があったと言えそうである。

現代は、再び経済恐慌が多発するようになっている。かつての産業恐慌は、10年周期の規則性を持っていたが、現代の恐慌は不規則的である。現代の恐慌は生産過程に根差したものではなく、金融をめぐる恐慌である。生産過程は、独占資本主義の形成とともに、景気を超えた構造を持つに至っている。大きく分けると、1873年以降の大不況期の中で形成されていった新しい生産様式は、巨大な装置を抱える鉄鋼業、自動車工業、石炭産業、電気産業、化学工業、造船などが、主要産業として育ってゆく。そのような産業は、景気変動からの独立性が強い。独自の金融との結びつきで、金融資本グループを形成して、さらにグループでの対応がされるようになってゆく。

ジャンク債

1980年代にジャンク債と呼ばれる債権が出回った。低格付けの社債や株式は、危険性がある分、利子や配当が高い。ハイイールド債と言われる。そのような格付けの低い債券を、危機を回避しながら投資対象にする手法を、マイケル・ロバート・ミルケン（Michael Robert Milken, 1946年7月4日〜）が編み出した。社債は、買い手がデフォルトにより損失を被る可能性が高い場合、その債権は最低ランクの評価になる。これに対し、ミルケンが新しい取扱い方法を考えた。短期の投資でうまく切り抜けることとジャンク債の組み合わせを利用して危機を軽減するということが基本である。ミルケンは、格付外の社債をひとつずつ売るのではなく、パッケージにして組み合わせた場合、全てがデフォルトする可能性は低くなり、更に複数の債権を組む際に、市場価格、リスク率、利回りなどを勘案してポートフォリオを作成すれば、最終的に計算の上でメリットがデメリットよりも高くなると考えた。企業とすれば、このように危ない債権を資産とするのはためらうが、個人投資家や機関投資家、海外投資家などは短期間で利益の出る安い金融商品であれば購入する。利子が高いので、ハイイールド債と呼び換えられるようになる。ミリケンは、ジャンクボンドの帝王（Junk Bond King）と呼ばれるようになる。

ドレクセル・バーナム・ランバートという投資会社がこのジャンク債を取り扱うことで急成長する。1989年、ジャンク債のブームは終わるが、それ以後現在に至るまで、「ハイイールド」という名前で投資信託の一つの領域になっている。さらに、ミルケンはドレクセル・バーナム・ランバート社（Drexel Burnham Lambert）に勤めていたが、当社が集めた資金を、個人投資家たちの企業買収の資金とする。資産を持っている企業の株式の価格が下がっている場合、会社を買った方が資産を買うのに便利である。例えば、石油会社がもつ埋蔵石油量と株式の価値を比較した場合などがそれである。会社を買った後に支配権を得て資産を売って投資分と利益を得るというやり方と、または高値で株式を買い取らせて利益を得るというやり方がある。買収には莫大な資金が必要であり、その調達コストである金利も大きくなるが、ジャンクボンドにより安く市場から調達した資金が彼らの弾丸となって、1980年代のM&Aブームを拡大させた。もちろん、ミルケンたちも、資金を用意するだけで莫大なメリットを得る結果となる。

ミルケンは、ジャンクボンドの開拓で得た名声を武器に、ウォール街への影響力を増大させていく。全盛期の年収は、会社からの給料、ボーナスだけで5億ドルを越えるようになり、一族にもこれを手伝わせ、莫大な富を築くことになる。一方、ドレクセルも、ゴールドマン・サックス、モルガン・スタンレーなどの一流の投資銀行をおさえて、ウォール街ナンバーワンの投資銀行に躍り出た。しかし、この原動力はミルケンとその一派（一族）だけであり、次第に会社を支配するようになる。

しかし、ミルケンは、1989年、インサイダー取引や顧客の脱税幇助など95の罪で起訴され、その名声は地に落ちた。いずれもグレーゾーンといったところであったが、この背景には、次のニューヨーク市長の座を狙う野心的な検察官ルドルフ・ジュリアーニのパフォーマンスの意味もあったといわれている。こうしてジャンクボンド市場は崩壊した。ミルケンを解雇したドレクセルも、顧客を失い、倒産した。ミルケンは、禁固10年の判決を受け、証券業界からも追放が決議された。また、肉体は癌に冒され、完全に破滅したかに思われた。ところが、司法取引によって10年の刑期を2年にまで短縮し、出所後はかつての顧客を奪還し、公然とM&Aのアドバイザーなどを務めるようになる。そして、野菜中心の食生活への転換と懸命の治療により、癌をも克服。地獄から這い上がってきた。そして、2007年の資産は21億ドルとされ、フォーブスの億万長者ランキングで458位にランクされている。

1980年代のLBOは現在の証券化商品の出発点となる。投資銀行は、債権を証券化して投資家に売る。その資金をM&Aに使用する。LBOは、買収対象としている企業の資産とキャッシュフローを担保として、資金を調達するという買収方法である。カネ余りの時代の資金調達の方法である。というのも資金が豊富な時代は、投資家が高いリターンをもとめて資金を提供するからである。ジャンク債とLBOは組み合わせて用いられる。ジャンク債は1990年には破綻するがLBOは現在までM&Aに利用され続けている。借金をして資金を集めて企業を買うという手法が広がっているのである。

メキシコ危機

銀行のグローバル化は「市民社会のグローバル化」にとって非常に大きなファクターである。1970年代後半から1980年代初頭にかけてアメリカの各銀行はエマージングマーケットに進出してゆく。シティバンクが先頭を切る。シティバンクは、主権国家は破綻しない、という考えのもと、メキシコ、ブラジル、アルゼンチン、チリ、エクアドル、ベネズエラなどに巨額の融資をする。融資額は、147億ドル（当時のレートで、約3兆5、000億円）に上った。しかし、1982年メキシコで金融危機が起こり、デフォルトが発生する。国家財政の破綻である。これによってシティバンクは経営危機に追い込まれる。

1982年の発展途上国の累積債務支払いが瓦解した。メキシコは債務返還不能になりデフォルトを起こす。1982年の利上げが原因である。アメリカという政府の金融政策が、メキシコをはじめとしたいくつかの国の経済を破壊する出来事であった。その影響を受けてアメリカの金融機関、シティバンクが破綻の危機を迎えるほどの打撃を受ける。債務がドル建てである限り、通貨変動のリスクはないが、これら途上国の通貨がドルに対して安くなっていく中では、さらにこの危機を増幅させていくという状況が付け加わる。その意味では、通貨問題と関連した経済危機であった。

1982年、メキシコは債務不履行のモラトリアム宣言を行った。原因は、①原油価格の引き上げ、②アメリカの金融政策の転換でドルの金利が上がってしまって債務返済コストが大きくなりすぎたこと、などである。1979年、FRB議長のボルカーが、インフレーションを抑えるために、金融引き締め政策を実施した。ねらいは、アメリカ国内のインフレーションを抑制するということであったが、海外へ大きな影響を与えることになる。引き締め政策は金利を押し上げる。メキシコは金利負担に耐えられなくなったのである。さらに、③世界的な需要不足でメキシコは輸出不振に見舞われたことも一因となった。

金融危機は、金融が国際的な連関を持つことで、発生するようになっていった。特にアメリカの影響は、多くの国にとって大きな影響をもたらす。メキシコは、資本の自由化政策により外資が流入していた。その結果、ペソが過大評価され経常収支は赤字基調が継続していた。メキシコは赤字基調を是正するため通貨切り下げと変動為替制への移行を実施したが、これを契機としてペソが暴落した。メキシコと密接な関係にあるアメリカのドルも売られた。世界経済はアメリカの金融と不可分に動くようになっていた。メキシコ危機はその一つの例である。累積債務問題は予想を超えて国家を揺さぶるものとなった。多くの国がアメリカから借り入れを行っていた。金利が上がると返済額が上昇する。ブラジル、アルゼンチン、ベネズエラも、返済不能に陥る。フィリピン、ルーマニア、ユーゴスラビア、ナイジェリアも、同じように危機に直面する。

債権の証券化

メキシコのデフォルトに対処するために、アメリカ政府は債権の証券化という手法を編み出す。メキシコ政府の債務返済危機によってアメリカの銀行は経営危機に直面する。財務長官のニコラス・ブレイディは「ブレイディ証券」という新しい証券を発行し、組み換えを行う。その証券を世界銀行や、日本、ヨーロッパに転売する。証券化によるリスク回避の方法である（本山義彦『金融権力』岩波新書、２００８年、１４６頁参照）。

S&L危機

日本のバブルは、株投機と土地投機で起こった経済現象であったが、それより少し早い時期にアメリカで土地をめぐって金融制度の破綻を迎えている。アメリカの預貯金の取扱い金融機関は、商業銀行（Commercial Bank）と貯蓄金融機関（Thrift Institution）がある。後者は、貯蓄貸付組合（Savings and Loan Association）と相互貯蓄銀行（Mutual Savings Bank）がある。１９８２年、商業銀行も貯蓄貸付組合（S&L）も、倒産を急増させた。１９８８年にはさらに激しさを増すことになる。貯蓄貸付組合の預金者による取り付け騒ぎがアメリカ全土で発生している。倒産の波は、商業銀行に及ぶ。貯蓄貸付組合と相互貯蓄銀行は、極めて庶民的な金融機関である。18世紀のイギリスで発生したもので、労働者の住宅取得のための組合からきている。毎月拠出した資金をプールしておき、抽選などで選ばれたメンバーに住宅資金の貸し付けを行った。貯蓄金融機関は１９８８年時点で、１５、０００億ドルほどの預金を持っており、商業銀行の２５、０００億ドルと比べるとその規模がわかる。

貯蓄貸付組合Ｓ＆Ｌは、１９８２年から倒産を急増させてゆく。１９８８年には激しさを増し、取り付け騒ぎを発生させる。その原因は、主に、金利変動による逆ザヤであった。そして金融自由化に伴う資金の流れの変化がもう一つの大きな原因である。１９８０年代のＳ＆Ｌの経営悪化で、アメリカの住宅ローンビジネスは、転換点を迎えることになる。

１９７９年８月、ＦＲＢ議長にポール・ボルカー氏が就任し、金融政策を変更したことが、ここにも決定的な影響をもたらすことになった。通貨の総量をコントロールし、インフレーションを抑えることを最優先にした。これが、副作用をもたらし、マネーサプライが拡大されるか縮小されるかを予想することで、市場金利が乱高下した。３か月物の財務省証券の金利が１９８０年初頭に19％だったものが、年半ばには９％台に低下した。同じ期間で10年物の財務省証券が13％から10％になった。短期金利の変動が激しく、超短金利の逆転が発生する。

１９８３年10月、アメリカでは預金金利が完全自由化された。自由化により、10％を超える金利をつけて預金を集める銀行が出現した。例えば、ケミカルバンキングは、６か月物の定期預金の金利を年10・５％とした。チェースマンハッタン・バンクでは11・０％にした。貯蓄貸付組合（Ｓ＆Ｌ）は、苦境に陥る。Ｓ＆Ｌは市場から短期資金を調達する。その金利が高騰した。貸し付けている長期資金は低水準のまま変わらない。大幅な逆ザヤが発生し、倒産の危機に陥る。住宅ローンは、企業の資金需要と違ったものである。金利と住宅価格、人口増減、所得動向などによって変動する。特に金利は大きな要因となる。しかも、住宅ローンは小口のローンを束ねたものであるので、金利動向によってそれぞれの債務者は同じような動きをする。低金利になったとき、債務者は低利で借り入れをして全額返済をしてしまう。すると、金融機関には過剰の資金がだぶつくことになる。住宅金融機関は他の利率があまり高くない商品を買うしかなくなる。借り入れた金利のほうが、この時買える金融商品より利率が高いという逆ザヤ状態になってしまう。

証券化

それの解決方法として、住宅ローンの証券化が発明された。政府は債権を買い取り、住宅資金供給に踏み切った。住宅ローンを政府関連機関が買い取る方法が出来上がる。買い取られたモーゲージは、証券化によって投資家に販売される。このモーゲージ証券化商品が、モーゲージ担保証券（MBS、Mortgage Backed Securities）である。証券化は、金融機関が長期債券を流動化させる役割を持つことで、資金を流動化させる。30年にも及ぶ長期のローンでありかつ、土地や家屋という高額のものに組まれたローンが証券化されると短期で現金化できるし、小分けして少額の債券にすることもできる。金融機関に貸し付けた資金がすぐに還流するというメリットを持っている（証券化の構造については、本書1章（2）のデリバティブの項目を参照）。

2．通貨投機の金融恐慌

プラザ合意

戦後最大の通貨変動は、プラザ合意によるレートの変動であろう。経済発展の不均衡は為替レートの圧力になる。アメリカは経常収支の赤字がドルの切り下げ圧力となっていた。1980年代前半、レーガン政権下のアメリカでは、インフレ抑制政策として、厳しい金融引き締め政策を実施していた。金利は10％以上に達し、世界中のマネーがアメリカへ流れ込んだ。そのためドル高が続き、輸出減少と輸入拡大をもたらした。また、高金利により民間投資は抑制された。このドル高で、莫大な貿易赤字と財政赤字という結果になった。貿易赤字は高すぎるドルによっているものであるという視点からドル安を目指す合意が求められる。巨額の貿易黒字を出していた日本の円が標的となる。

1985年9月22日に、ニューヨーク市のプラザホテルに先進国5か国（アメリカ、イギリス、フランス、西ドイツ、日本）の各国の財務大臣・中央銀行総裁、その他事務次官が集まって為替レート、ドル高に対する検討をした。ファウンダメンタルズを改善、強化するための、通貨政策が話し合われた。主な内容は、ドル高是正とアメリカの貿易収支の赤字の削減である。ドル高是正に動くことで協調体制ができる。各国のドル安政策でドルのレートは急激に低下することになる。1970年代末期のようなドル危機の再発を恐れた先進国は、協調的なドル安を図ることで合意したのが、プラザ合意である。とりわけ、アメリカの対日貿易赤字が顕著であったため、実質的に円高ドル安に誘導する内容であった。日本の円とアメリカドルのレートが要となる。ドルに対して他国通貨のレートを上げるよう、各国が外国為替市場への協調介入を行うというものである。その結果、日本円は、85年9月時点で$1＝¥242であったものが、急激に円高になり、88年1月4日には、$1＝¥121・65になる。それによって、日本のGDPはドルで計算して比較すればほぼ倍になる。400万円したアメリカの自動車が200万円で買えるということになる。豊かになったわけではないのに、ドルで計測する資産が倍になったことになる。これは単なる計算の問題ではなく、経済社会の現実として生じたことである。

円高により、米国資産の買い漁りや海外旅行のブームが起き、賃金の安い国に工場を移転する企業も増えた。とりわけ東南アジアに直接投資することが急増したため、「奇跡」ともいわれる東南アジアの経済発展をうながすことになった。

プラザ合意による急激な円高で、日本経済は円高不況を迎える。輸出という需要は日本の産業にとって景気を支えたものであったが、それに陰りがさす。生産拠点を移すということは、海外での原料の現地調達、労働力の確保、市場という要素が海外移転を促すことになる。日本のグローバル化が進むことになる。他面、日本経済の強さは円の強さの裏づけとして存在したと言える。そして長期の好景気と金融膨張を迎えることになる。86年の春からバブル現象と言えるような状況になってゆく。株価と地価が急激な上昇を迎える。

プラザ合意のもたらしたもの

何故、先進国の5か国は為替に介入する必要を感じたのか。日本の輸出競争力が大きかったことが第一の原因である。それまでの、アメリカが世界の経済を支える生産力を持っていたものが、アメリカに代わって日本の生産力が優位になったことが背景にあった。この時、世界の生産力構造が一国のものではなく、世界のものになり始めていた。

１９８０年代にはジャパン・アズ・ナンバーワンという言葉が象徴するような世界の状況ができていた。アメリカの絶対的経済的覇権の時代は、ＩＭＦ体制の崩壊から10年で根本から揺らぎ始めていた。

２０１５年9月22日、プラザ合意から30年になる。その間に円は、１ドル75円の最高値を付けた。

2015年9月現在で、$1＝122円程度である。80円90円からすれば、円安に振れている。それが、輸出に依存する産業に活性化をもたらした。

為替レートの変動の生産活動への影響

通貨の変動は、国の経済を破壊する。プラザ合意後の円高で、多くの中小企業が倒産した。240円台であったドルが、150円前後になると、輸出競争力がなくなる。多くの企業が海外移転を始める。原料供給と労働力、市場がそこにはある。為替変動を被ることなく、生産活動を継続することができる。多くの企業にとって、為替レートの急激な大変動は最大の危機である。経済の根本が生産というところにあるということでいうと、経済の破壊でしかない。

メーカーの従業員、技術者、経営者は、為替変動に疑問と不平を持つ。現場の技術者が、必死の思いで、コストの削減に努力しているのに、為替が変化すると、あっという間に努力が吹っ飛んでしまう。2％のコスト削減をし、レートが5％円高に動くとする。卸価格が1、000円でドルと円のレートが、1ドル100円としよう。最初、10ドル、メーカーの努力で9・8ドルになる。努力で980円の卸値にしたからである。20円の価格競争力がついた。レートが1ドル95円になったとすると、980円のものを輸出したとき、10・29ドルになってしまう。卸値が0・29ドル高くなってしまう。短期間で大きく変動する為替レートは理不尽なのである。

外国為替取引は、1日に2兆ドルを超えるようになっている。貿易額の100倍の為替取引である。異常な経済システムと言わざるを得ない。これを時代の傾向とか捉えていては、めくらと同じである。不適正な経済システムになっているという判断が必要で、修正しないと矛盾と不幸は大きくなるばかりである。

ブラックマンデー

プラザ合意以後は、世界の主要国は基本的に金融緩和の政策をとる。プラザ合意以後のベーカー財務長官は円高ドル安政策をとる。アメリカも金融緩和、金利引き下げを行うが、貿易赤字と財政赤字は好転しない。その結果として、マネーが過剰になってゆく。過剰マネーはバブルの環境を生み出す。1987年夏には、株価の上昇はバブルの様相を呈していた。そこで新しい金融イノベーションが登場する。「ポートフォリオ・インシュランス」という手法である。ポートフォリオの値下がりリスクを避けるために、ファンドマネージャーは株価先物を売ることで損失を一定範囲内にする。相場が下落しても、売った先物によって損失がカバーされるからである。カリフォルニア大学バークレー校のヘイン・リーランドとマーク・ルービンシュタインが、自動的に取引してくれるソフトウエアを開発した。ファンドマネージャーがポートフォリオの下限を設定すると、自動的にコンピューターがその先をやってくれるというシステムである。二人の教授はこれで財産を築いた。しかし、相場が大きく下落すると大量の先物売りが発生し、株式市場にパニックを引き起こすことになった。売りが売りを呼ぶ悪循環に陥る。こうして、ブラックマンデーがもたらされた。

1987年10月19日、月曜日、ニューヨークの株価が暴落した。ダウ工業株30種平均は1、738ドルまで下げた。この日は、508ドル、率で22・6%の下げである。株価下落の直接の原因は、金利先高観があったこと、インフレ懸念など、アメリカの景気に対する不安があった。「暗黒の月曜日」は、1985年9月22日のG5プラザ合意以降激しい円高・ドル安を演出してきたアメリカ財務長官ジェームズ・ベーカーの一連の戦術に対する「市場の反乱」(コンフィデンシャル・クライシス)という側面をもっている(宮崎義一『ドルと円』岩波新書、1988年、22頁)。しかし、その裏で、新しいデリバティブを扱う自動取引のコンピューターシステムによって引き起こされたものだったのである。

ブラックマンデーは、アメリカでの株バブルの崩壊であるが、技術上の性格もあるので、下げ幅の大きい割には、数年継続するような恐慌とはならなかった。株価指数先物価格と現物株価の裁定売りによる現物売りがあった。プログラム取引の始まりとともにコンピューターを使った大量取引で裁定取引の売りが売りを呼んだということがある。金融自由化で、金融取引は大幅に緩和され、先物取引や裁定取引が大量に行われるようになったという金融環境が生み出した暴落であった。現物市場における多様なリスクを回避する手段として、スワップ、オプション、先物というように広い範囲でさまざまなパターンのものが開発されてきた。ブラックマンデーを契機として、市場の不確実性がグローバルに拡大する時代に直面して、デリバティブの危険性が認識されるより、デリバティブへの要請が本格的に求められることになった。デリバティブの広がりとともに危険性の認識が必要なのであるが欲望が先行する。

アメリカの投資銀行がヨーロッパの金融革新を推し進めていった。ローン債権の転売、ローンの証券化、債権の一括引き受け方式、リボルビング・クレジットなど、アメリカで開発された手法がヨーロッパに広がってゆく。80年代後半は、デリバティブの浸透という流れを生み出した時代であると言える。

現代の金融恐慌

１９８７年のブラックマンデー、１９９１年の日本のバブル崩壊、１９９７年アジア通貨危機、１９９８年のロシア危機、２００１年のＩＴバブル崩壊、２００７年のサブプライム危機、２００８年のリーマンショック。現代のこれらの恐慌は、共通の経済構造の上に起こっている。金融の行き詰まりは金融である程度解決できる。ブラックマンデーは、大幅な株の下落であったが、実体経済にそれほどこたえなかった。リーマンショックの場合は、金融機関全体の危機であり、根が深いが、その根は産業構造に関連したものではなく、巨大に発達した金融システム全体の根であった。ただ、企業金融が直接金融に依存している分、CP発行が難しくなるなどの影響から資金繰りに問題を抱える企業が出てくる。しかし、あくまでリーマンショックは投資銀行、保険会社などの金融部門での恐慌が中心であった。いずれも、金融商品化と結びつき、バブルという側面、投機性、ギャンブル性がある。現代的経済病と言える性格が根底に横たわっている。そしてその病は金融制度に深く根ざしており、金融機関が危機に陥ってゆく。危機に陥ると金融機関は自粛する。それが金融クランチにつながり、景気全体の不況につながる、といったまわりまわった影響であったと言える。

危機に対応して大量の資金が政府から提供される。危機は何とか切り抜けられるが、結果的には過剰なマネーが溢れ、貨幣的富が必ずしも生産に投下される必要がなくなってしまっている。過剰資金として累積され、他の利益増殖を行うものとなっている、といった連鎖となる。

ポンド危機

1992年のポンド危機は、通貨に対するファンドの投資によって増幅された。ジョージ・ソロスのクォンタムファンドは、ポンド切り下げを見込んで大量のポンドの空売りを行った。イングランド銀行は、公定歩合を二度にわたって引き上げることで、ポンド防衛を試みたが、多くのファンドや金融機関がクォンタムファンドの動きに追随し、ポンドの下落は歯止めがかからなかった。ソロスが投資した金額は、約100億ドルで、1日で10億ドルを荒稼ぎした。

ルービンの政策

1995年1月、クリントン政権の財務長官にロバート・ルービンが就任する。「強いドルはアメリカの国益である」と宣言し、ドル安政策から一変してドル高政策に切り替える。世界中のマネーが高い金利を目あてにアメリカに流れ込む。ドル高によりドルの購買力は上昇する。その意味では、強いアメリカを印象付ける。しかし、一般に通貨安政策は絶えず貿易黒字という目的のために各国政府が行うものである。ルービンのとった政策は、高金利による外資の導入政策である。国内産業にとって、需要が減少することになる。輸入は増大し輸出は低迷する。アメリカの貿易赤字は、95年、1、723億ドル、2000年、4、520億ドル、2005年、7、870億ドルとなる。アメリカの金融資産を世界中が買いあさるようになる。投資銀行のゴールドマン・サックス出身のこの財務長官は金融のみで経済の状況を把握している。産業にとって需要がいかに重要かということは視野に入っていない。10年ほどで、100兆ドル（1京円）の金融資産が積みあがる。この資金は、株価と債券価格と地価と金利を押し上げることになる。アメリカのダウ平均株価は、1万4、000ドルを超えるまでに膨らむ。

アジア通貨危機とロシア危機

1980年代後半から日本では加熱した資産膨張がバブル経済を生み、1991年にそれが崩壊した。これは通貨的現象を核としながらも、土地や株価の資産の膨張という性格が主である。

90年代は通貨危機が連発する。94年12月のペソの切り下げに端を発したメキシコ危機が起こる。ロシア、チェコ、ウクライナも深刻な金融ショックが起こる。97年はタイ・バーツの切り下げに端を発して、インドネシア、マレーシア、フィリピン、韓国を巻き込んだ通貨危機に発展する。「1997年

6月から1998年末の間に、タイ・バーツは42％、タイ株式市場の株価も自国通貨建てで59％下落した。両者をあわせると、ドルベースでの損失は76％にものぼった。」（ジョージ・ソロス『グローバル資本主義の危機』日本経済新聞社、1999年、221頁）いずれも短期資本が景気上昇期待で流れ込んだことへの反動として起こっている。

韓国経済は、1997年の前半まで急成長を遂げていた。7月にタイ・バーツの暴落で、アジア通貨危機が始まる。韓国の企業は、借り入れを大きくする経営を行う体質があった。自己資本の3倍から6倍近い借り入れを財閥企業も行っていた。為替レートの落ち込みで、債務が突如2倍に膨らむことになり、経済破綻が起こってしまった。このとき財閥の力は、転換期を迎えることになった。独占資本主義から市場開放への動きの韓国版が起こることになる。

アメリカ国債の海外投資家の保有率は、1990年代半ばまで20％弱で推移していた。90年代半ばから50％近くまで跳ね上がる。1998年にロシアの国債のデフォルト（債務不履行）を契機に、ロシア危機が起こる。アメリカ最大の急成長を遂げたヘッジファンドLTCMが倒産の危機にあう。極端なレバレッジと高等数学を駆使した投資は、経済知識の欠落を露呈して、崩壊する。

97年98年の世界的な金融危機の教訓から、アメリカ財務省とIMFは、金融危機対策を練り上げてゆく。その結論は金融自由化を世界に広げることであった。その推進役が、財務長官のロバート・ルービン、副長官のラリー・サマーズ、FRB議長のアラン・グリーンスパンであった。

為替レートの変動と各国経済

ドル相場は変動為替制に移行して以降、長期的に下落基調にあった。1ドル360円であったレートは、1995年には79・75円となって、4・5倍になっている。もし、1、000万円をドルで預金していて、95年に円に戻せば、221万円ほどにしかならない。基本的には通貨のレートは、その国の内部での通貨の購買力によっている。第二には、購買力を背景とした貿易での収支関係で輸出が多いとその国の通貨は強くなる。それ以外に通貨は、金利を目的とした移動や投資目的で移動するのでそれがレートに反映する。ロバート・ルービンが、強いドルは国益であると言った時、貿易を考えることはなく、資金の流れがアメリカに向かうことで、アメリカ経済が好転するという金融主体の視野での発言であった。購買力、貿易収支、金利、投資（投機を含んで）という要素で通貨の意味は把握されなければならない。

【6】サブプライム危機

金融革命とバブル

金融革命によって金融市場は巨大化する。その巨大化は過剰なマネー供給が助長してきた。様々な金融商品は時代とともに発生し、そして消滅していった。高金利の時代、ＭＭＣが人気を博した。日本では長期信用への資金提供のために法的に長期信用銀行へ与えられた金融商品があった。ワリコー、ワリチョー、割引債、など、特別な法律に守られて広がり、独占資本への貸し付けという時代的任務を背負っていた。そして、変動相場制への移行に対応する形で、先物市場、オプション、スワップなどのデリバティブが開発され、金融の安定を金融機関自体が模索していった。そして、ＣＤＯやＣＤＳといった金融商品が巨大な発行量を持つようになる。そして、金融制度の発展・複雑化によって資産膨張をもたらし、決定的な巨大化につながることになった。サブプライムからリーマン恐慌に至るスーパーバブルは、金融商品、金融派生商品の巨額の発行と結びついている。

かつて独占資本は金融機関を核としながら、企業グループ全体としては生産力を主体とした大企業群が実質的な経済社会を担っていた。しかし、金融革命の進行とともに経済の中での、金融のウェイトが大きくなり、様々なバブル、金融恐慌が頻発した。１９８６年のＳ＆Ｌ危機、87年保険危機、97

年アジア通貨危機、98年ロシア危機、そして2000年ITバブルとその破綻と続く。ITバブルの後、FRBは金利を1％にまで下げる。それを、2004年まで続けるそれによって、住宅バブルが準備される結果となった。

住宅バブルは低所得者の福祉の一環として政府が助長したものである。国の方針として、低所得階層、マイノリティに持ち家を持つ夢をローンによって実現するというものである。この住宅バブル自体が、証券化という金融システムで無理な貸し付けであることが隠蔽されていた。サブプライムローン問題として巨大化し、そして破綻する。

1. サブプライム危機の発生

住宅ローン

2000年から2005年半ばにかけて、アメリカの住宅市場価格は50％以上、上昇した。本来、土地には価値はない。土地は生産することができないし、限られた存在であるので、商品化されたとき投機の対象となりやすい。おカネがだぶついたとき土地への投資が増大する。土地には、農地として、生産手段として、生活の場・住居としてといった使用価値があるので、価値があるとみなされる。価値の増大、投機の対象となるのは、その前提として、多くの人は「土地こそ資産価値だ」と考えているということがある。

土地の値上がりが継続すると土地の価格は上昇し続けるという心理が広がる。事実価格が上がっているあいだは、住宅の担保価値も大きくなってゆく。住宅価格の上昇によって、所得の額面が増えて、GDPも膨らんでゆく。金融機関は家の持ち主に住宅を担保にして容易におカネを貸してくれるようになるので、借金は資産であるかの如くに思われながら膨らんでゆく。借りたおカネで必要な生活品をどんどん購入することができるようになる。資産インフレへの傾向である。

サブプライム問題の発生

サブプライムローン（Subprime Loan：信用力の低い顧客向けのローン）というのは、本来、返済能力に疑問のある人への貸付である。優良な借り手がプライムで、サブプライムは優良でない二次的な借り手という意味である。何故？――借りたおカネで購入する家を担保にする。その担保価値が土地の値上がりで上昇するので、返金可能と見做すわけである。

マネーの過剰は、様々な商品を対象に投機を発生させるが、その中心になるのが現代では、株投機と土地投機である。土地は、２０００年代になると自分の一戸建て家が持てるというアメリカンドリームと結びついて、あらゆる階層の人々の投資の対象となった。住宅価格が急騰し、２００４年頃からサブプライムローンが急増する。住宅価格の上昇は、２００６年前半に頭打ちになる。２００７年夏、サブプライムローンの延滞率が上昇し、住宅ローン担保証券や住宅ローン担保証券を再証券化した金融商品の価格が急落する。サブプライムローンの延滞率は、２００５年の10・2％から２００７年夏には15％になっている。住宅バブルの崩壊でサブプライムローンのもっている危険な構造が経済恐慌を招いてゆく。ここで問題となってくるのは、①証券化商品のリスク、②格付けの信用度、③金融機関の経営リスクなどである。

住宅ローンの広がりの中でアメリカの貯蓄率は著しく低下している。１９９０年代前半では、７％とか8%であった貯蓄率が2000年ごろから2%となり、2005年度後半から2007年にかけては0・5%を切るようになっている。それと並行して住宅ローンの融資残高は急激に増えてゆく。住宅価格が上昇していると住宅ローン債権に対する査定はどんどん緩やかになってゆく。頭金なし、借り手の審査なしといったローン融資が広がってゆく。それと同時に決定的な事柄が起こる。それは、ローンの証券化で危険性が金融界全体に分散してゆくということである。ローン会社は返済の確実性よりも、手数料収入の方に重点を置くようになる。ローンは証券化によって転売できるので、リスクが回避できるのである。「あとは野となれ山となれ」という意識もどこかに入り込んでいるのである。金融機関、銀行の方から住宅ローン販売者への指示が、とにかくローンを増やせばいいというものになっていく。

サブプライムローンでは悪徳金融業者もはびこることになる。まず、ローンを組む手配をする業者が到底返済できないものに貸し付ける。一つの方法は、「ステップ返済」と言われるもので、当初の2年間は返済条件を軽くし融資するもので、3年目からは高額の返済金を仕組んでおく。低利の貸し付けが急に高利のものに切り替わる。年収200万円の人に、4、000万円のローンを30年間で返済するローンを組む。最初の2年を低金利にし、3年目から金利を11%ほどにするといったやり方である。とうてい返済できないので、家と土地を没収されて処分され、さらに負債を抱え込むというような事態を生み出す。

サブプライム危機

サブプライム危機は、2007年の夏に訪れる。2007年春、住宅ローンの膨張は終わりを迎える。ニュー・センチュリー・ファイナンシャル社が、倒産した。サブプライム問題が原因での倒産である。6月にアメリカの5大投資銀行の一つであるベア・スターンズが破綻する。7月に、格付け会社のムーディーズが、サブプライムローン関連の証券約400銘柄の格付けを一斉に引き下げる。

8月にバブルの崩壊が始まる。それで一挙にバブルははじけてもおかしくなかったがFRBが8月の危機を見て資金供給に出る。すると10月にかけて株式市場が息を吹きかえす。8月にドイツのIKB産業銀行が経営不安に陥る。9月にイギリスのノーザン・ロック銀行で取り付け騒ぎが起こる。傘下の投資ファンドの損失が原因である。10月に、ベア・スターンズ、モルガン・スタンレー、リーマン・ブラザーズの利益が減少を発表される。ドイツ銀行、スイスのUBSが大幅赤字を出す。これらの赤字は、サブプライムローン問題から引き起こされたものである。

住宅バブルの崩壊は、2008年1月に再度訪れる。バブルはFRBの資金投入で大きくなり恐慌の規模を増大させる。同時にFRBの金融機関の救済はあまりに多くの金融機関救済を行ったので、救済余力が底をついてしまった。

アメリカの家計は、住宅ローンの借り換えを使って住宅資本をどんどん現金化していった。現金化されて引き出された住宅資本は、2006年のピーク時でGDPの8%、1兆ドルにまでなっていた。

2．証券化

住宅ローンの証券化

サブプライムローンが広がる大きなシステムが作られていた。住宅ローンの証券化である。証券化によって危険性をほかに転売し、安全な資産に作り替えられる。住宅ローンは20年や30年といった長期のローンである。ローン会社は、例えば30年のローンを組んで全額を貸し付ける。ローン会社はその債権を証券化して販売すると、デフォルトのリスクを回避することができるだけでなく、ローンを他社に転嫁することができ、早期に資金を回収できる。その証券を投資銀行が買い取りさらに有利な証券に作り替えてゆく。証券化によってサブプライムローンは「安全資産」に作り替えられたのである。ローンの販売者の無謀さの背景に心配しなくて済むシステムができていた。住宅ローンが証券化され、それが金融の世界の大きな商品となることによって、一方での景気過熱、金融の拡大と他方における金融恐慌の発生・巨大化となった。

まず、政府系金融機関によって証券化された。GSE（Government-Sponsored Enterprises）は、もともとより多くのアメリカ人に住宅を供給するための金融会社である。証券化プロセスにおいて、ファニーメイ（連邦抵当金庫）、フレディマック（連邦住宅貸付抵当公社）などのGSEが、重要な役割を担っていた。ローンを担保として売られた証券は、ABS（資産担保証券）である。それを投資銀行が買い集めて格付けなどに応じて様々な金融商品を作る。多くのローンを集めてそれを細かく細分化したものが、住宅ローン担保証券（MBS）である。それを使って様々な金融商品と組み合わせて作ったものが、CDO（Collateralized Debt Obligation 債務担保保証証券）である。販売した住宅ローンをMBSやCDOに組み替えることによってローンは多様な金融機関や一般投資家に販売されリスクは分散され、「安全なもの」に作り替えられていった。

また、支払い優先順位をつけることで、格付けランクを高くするということが行われるようになる。格付けの低いサブプライムローンも、支払い保証を付けることで格付けをあげるようにして、売れるようにする。元金の支払い保証を行うのが「モノライン」と呼ばれる金融保証会社である。保険を付けることで、より安全な金融商品に作り替える。証券は3か月程度のものに作り替えられリスクを低くされる。金融機関はもともと危ないものを含んでいる金融商品でも、証券化して売ってしまうことで、自分が焦げ付きに見舞われることを回避できる。

住宅ローン残高は2007年末で、約10兆5、000億ドルである。市場は、10兆ドル市場となっている。そのうちサブプライムローンは約1兆5、000億ドルで、14%あまりである。サブプライムローンは、返済の可能性を住宅価格の値上がりにのみ期待する。値上がりとともに、住宅だけではなく、第二の持ち家、投資の対象としての家の所有も増えていった。

2004年から2008年に至る資産膨張は、金融資産の巨大化の頂点であった。それはそれまでの金融資産の増大がサブプライムローンを含む住宅ローンの証券化によってもたらされたということができる。住宅ローンの証券化は他の債券と混ぜ合わされて、CDOを生み出していった。それが倒産保険であるCDSがあらたに作られて40兆ドルを超える保証額となっていった。実際、倒産が起こったときの保険会社の負担は計り知れないものがある。また、これらの金融派生商品はいったん売れなくなってしまうと、紙きれ同然なほど価格が暴落する。

ブローカーの役割

サブプライムローンを売るのは、ブローカーと言われる人たちである。売ればそれだけ、歩合になるので、返済を気にせずどんどん売っていった。借り手の信用は、問題にしなかった。その理由は、第一に、収入がなくても住宅価格が値上がりすれば、それで支払い可能になるということがある。第二に、ローンはすぐに証券化されるので貸し手である銀行はリスクをすぐ他社に転嫁できるからである。

システム全体で、経済的な時限爆弾を製造していたようなものである。

証券化による住宅ローンの広がり

格付け会社も、合成金融商品の格付けから得られる収入が大きくなり、中心業務である債券の格付けから得られる収入と並ぶようになってゆく。これらの金融商品に高い格付けを与えるようになる。「担保の土地の価格が下がれば」という想定に対して、リスクをヘッジする。すなわち、リスクを分散して避ける。それが債権の証券化である。債権を証券化して転売したり、他の債券と抱き合わせることで優良な格付けを得て、証券の価値を上昇させる。債権の転売は、保険会社が他の保険会社に保険をかけなおしてリスクを分散するのに似ている。しかし、ここでは証券化が優良格付けを得て大量に発行できるのが次の問題である。レバレッジによる資産膨張である。原債権をもとにして借り入れた債権でより大きな債権を証券化する。そのうちに不良部分が隠蔽されて、優良な格付けを得て売れるようになる。

アメリカの商業銀行、日本の普通銀行、都市銀行には、ＢＩＳによる自己資本比率についての規制がある。１９８７年に、自己資本比率に関する国際統一基準が設定され、自己資本比率を８％以上にすることが義務づけられた。投資銀行には、この規制が適用されない。アメリカの投資銀行では、30から40倍のレバレッジを掛けるのが普通だと言われている。例えば、1万ドルの自己資本で30万ドルから40万ドルの運用をすることができる。４％のリターンが期待できるとすると、30万ドル×０・０４で１２、０００ドルのリターンを得ることができる。資本が１０、０００ドルなので、１２０％の利益率である。

サブプライムローンとCDO

多くの債権を証券化するという手法が、直接金融を大きくしていった。証券化のリスクの格付けが必須である。その証券はどれほどのリスクがあるかということがわからなければ証券は信用されない。その格付けによってその商品の価格が決まる。格付け会社と金融保証会社（証券の支払い保証を行うモノラインと呼ばれる保険会社である）が必要になる。

サブプライム関連の商品の販売戦略は次のような構造を持つようになる。

1．ブローカー：受託購入者を募り、ローンを組む。

2．住宅ローン会社：住宅購入資金を融資する→債権を証券化して投資銀行に売る。その証券がMBS（Mortgage Backed Securities、住宅ローン担保証券）である。

3．投資銀行：MBSを買い集めて、束にする。MBSを返済の優先順位ごとに輪切りにして区分する。

4．格付け会社：それぞれのMBSを格付けする。

5．モノライン：格付けされたMBSに元金の支払い保証を付ける。

6．投資銀行が、格付けと保証を経て、様々な証券を組み合わせて、CDOを作成し、販売する。

住宅ローン融資は、「ブローカー」が取りまとめる。住宅ローン債権は銀行に集められ、まとめて投資銀行に売られる。投資銀行は買い取った住宅ローンを証券にして、格付け会社の査定を受けて機関投資家に販売する。機関投資家の多くがヘッジファンドである。投資銀行はリスクの高い住宅ローン債権を何本も組み合わせて、CDOを作成する。CDOは何千ものローンの利払いと元本返済から生じるキャッシュフローを一括して、様々な組み合わせを作成する（図7）。

図7　サブプライムローン関連金融商品の販売チャート

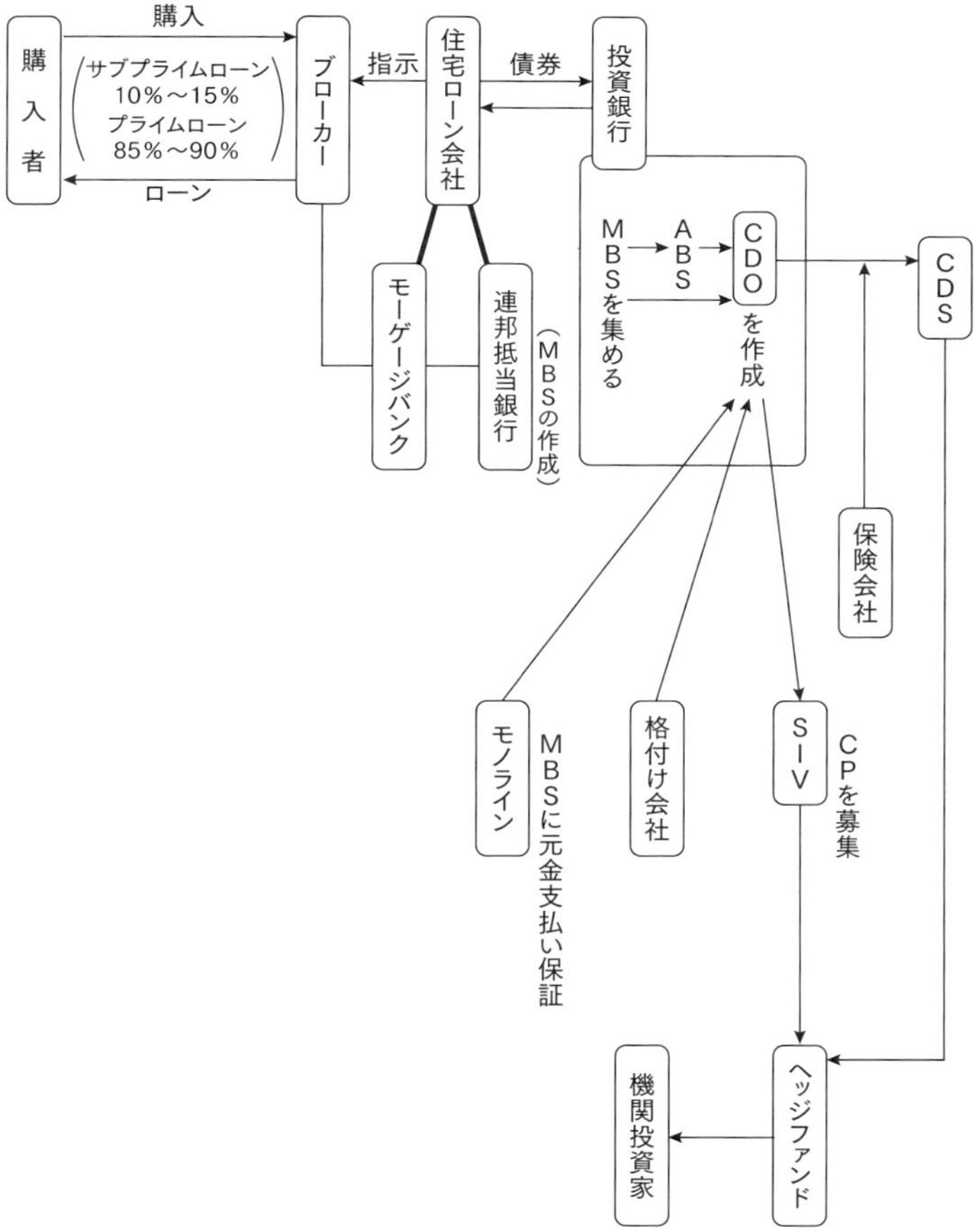

ＣＤＯが生まれると、低所得の人にも住宅ローンをどんどん販売して、ローンを増やすことがビジネスとなった。所得が低い人、仕事のない人、財産のない人も、ローンによって家を持てるようなる。もともとありえないことであるが、不動産会社はそれを実行したのである。慈善事業のためではない。証券化を通じてそのようなローンを他の人達に転売して、巨額の利益を手に入れるためである。新しい手法での金儲けのためである。それを素晴らしい金融の発明といった人たちがいる。その代表が、金融世界の総帥であるＦＲＢ議長のグリーンスパンであった。証券はそれ自体で信用膨張である。住宅ローンはだれでもレバレッジを利かすことができるものであり、政府・金融機関がこぞってそれを行った。すべてのヒスパニック系の人々、黒人の人々など社会的な弱者にも、自分の住宅を手に入れることを勧めた。

ＭＢＳとＣＤＯ

もう少し詳しく見よう。住宅ローン市場は、モーゲージバンクが第一市場を形成する。モーゲージバンクは全米に約１、５００社ある。そのモーゲージを連邦抵当銀行が買い取り、第二市場を形成させる。モーゲージバンクはモーゲージブローカー（サービサー）に不動産の鑑定、担保査定を依頼し、債権管理の役割も、このサービサーに委託する。

連邦抵当銀行は、モーゲージからモーゲージ担保証券を作ってそれを一般投資家に販売する。その証券が、ＭＢＳ（Mortgage Backed Securities）である。

ＣＤＯは、主に最初に組まれた住宅ローンであるＭＢＳが原資になっているが、もう一つの原資がある。「融資そのものを債権化したもの」である。直接金融は、株式の発行と社債の発行によって行うのであるが、現代ではその多くの部分が「債権の証券化」によって行われるようになっている。すでに見たように、１９８０年代にジャンク債と呼ばれる社債が多く販売された。それは債券を組み合わせるという方法の走りである。様々な債権をまぜあわせて、売れない危険な不良債権になりやすいものも組み込んでいったのである。

3. サブプライムローンをめぐる金融の構造

格付け

証券は市場価格があるわけではない。リスクの格付けによって理論上の価格が設定される。債務不履行のリスクは、ＣＤＯを売却することで、A社からB社に移行される。そして、C社、D社へと転売されることで、リスクは忘れられてしまう。しかし、サブプライムローンなどは、もともとデフォルトのリスクがあるものを、保証を付けてさらに複雑化し、さらに転売を繰り返すということで、リスクが意識されなくなったにすぎない。ババを意識しないババ抜きである。住宅価格が上昇しなくなると大量のデフォルトを発生させるようになり、すべての金融機関や投資家を巻き込んでゆくことになる。破綻の連鎖は巨大なものになっていった。

モノライン

ＭＢＳからＣＤＯを作り、信用を高くして売れる金融商品にするのに、二つの手法がとられた。一つは、その証券の元となる住宅ローンがデフォルトを起こしたとき、保険で支払いを保証するということである。リスクを低くするためにモノラインと呼ばれる金融保証会社が介在する。モノラインというのは支払保証のみを行う保険会社という意味である。生命保険や疾病保険など、幅広い業務を行う保険会社は、マルチラインと呼ばれる。第二の手法が、CDOを優良な債権と組み合わせて、支払いの順位をつけるというものである。それにより格付け会社により格付けが、上り80％のCDOがトリプルAの優良証券となる。

SIV

金融機関にとって、リスク回避は最優先事項である。リスクテイクは高い利子によって補完されることになる。銀行は不良債権を多く抱えたり、保有証券のデフォルトを含むようになると、信用不安になり取り付け騒ぎを起こしたり、銀行株価が暴落すると信用不安につながる。そこで、簿外で処理できる金融機関が必要で、金融商品をそちらに移すという手段がとられることになる。それが、SIVである。投資銀行はケイマン諸島などのタックス・ヘイブンでSIVを登記する。CDOはSIVを経てヘッジファンドをはじめとした金融機関に売却される。SIVは中長期の債券やCP（コマーシャル・ペーパー：短期の無担保の社債）を発行し資金調達する。その資金で親会社からCDOを買う。CDOが暴落するとSIVの裏付けとなっている資産も暴落し、だれもCPを買わなくなる。SIVの後ろ盾になっている銀行は信用問題になるので、SIVの発行するCPを自ら買う。こうして銀行の経営危機につながることになる。結局、責任逃れのために銀行が作ったSIVから銀行は責任逃れできなくなったのである。

CDO

サブプライムローンは返済能力のない人達への貸し出しであるので、リスクを伴う。したがってもともと利率が高い。サブプライムローンを原資として組成された金融商品は利子を高くすることができる。リスクが高いと不良債権化によって失われる原資を利子でカバーする商品ができるが、CDOという手法によって、高い利子の商品は組み替えられて、リスクは分散され、かつ利子は適度の線に収まるということになる。少し利子が高くてもリスクを回避できる商品として、新しい金融派生商品が生み出されるということになる。CDOは多くのローンを組み合わせたものである。一つの原資が不良債権化しても他の原資でカバーされるという構造を持つものとして作られた。

2007年7月の時点で、アメリカのCDOの発行残高は、9、000億ドルである。ハイグレードのABS CDOが、1、890億ドルで全体の21%である。メザニンと言われる中間的なリスクのABS・CDOが1、590億ドルで17%、である。CDOは、80%のサブプライムローンで組成されている。その70%にトリプルAの格付けを与える。その根拠は過去の低いデフォルト率であるが、実はデフォルト率を格付け会社は正確に把握しようとしていなかった。

CDOの買い手は、ヘッジファンドが50%である。ヘッジファンドは短期でリスクをすり抜けるという傾向がつよい。それに次ぐシェアが投資銀行である。ヘッジファンドはファンドをハイリターンな投資を行うことで成立している機関である。20%から25%のリターンを目指すように作られた機関であり、その背後に投資銀行、国家ファンド年金機構、保険会社などが資金を提供する構造になっている。

CDOは、なんでも原資にするようになっていった。「ソロモン・ブラザーズのトレーディング・フロアでは、クレジットカードの受取勘定、航空機の賃貸借契約、自動車ローン、アスレチック・クラブの会費など、ありとあらゆる種類の見慣れないものを元に、小さな債券市場が次々と生み出され

た。」（マイケル・ルイス『世紀の空売り』文芸春秋社、２０１０年）

住宅ローンを証券化することでローンが多くの金融機関に買われるようになった。投資銀行は、ファンドマネージャーを雇ってヘッジファンドを設立し、それによって多額のＣＤＯを購入する。リスクが金融機関の間に分散されてゆく。商業銀行は投資銀行に、投資銀行はヘッジファンドに、そしてＳＩＶという収支報告の義務のない金融機関を作ってアウトソーシングするという手法がとられることになる。

ＣＤＯが売れなくなる

２００４年からＦＲＢは金利を引き上げた。固定金利で借りた人は影響がないが、変動金利で借りた人は急上昇した政策金利が住宅ローンの金利に跳ね返り、毎月の返済ができなくなった。住宅を競売にかけて手放すことになる。変動金利で借りた人の返済遅れの率が、２００７年3月には17％になる。デフォルトが起こると、ＣＤＯが売れなくなる。２００７年の秋からサブプライムローン問題の深刻さが認識されるようになり、ＣＤＯが転売できなくなってゆく。ＣＤＯは、一般投資家に売られる商品ではなく、ヘッジファンドに売られる場合が多い。市場での売り買いでないので理論価格を独自に算定して売っていた。格付け会社からの格付けを計数として価格設定されていたのである。２００７年の秋には理論価格の90％を割り引いて10％の価格にしても売れない状況になった。極度の暴落であり、市場パニックである。

ＣＤＯは市場価格というものがない。一旦、その価格が正しいのかということに疑問がもたれるようになると、売れなくなる。ダンピングが始まり10分の1、20分の1の価格になっても売れなくなると、ＣＤＯは紙くず同然とみられるようになる。２００７年の後半から売れなくなり、投資銀行は、巨大な損失を出すようになる。２００７年７月に、ベア・スターンズの傘下のヘッジファンドが破綻する。ゴールドマン・サックスの傘下のヘッジファンドも、危機に直面する。この危機は世界へ広がってゆく。８月にはフランスのＢＮＰパリバの三つのヘッジファンドが、凍結される。ドイツのＩＫＢ産業銀行が、多額の損失を計上する。ザクセン州立銀行が資金調達で行き詰まる。イギリスのＨＳＢＣが貸倒引当金を増額する。

サブプライム危機

アメリカのサブプライム問題はもともとアメリカ国内の問題であった。それが世界的な問題となったところに、現代の金融システムの世界的な構造の問題がある。住宅ローンを証券化することに世界中の金融機関が関与した。

住宅ローンは、それを証券化し様々な住宅ローン債権を組み合わせたものが、住宅ローン担保証券（ＭＢＳ）である。それを加工して売りやすい証券にした証券化商品が、債務担保証券（ＣＤＯ）である。それらの証券に保険をかけて、その保険を証券化した物がクレジット・デフォルト・スワップ（Credit Default Swap、ＣＤＳ）である。ＣＤＳは信用リスクの移転を目的とするデリバティブ取引であり、一定の事由の発生時に生じるべき損失額の補填を受ける仕組みをとるものである。これらの金融商品を世界中に売りさばいていったところに、リーマンショックにつながり世界中を経済のパニックに陥れていった構造が出来上がる。

アメリカ金融帝国の危機

アメリカは経常収支の赤字を続けている。クリントン政権の終了後から、４、０００億ドル以上で推移し、２００６年には8、０００億ドルを超えている。その経常収支の赤字を資本流入でまかなってきた。アメリカの国債を日本と中国をはじめ世界の国が購入した。そして、それ以上に住宅ローンを中心とした金融商品をアメリカの投資銀行は海外の金融機関に販売していった。

サブプライム危機は、投資銀行危機ともいえる。５大投資銀行や保険会社などアメリカの金融帝国のかなめを作っていた金融機関が倒産の危機にさらされてゆくようになる。アメリカの金融への信用は崩壊し、アメリカ金融帝国崩壊の危機を迎えたわけである。それは同時に金融に依存していたアメリカの経済そのものの危機と言える。

デリバティブ取引などで、ディーラーたちは膨大な報酬を手に入れるといったことが起こってくる。彼らは、豪邸や別荘、自家用飛行機を手に入れ、華麗な生活を営んでいた。同時に、心の安定を失い、麻薬におぼれるといった事態も、ＢＢＣのドキュメンタリーなどで取材されたりしている。

住宅ローン以外の原資

投資の対象は、株式、投資信託、先物商品、そして諸外国の通貨、金、などである。１９２９年に始まる大恐慌の時には、投資信託（アメリカではミューチャルファンド）がすでにできていた。１９２０年代に投資信託が生まれている。１９２４年に設立されたマサチューセッツ・インベスターズ・ファンドが最初である。１９８０年代にミューチャルファンドは急速に成長し始めた。特に、４０１Ｋプランに組み込まれたことで一般に広がるようになった。ミューチャルファンドは、１９８２年に３４０社が存在した。98年には３、５１３社に増加し、それを購入し保有している株主口座は1億１、９８０万件に達している。

【7】リーマン恐慌

1. リーマンショックへの流れ

リーマンショックは恐慌になった

２００７年のサブプライムローン危機は、翌年のリーマンショックにそのままつながってゆく。２００８年の３月に、ベア・スターンズが破綻する。政府仲介で、ベア・スターンズはＪ・Ｐ・モルガンが吸収し、救済される。９月にリーマン・ブラザーズが倒産する。世界最大の保険会社のＡＩＧ（アメリカン・インターナショナル・グループ）に対し政府は８５０億ドルのつなぎ融資を行う。メリル・リンチが、バンクオブアメリカに吸収される。

アメリカのダウ工業平均株価指数は、10月24日に、８、３７８ドルになる。日経平均は、２００８年10月28日には、７、０００円台を割り込み、６、９９４・９０まで落ち込む。２００９年３月の段階でのアメリカの状況では、株価は約40％落ち込んだ、雇用は４１０万人減少した。落ち込みの激しかったシティバンクは、95％、バンクオブアメリカは85％の株価の下落があった。それぞれの銀行には政府支援が数回にわたって行われている。ＡＩＧは、１、８００億ドルの政府支援を受けながら、

1億6、500万ドルのボーナスを支給していたことで、世論の非難を受けた。

リーマン恐慌と実体経済

1929年以降の大恐慌は実体経済を徹底的に巻き込んだものであり、空前の規模のものであったのだが、リーマンショックの金融恐慌は、19世紀の循環型産業恐慌とは違って、生産過程に根差した循環性のものではない。また、1929年以降の大恐慌に代表されるような20世紀の恐慌とも異質なものである。大恐慌は、株の暴落で始まったが、実体経済に根差していた。銀行恐慌のみならず生産の矛盾を含んでいたし、農業恐慌も併発した。リーマン恐慌は、金融恐慌である。しかも過去の金融恐慌とは異質な恐慌であった。金融システムが高度化し巨大な資産膨張を生んだうえでの恐慌であった。深く爆弾を包み込んだ金融の状況から生まれた体制に根差したものである。その爆弾はスーパーバブルと呼ばれる金融資産膨張であり、それを可能にした新しい金融システムであった。新しい金融システムは金融革命によってもたらされたものである。

リーマンショックはその広がりからリーマン恐慌というにふさわしい。そして、基本性格が金融恐慌ではあるが、やがて実体経済に波及してゆく。金融革命の特徴は、間接金融から直接金融への移行であった。その中でCP（Commercial Paper）は、企業の金融に関して大きな役割を持っていた。CPは短期・無担保の約束手形である。通常、1年未満で1億円以上のものである。金融機関がCPを購入しなくなると、企業金融が行き詰まる。これが、リーマンショックの実体経済への波及の結節点である。2008年9月のCP市場の縮小は2、000億ドルになった。

投資銀行の活動とリーマン恐慌

投資銀行の役割は金融システムの変化とともに大きくなっていた。それはスーパーバブルと呼ばれる資産膨張を巨大化させることで発展し、アメリカ合衆国を金融帝国に仕立ててゆく要となっていた。リーマン恐慌は、住宅ローンと債権の証券化によって膨らまされた巨額の金融商品の暴落による破綻によってもたらされた。そして、その爆発によって5大投資銀行は消滅もしくは形態を変化させた。投資銀行の時代は終わったのだろうか。

投資銀行の業務は大きく分けて六つある。①自己勘定で行う株式や金融商品・デリバティブなどの売買取引（ディーリング）、②株式や債券などの売買仲介（ブローカレッジ）、③株式や債券などの売の引き受け業務（アンダーライティング）、④新規発行証券の投資家への販売（セリング）、⑤M&Aの仲介、⑥特定出資者からの資金を募っての資産運用業務、の六つである。現代金融の中心に位置する活動であるということができる。主要な投資銀行はサブプライムローンとからんで金融商品を抱え込み破綻し、巨大な損失を出したのである。

投資銀行の周辺には、商業銀行、機関投資家、ヘッジファンド、プライベート・エクイティ・ファンドなどが活動している。リーマン恐慌の最大の問題は、世界4位の投資銀行であるリーマン・ブラザーズが破綻しただけでなく、5大投資銀行のすべてが深刻な事態に陥っており、それが保険会社、商業銀行など、すべての金融機関に致命的な影響をもたらした、という点にある。金融機関全体が深くかかわって一体となった構造での金融恐慌であったのである。

スーパーバブル

ジョージ・ソロスは、リーマン恐慌に至る信用膨張をスーパーバブルと呼んでいる。2000年ごろからの信用膨張はレバレッジと金融商品、金融派生商品の開発によって極端に大きくなっている。そして、ソロスは「信用膨張の時代が終焉を迎えようとしている」というのだが、果たしてそうであろうか。確かにバブルはリーマンショックによってはじけた。しかし、はじけきらないで存続している。そして再び、住宅投機が起こっている。投資銀行は復活し、金融システムはそのまま存続していると言えるのではないだろうか。

リーマン恐慌はサブプライム危機から始まる

２００７年の7月にはサブプライム危機が訪れていた。リーマン恐慌がデリバティブによって膨らまされた金融バブルの崩壊なのであったが、その崩壊はＣＤＯが売れなくなったところから始まっている。

まず、２００７年2月に第一段階が始まる。住宅金融専門会社が破綻する。住宅ローン会社は長期融資を行うのに、住宅ローンを担保とした銀行借り入れに頼ってきた。借り入れはほとんど1年未満のものである。サブプライムローンを含む住宅担保は担保価値が認められなくなると、銀行からの借り入れができなくなって住宅ローン会社は倒産した。最大手のカントリーワイド・フィナンシャルは代表的なものである。

第二の段階は、ヘッジファンドの破綻である。２００７年7月末から8月にかけてである。ヘッジファンドはＣＤＯを大量に買い込んでいた。しかも高いベバレッジをかけてハイリターンを目指していた。

第三段階は、投資銀行、証券会社に訪れた危機である。２００７年9月から10月にかけてのことである。

サブプライム危機と金融恐慌

リーマンショックが最大の金融恐慌となるが、それは住宅ローンから生まれている。サブプライム問題に端を発する損失は、1兆ドルに上る。合わせて、サブプライム危機からリーマンショックにかけて、株価は激減した。銀行株の時価総額は、7、500億ドル減少した。住宅ローンの証券化が進み、それが金融のスーパーバブルを生み出した。そして、そのバブルは住宅価格の下落と金融商品の暴落により巨大損失を生み出していった。その損失額が、1兆ドルに上ったわけである。さらに60兆ドルにも上る金融商品を生み出しているという潜在的な危機を含んだ状況がある。その後も金融商品、金融派生商品は増え続けている。

ベア・スターンズ危機

住宅ローン関連の金融商品を、銀行は出資者のおカネで購入している。2008年3月にはサブプライム危機のあおりを受けて、アメリカ5位の投資銀行ベア・スターンズが資金繰り悪化に見舞われる。ベア・スターンズはCDOを大量に購入していた。1日で60億ドルもの資金流出があり、経営危機に陥った。あっという間に、たった2日でベア・スターンズは破綻しているのである。そして次の2日間で、J・P・モルガン・チェースが引き取ることになる。3月16日のことである。2008年5月30日付でJ・P・モルガン・チェースに救済買収された。投資銀行は、一般預金を行っていないので、政府の救済の対象とならないということが原則であり、アメリカ財務省は斡旋を行って、J・P・モルガン・チェース銀行に引き取らせたのである。

政府系住宅専業銀行GSEの破綻

アメリカの住宅ローンで大きな役割を担っているのが、GSE（Government Sponsored Enterprises）と呼ばれる政府住宅金融公社である。フレディマック（Freddie Mac; 連邦住宅金融抵当金庫）とファニーメイ（Fannie Mae; 連邦住宅抵当公社）の2社が大半のシェアを持っていた。この二社は、住宅ローン債権を買い取って、それをもとに証券を作成し、保証したりしている。政府系金融機関と言っても、ニューヨーク証券取引所に上場する株式会社である。GSEは、不動産担保証券を発行する。その信用度から絶えず最上級の格付けを得ることができている。両者を合わせた融資保証規模は5兆ドル余りになっている。住宅ローン全体の40%にあたる。ローンは負債を生み、それは資産膨張であるが、その証券化がもたらす金額は、そこから新たな資産を膨らませる。いったい5兆ドルという資産はどこにあるのか。金融システムで生み出されたものなのである。2007年のサブプライムローン危機とともに不動産担保証券は価値下落した。2008年9月には政府がこの不動産担保証券の買い取りを行っている。外国人投資家の保有するGSE債は、1兆5、000億ドルで、中国が3、760億ドル、日本が2、290億ドルであった。

7月30日、政府は、「2008年受託経済再生法」を作成し、住宅金融機関の対策に乗り出していた。しかし、サブプライムローン問題は深刻であり、政府系住宅金融機関のファニーメイとフレディマックが、9月7日に政府の管理下に入る。

この資産膨張を可能にしたものは、政府保証による信用が背後にあった。そして株式上場により、信用創造になる資産膨張を可能にし、さらに経営者トップへの高額なストックオプションにより経営トップは高額な所得を得ていた。フレディマックの経営トップは、1、000万ドル（約10億円）を超える年収を得ることもあった。

証券化ビジネスに絡むいくつかの金融機関

銀行と投資銀行とモノライン保険会社、格付け機関の4者が絡んで、証券を売る構造が作られた。銀行、モーゲージバンク、政府系金融機関GSEなどが資金を提供して、ローンを組む。そのローンをGSE、証券会社、投資銀行が集めて証券化を行う。RMBS、MBS、CDOなどが作られる。さらに完全に売れるようにするために、信用を勝ち取る方法が考えられる。トリプルAの証券にする必要がある。保険会社が保険を付けることで、信用を補填する。その保険が付けられたことで、格付け会社が、その証券にトリプルAの評価を与える。保険会社と格付け会社が一緒になって、このような癒着連携ができ、証券の流通を後押しする。証券会社が集めた住宅ローンは、証券会社の在庫となる。例えば、メリル・リンチはその在庫が劣化して苦境に追い込まれた。

2. リーマンショックを生んだ金融商品

新しい金融商品

金融膨張は、サブプライムローンの各段階で増大してゆく。金融膨張は住宅ローンを証券化することでもたらされていった。第一が、RMBS（住宅ローン担保証券）である。RMBSはGSE（政府系住宅金融機関）の発行した証券である。この政府系住宅貸付機関は、サブプライムの破綻からリーマン恐慌にかけて破綻した。第二段階がＭＢＳ、そして第三段階の金融商品である債務担保証券ＣＤＯで巨大化する。そして、さらにその信用リスクを保証するため、ＣＤＳが開発された。第四段階がＣＤＳだといえる。ＣＤＳ（Credit Default Swap）は、二つの銀行間の個別合意という形をとっていた。

ＣＤＳは安全を商売にした支払い保証証書である。返済してもらえない危険性に怯える債権者に対して、もし債務者が破産した場合に債務者に代わって支払うという証書を保険会社が発売したものである。その証書を債権者は第三者に転売して、次々と転売されてゆく。証書の最終的購入者が、保険会社からの支払いを受けることになる。ＡＩＧ（American International Group）は、他の保険と同じように、ＣＤＳを売りまくった。他の保険は連鎖して倒産や事故が起こることはない。ある一つの家が燃えたからと言って、たくさんの家が燃えるわけではない。交通事故も同じである。しかし、企業倒産は連鎖する。連鎖倒産は経済恐慌の特質である。ＡＩＧが販売したＣＤＳの額は4、０００億ドル余り（約40兆円）である。ＡＩＧは、その3％の支払いに行き詰まって倒産寸前となり、国有化された。ＦＲＢは、２００８年9月16日、株式の約80％を担保に８５０億ドルのつなぎ融資に応じている。ＡＩＧはＣＤＯのデリバティブ取引、ＭＢＳへの投資などを事業の大きな部分にしていった。保険というリスク業務を行っていたのに、自らのリスクを見なかったともいえる。

ＣＤＳ残高は、45兆ドルとも60兆ドル（6、０００兆円）とも言われる。アメリカの上場株式の時価総額は18・5兆ドルなのだから、それをはるかに凌駕している。異常な事態である。そして、その販売方法には、ジョージ・ソロスは、「詐欺まがいの商法が横行していった」という（ジョージ・ソロス『ソロスは警告する』講談社、２００８年、32頁）。

ＣＤＳと金融恐慌

金融商品の大量発行の中で、最も大きな破綻の可能性を作っているのが、ＣＤＳである。銀行は貸し出しに対して、自己資本をある程度持つ必要があるのは、経済危機に対して預金者を保護するためであった。金融自由化とともに、その規制をかいくぐるシステムが構築されていった。簿外会計にするために別会社で作って、ＳＩＶ（Structured Investment Viecle）と呼ばれる別会社を作る。そして、レバレッジを大きくすることで、実質自己資本が１％以下という事態も発生してくる。本体のファンドや銀行を守るために、ヘッジファンドを創設して動かしている。ヘッジファンドは極めて投機的な行動をとれるので、ハイリターンが期待されるからである。国家ファンドや投資銀行などは、いくつものヘッジファンドを創設したり、系列的に利用したりしている。

この構造の中で、ＣＤＳは極めて多額の手数料を稼ぎ出す商品として生まれた。著名な古典的投資家であるバフェットは「ＣＤＳは時限爆弾である」という警告を出した。ヘッジファンドの勇、ジョージ・ソロスもその危険性を指摘している。その一方で、中央銀行や政府は眠っていた。そしてそれが爆発してからその犯人である投資銀行・保険会社など金融機関を救済にかかったのである。

ＣＤＳは、錬金術的な作用を持っている。多額の手数料を生み出す。そして厖大な発行量が可能である。ＣＤＳの発行元は、ＡＩＧ、ゴールドマン・サックス、モルガン・スタンレーが最大である。ＣＤＳの発行残高がリーマンショック時で45兆ドルといわれる。といってもほとんどぴんとこない数字である。アメリカのＧＤＰの約5倍と言えば少しピンとくるかもしれないが、それでも大きすぎて実感できない。この金額は破綻の起こりやすさを示すだけでなく、破綻が壊滅的なものになることを意味している。

リーマンショックの後も、ＣＤＳは広く普及している。国債に関するＣＤＳも買われており、ＣＤＳ保証料は財政危機を反映している。国債の債務不履行を保証するという機能を持っている。リスクが大きくなると保証料は高くなる。ギリシアのＣＤＳ保証料は、２０１１年9月には60％を超えた。イタリアが5％、フランスも1・9％まで上昇した。ドイツで０・84％である。

ＣＤＳは、企業の破綻のみならず、国家の破綻に保険をかけて、それを商品化している。１００万ドルのギリシア国家破綻の保険に保険料として、年間1、１００ドルを支払う。すると破綻時に70％の保険が手に入る。しかしこれは、生命保険や火災保険とは異なっている。過去の統計がない。財政破綻の確率はかなりの可能性があるものかもしれない。だから、この保険の購入者はかなり儲かる確率が高い。しかも、破綻の新しい連鎖を生み出すのが経済社会の構造となっているといわなければならない。

3. 金融機関の破綻と政府による救済

2008年9月15日

２００８年9月15日の朝刊でリーマン・ブラザーズの破綻を見たとき、来るべきものが来たという強烈な印象をもった人は多かったのではないだろうか。世界を支配していたと言えるアメリカ金融帝国が崩壊してゆくという印象である。と同時に、これから世界はどうなるのだろうか、という関心がわいて来る。

アメリカ政府は、崩壊を必死に食い止めるべく、公的資金を必要なだけ惜しみなく投入していった。結果的には、連鎖崩壊を起こして当然のものが、リーマン・ブラザーズの倒産という事態だけに抑え込まれた。リーマン・ブラザーズの負債は、6、130億ドル（約65兆円）に上る。アメリカ史上最大の倒産である。10月の最初の2週間で、アメリカの銀行は5兆ドル以上の借り入れをFRBから行った。

様々な金融機関の破綻と救済

投資銀行2位のメリル・リンチもリーマン・ブラザーズに劣らず危機に直面していた。CEOに就任したスタンレー・オニールは、2003年に住宅部門の拡大を決め、CDO販売を意欲的に進めた。2006年の終わりまでに、440億ドルの不動産関連のCDOを発行している。頭金不要、審査不十分なローンをどんどん進めていった。返済不能のローンがどんどん生み出され、CDO市場が膨らむ中で、メリル・リンチも業務を拡大していった。2006年から、CDOが販売不能に陥ってゆく。

リーマン・ブラザーズが破綻したのと同じ日に、メリル・リンチはバンクオブアメリカに買収される。メリル・リンチのCEOがリーマン・ブラザーズの破綻による連鎖倒産を恐れて、急遽、買収を申し入れ、わずか2日で買収が成立した。

保険会社最大手のAIGが、2005年末から、サブプライムローン関連のものを含む証券の保証を停止していた。資産残高1兆ドルの世界最大の保険会社を政府は見放すことができない。保険会社の消滅は社会混乱を極端に進めることになる。FRBは、850億ドルのつなぎ融資を行う。

ワシントンミューチュアルは、9月25日には業務停止命令が出される。10月にはワコビアがウエルス・ファーゴに買収される。J・P・モルガン・チェースは、2兆ドルの総資産を抱え、ベア・スターンズとワシントンミューチュアルを買収救済した。アメリカの金融界を支える行動である。シティバンクが、11月末に救済される。政府は2、000億ドルの資本注入を行う。2008年の9月15日にリーマン・ブラザーズの破綻は一連の金融機関の破綻の一つであった。現実に、多くの金融機関は公的資金の投入で倒産を免れ、存続した。負の遺産が世界中にばらまかれることとなった。

リーマン恐慌への対応

1929年からの大恐慌は景気の過熱が株の暴落で露呈した。2008年のリーマン恐慌の場合は逆に、リーマン・ブラザーズの破綻のニュースから株式市場全体の株価の暴落につながった。金融機関の破綻が、株価暴落につながり、多くの金融機関の破綻をもたらし、それが経済社会全体へ波及していった。この二つの恐慌は、いずれも深い根がある。しかし、その根の内容は違っていた。リーマンショックでは、大恐慌の教訓から、FRBもアメリカ政府も世界の経済機構も、資本注入、預金保護の拡大、債務の保証など、金融システムの安定化のための措置を矢継ぎ早に実施した。2008年10月には、金融経済安定法（EESA）が成立し、7、000億ドルの公的資金が用意される。

財務長官と投資銀行

2007年の段階で、アメリカの企業利益の20・6％を金融業が占めていた。金融・保険・不動産・レンタル・リース業の合計である。農業漁業は1・0％である。元来、価値を創造することのない金融産業が圧倒的な利益を生み出していることになる。アメリカという国が金融帝国と言われるゆえんである。その国の経済政策は、金融が中心となり、歴代財務長官は、金融業界の中から就任するようになってきている。特に、投資銀行との結びつきが強くなってきている。ゴールドマン・サックスのCEOから転職した、ロバート・ルービンは、就任早々メキシコ危機に対処した。

リーマンショックの起こったときに財務長官であったヘンリー・ポールソン（Henry Merritt Hank

Paulson Jr.）も、元ゴールドマン・サックスのCEO（1999～2006）である。ブッシュ政権の財務長官を、2006年から2009年まで務めている。その間にブッシュ大統領と連名でリーマンショックの対応策として経済救済措置EESAをまとめている。7、000億ドルの金融証券、特にMBSを政府が買い上げるというものである。アメリカの産業が、金融化するにつれて国家の経済的運営は、投資銀行の知識で行う必要が出てきたわけである。

誰が国の経済政策を担うべきか？　投資銀行の人間が国の政策を担うということは、国が投資銀行化することが避けられない。2008年9月7日に財務長官に就任したヘンリー・ポールソンやレーガン政権の経済政策を担当したロバート・ルービンは投資銀行の手法と観念に基づいた経済政策を実施した。アメリカ政府は、投資銀行出身者による経済政策で国の運営をしてきている。

アメリカ中央銀行FRBと投資銀行

中央銀行の役割は、第一に貨幣を発行し経済を通貨面から安定発展させることにある。そして、景気変動に対して、安定させるための金利調整を行うことにある。マネタリズムの台頭とともに、国の経済政策の中心に金融政策がすえられるようになり、中央銀行が国の経済政策に大きな役割を持つようになった。

しかし、それは場合によっては、金融恐慌の原因を生み出す政策になるという結果になることがあった。金融緩和による自由化政策は過剰な通貨供給をもたらし、金融膨張の原因を作ることになる。グリーンスパンはリーマンショック以後、この恐慌を生み出した犯人として非難の対象となっている。

金融緩和策で、住宅価格は上昇し続け、住宅ローンは、低利での返済計画が策定されていた。それが一転して、金融引き締めを迎えると、すべての住宅関連の金融が変調をきたす。2005年の金融引き締めは、利子率を高騰させ、その結果、低利での返済を予定していた人々の返済が滞ることとなった。同時に、資金の流動性が少なくなったことで、地価が低下し始めた。地価の低下は、サブプライムローンを直撃する。貸付金融機関に、逆ザヤを発生させる。

中央銀行は、リーマンショックに関してはほとんど無力であったといえる。むしろマネーの供給を通じて原因の増幅を行ったともいえる。もちろん中央銀行は、金融の安定を目指し、金融の破綻を防ぐという役割を第一にしているのだから、危機に陥った金融機関に緊急融資を行い、危機を緩和することを画策した。一応の応急措置はできたのである。

財務省とFRBのデリバティブ対応

1998年、議会と政府の間で金融制度の規制と自由化をめぐる闘争があった。商品先物取引委員会（CFTC）の委員長を務めていたブルックスリー・ボーンは、デリバティブの膨張に不安に駆られていた。CFTCは金融契約の監督庁である。デリバティブは、金融契約という形をとる商品であるのだから、それを監督する役目にあった。ボーンはデリバティブを規制する書類を作成してはどうかという、提案を行った。それに対して、FRB議長のグリーンスパン、財務長官ロバート・ルービン、財務副長官ラリー・サマーズが反対に回った。ボーンが発表した「コンセプト・ペーパー」に対して議会は全く反対の内容のデリバティブ規制停止法案を可決した。1999年には、大統領作業部会が、店頭デリバティブは連邦規制の対象外とすることを勧告した。この作業部会に、サマーズ、グリーンスパン、証券取引委員会（SEC）委員長のアーサー・レビットが入っている。結局、金融商品、デリバティブの規制は行われることがなく、2000年代に突入してゆく（サイモン・ジョンソン、ジェームズ・クワック『国家対巨大銀行』ダイヤモンド社、2011年、9〜15頁参照）。

デリバティブは十分な規制のないまま膨らんでいった。2008年には、デリバティブは市場価格で20兆ドル（約2、000兆円）にもなっていた。

4. 波及

ヨーロッパへの余波

リーマンショックの余波で、アメリカだけではなく、ヨーロッパでも金融機関が次々と破綻した。そして公的資金が投入された。ドイツで10兆円、フランスで5兆円、イギリスで8兆円などである。イタリア、スペイン、オランダでも投入された。ヨーロッパでの総額は34兆円になる。

株価下落と資産の減価

1929年からの大恐慌で、株価はピーク時の9分の1まで落ちた。リーマンショック後の株価の下落でも、3分の1から4分の1まで落ちた。これによって、かなりの資産が消失した。これはどこかへ移転されたわけではない。額面の資産が消えただけのことである。株価高騰による資産膨張は、もともと価値が増えたわけではない。

しかし、リーマンショックに至る金融機関の破綻は、もちろん株価下落による破綻ではない。もっとはるかに多くの資産が失われている。1億円の株が、70%価格下落すれば、7、000万円の損失であるが、2000年ごろからの金融機関の活動は、レバレッジをかけた取引によってはるかに巨大な資産を生み出し、はるかに巨大な損失をもたらした。1億円の金融商品は金融機関で売買を繰り返し、転がしているうちに100倍のレバレッジがかけられるようになっていた。100億円の運用資金によって、損失が20%出れば、20億円の損失である。もともとの資産が1億円であるので、それをカバーすることは自力では無理な話である。

個人レベルにまでこのような金融取引、投資がいきわたっている。ただ、個人の場合は、レバレッジは専門的な金融機関ほど大きくはならない。信用取引、特に外国為替の証拠金取引に個人の資産が投入されている。博打的な大儲けを目指す人々が、大きな資産喪失に至ることになる。

金融革命と資産膨張

金融膨張は、リーマンショックに至る金融崩壊の直接の原因であった。一種のバブルということができ、リーマンショックはそのバブルがはじけたということもできる。しかし、それは単なる投機的バブルに終わるものではない。アメリカを中心として、先進諸国に張り巡らされた経済の根本構造に基づくものであった。アメリカをはじめとした財閥の金融帝国は、投資銀行、ヘッジファンド、保険会社を中心に政府系住宅金融機関も連携して、巨額の金融商品を生み出して、バブルを発生させていた。したがって、リーマンショックは、一面では世界金融帝国の崩壊という現象として捉えることもできる。その後、金融帝国は崩壊したと言えるのだろうか。2008年以後の世界は、それ以前の世界と根本的に違っているのだろうか。

リーマン恐慌は金融革命の進行の第一段階の終わりをつげるものである。新しい資本主義へと突入してゆく。金融革命の第二段階が始まる。第二段階は、グローバルな生産力構造とグローバル市場をベースにして、国家ファンド、プライベート・エクイティなどの巨大資本が、ヘッジファンドを使いながら、投機市場で資産膨張を目指して活動を活発化させていく時代である。この点は、次の章（第5章）で見てゆきたい。

金融機関の変化

主な投資銀行は崩壊した。その意味ではアメリカ金融帝国の核は確かに崩壊した。しかし、ゴールドマン・サックス、モルガン・スタンレーは健在である。メリル・リンチも復活している。ゴールドマン・サックスは、バフェット銘柄になっていることからも、極めて成長性のある企業と見られている。

いまやヘッジファンドは、投資銀行の先兵であるだけでなく、投資銀行と商業銀行の垣根が取り除かれたいま、巨大商業銀行が投資銀行の役割を担い、リスクはヘッジファンドが負うことで、投機活動を続けている。それにもまして、新しい金融機関の活躍がリーマンショック以後に注目を集めている。国家ファンド、プライベート・エクイティなどの巨大資本である。国家がファンドを作り、ファンドがある程度の独立性を持ち、さらに、ファンドは投機市場で資産増大を目指して活動するという時代になろうとしている。

直接金融の破綻

日本は間接金融の非常に極めて高い国であるが、金融革命の進行とともに直接金融へ移行し始めていた。しかし、リーマン恐慌に際し、直接金融システムは、金融危機には脆弱なものであることが示された。企業は、ＣＰ（Commercial Paper）市場が崩壊したために、運転資金の調達に行き詰まるようになった。金融市場がマヒしたために、ＣＰ発行ができなくなったのである。資金調達に支障をきたすと、生産活動が縮小する。企業の金融が進まなくなり、実物経済への影響が出始めることとなる。アメリカでは、CP市場の縮小は、9月中で2,000億ドルに上り、市場規模の縮小は毎週8・7％のスピードで進んだ。リーマン恐慌が、金融恐慌であったのが実物経済に及んだのは、CPによる直接金融が機能しなくなったことによっている。金融機関がCPを購入しなくなったため、各企業は資金不足に陥ったのである。

国富ファンドの資本注入

FRBをはじめ各国の中央銀行は、サブプライム危機からリーマンショックに至る経済危機に対して、資金投入を行った。IMFなどの国際機関も、資金供与を行う。さらに、世界の金融危機を回避するため、国富ファンドが資金投入を行っている。中央銀行、国際機関、国富ファンドという、これら3種類の機関が、金融危機に対応している。

アジアと中東の国富ファンドが、ヨーロッパ、アメリカの金融機関に資本注入している。石油と貿易黒字によってできた国富ファンドであるので、ヨーロッパ、アメリカ、日本など先進国経済との関係は致命的重要性を持っている。

第5章

大転換と新しい資本主義

リーマンショックは、金融暴走の帰結であった。金融恐慌の時代はそれで終わるだろうか。投資銀行を核とした金融システムは新しい金融システムに置き換わるのだろうか。新しい資本主義はどのような形に落ち着くか。それはグローバルな資本主義へと変質してゆくものといえるが、その中でM&Aやファンドの活躍が本格化してゆく。このすべての変化の起点は、市場のグローバル化から始まっていた。本章では、金融革命をもたらしたグローバルな市場化の動きから世界経済の構造転換を見てゆきたい。

【1】グローバル・マーケット

1．グローバルな市場化の波

市場の出現がグローバリゼーションをもたらした

金融革命のインパクトは市場の拡大である。市場の拡大が企業活動を一国の枠に閉じ込めておかなくなった。グローバル市場を舞台とした経済活動となった。貿易という広がりではなく、生産、労働、企業統合そして税や福祉に至るまでグローバル市場の舞台で行われるようになる。グローバルな商業圏ができることが、生産につながってきていることがグローバリゼーションの意味である。労働力の移動と労働力を求めての企業の後進国への移転が、その国での中産層の出現につながり、その後進国に市民社会を形成するに至る。そのような地域がどんどんできてきている。グローバル市民社会の形成に向かう変革と言えるものである。

市場の拡大はヨーロッパ、アメリカ、日本などの先進諸国に加えて、エマージングマーケットの出現ということがある。第一に、1990年前後のソビエト連邦崩壊と東欧革命で社会主義諸国が資本主義の市場に参加してくる。中国が改革開放路線で市場に参加してくる。第二に、これまで低開発国と言われてきた国の経済が急成長してくる。インドとブラジルの市場が成長する。東南アジア、南米、中近東、アフリカなどの地域で市場化が進む。世界市場が形成され、それが綿密な連鎖を持つところからグローバリゼーションは始まっている。国民国家の形成は独占資本主義に帰結したが、グローバリゼーションとともにその体制自体が崩壊し始めている。金融独占資本主義の経済体制は終焉を迎え、新しい生産力構造の転換が起こっている。新しい技術が生まれ、グローバリゼーションという大転換とともに、新しい生産力構造の下での経済体制へと転換しようとしている。

グローバリゼーションの始まり

グローバリゼーションは、1980年代から徐々に始まっている。本格化するのは、中国とインドの市場化が始まった1995年以降である。中国は、1978年12月、改革開放路線をとっている。そして鄧小平は生産力の発展には、財産権を認めることが必要だと考えるようになった。中国の市場化は、大躍進の失敗や文化大革命への批判から出てきたものということができる。市場の有効性を説く、ミルトン・フリードマンやハイエクの論が、時代の潮流となった。中国は新しい「世界の市場」から「世界の工場」と言われるような発展をしてゆく。その活力は安い労働力にあった。賃金が日本の20分の1以下で日本企業をはじめ先進諸国が中国での生産に動いた。あらゆるビジネスチャンスが豊富にあった。

IT革命は、アメリカを震源地とし、日本が第二の副次的な震源地となり、EUを第三の震源地として、世界中を襲う津波となって広がっている。EUも大きな変化を迎えている。ケンブリッジ大学をはじめ、ヨーロッパの優れた一流大学は、ベンチャー資本主義の中核として機能している。フランス地中海地方、ドイツ南部、北イタリア、北スイスなどが、半導体ソフト開発、バイオ技術の拠点となっている。

市場の広がりと近代社会の形成

近代国家は商業圏ができてそれと結びついた市民社会ができる。市民社会が権力的な保護を必要とするところに近代国家が生まれた。地中海の商業圏が復活して、内陸商業路ができやがてブルターニュ地方で商業圏ができる。この商業圏を基礎に商品生産体制が生まれていく。そこに近代の市民社会ができる。近代思想も、14世紀から16世紀にかけてのルネサンスに始まるが、それに続いて、オランダが17世紀にたくさんの思想家を出す。数学と力学と哲学は、デカルト（1596〜1650）が生みの親といえる。cogito（われ思う）という自我の原理が近代思想の出発点であった。デカルトはオランダに多くの時を過ごした。スピノザもオランダで過ごしたユダヤ人である。スピノザの『エチカ（倫理学）』は、ユークリッドの『原本』のように幾何学的な証明方法で書かれている。

やがて市場圏はイギリスに広がり、オランダ独立戦争についてイギリスのピューリタン革命が、市民革命として近代国民国家を形成させることとなる。ウエストファリアでの世界最初の国際会議の結果、1648年にウエストファリア条約が成立し、国家主権が確立される。近代国家の外形が整うこととなる。ただ、17世紀の時点で、共和国は、オランダとイギリスの二つしかない。アメリカの独立戦争（1776年）とフランス大革命（1789年）という二つの市民革命は、18世紀末のことである。

現代の市場の広がりは、近代国家の形成からすると約400年がたっている。今度は、グローバル市場が形成され、そのもとで市民社会が地球規模のものとして形成されるという事態を迎えようとしているのである。国民国家の成立から国民国家の死滅まで、400年、あるいは500年余りということになる。

1995年からの10年間で日本の貿易は拡大する。貿易の拡大もグローバル市場化の一つの現象である。1995年は輸出が、41兆5千億円でGDPの9％あまり、輸入が31兆5千億円で8％あまりであったが、2005年には輸出が65兆7千億円で16％、輸入が56兆9千億円で15％に拡大している。この10年間は中国市場の影響が大きい。

市場の広がりは、グローバル市民社会の形成となることが、グローバリゼーションの意味であった。グローバル化時代のかなめは市場である。市場がグローバル化して、市民社会が形成される。耐久消費財は、2000年から2005年に中国の都市部ではほぼ普及した。

国民経済的な市民社会である。しかし、これはもはや国民的市民社会ではない。見方は、まだそれぞれの国である。インドの市民社会で、市場は？　失業率は？　主な商品は？　どのような商品を国内生産しているのか？　といったことがまず視野に入る。

グローバル化は大競争時代をもたらした

市場がグローバル化するということは、国内市場占有率で企業戦略を立てていたこれまでの独占企業、その他の企業活動のパラダイムが根本から変わることを意味する。視野は、グローバル市場であるので、競争は世界中の企業との競争になる。そこには寡占体制はできていないので新たな競争原理が発生する。トヨタは年産1、000万台を突破して、GMを抜いて世界一の販売量になった。そのうち、60%余りを海外市場で売っている。トヨタは、イギリスに生産拠点を持つ。ヨーロッパ市場は、イギリスを拠点とした生産で販売している。

グローバル化する中で、市場の意味はその大きさである。人口である。かつて一国の自立、成長、教育、労働政策、社会保障、政治形態ということが、国家を見るべき項目であった。いまや、視野は違っている。世界の企業が市場にやってくる。生産は世界中でなされる。かつて国家が技術開発を先導していた。技術は今や企業が中心となり、国家は補完的な位置を占めるにすぎなくなってゆく。やがて国内産業は地域産業といえるようなものに変化し、主力はグローバル市場になる。したがって、新しい時代にとって大きなファクターとなるのは、市場の大きさであり、人口、市民層の数がカギとなる。なぜBRICsの時代かということに関する回答は、BRICsの市場の大きさというところにある。

グローバル化の過程

グローバル化の過程は次の6段階で捉えることができる。

第一に、グローバリゼーションは、市場の地球規模への拡大によって始まる。それは、エマージングマーケットという言葉でも表される、1990年ごろの変化に始まる。ブラジル、東南アジア諸国などの市場化と社会主義国が崩壊や開放路線などによって市場経済に入ってゆくという二つの方面からの、地球規模の市場化であったと言える。

第二に、市場の拡大は、中産層の形成と密接に結びついて進むところに、市場化のより大きな意味がある。中産層ができることで、一部の富裕層向けの市場が、国民的市場へと成長する。市民社会の形成である。

第三に、グローバルな生産体制の確立である。流通市場は生産体制との関連という戦略に結びついていくのがこの時代の本質的な現象である。

第四に、金融のグローバルな動きがある。生産体制も市場化も企業戦略において絶えずM&Aや事業計画と結びつく。

第五に、インフラのグローバル化である。国家が関与する場合もあるが、地方公共団体が受注したり、協力することもある。私企業が国家と一体となって、新幹線建設や道路の建設、水道、電気などのインフラ整備、工業団地の整備などにかかわることになる。金融や様々な企業がプロジェクトに参画し市場化を推進してゆく。

第六に、税制、教育、軍事、社会福祉、などのグローバル化が進むことになる。

世界のマーケット

第一のグローバル市場の形成から見てゆこう。1990年代以降、グローバリゼーションの時代になって、独占大企業は、グローバル企業に変身してゆく。大企業の経営者は世界市場を舞台として企画・戦略を立てなければならなくなる。当然、哲学、会社の指導理念も変化している。グローバルという概念をはずしてこの時代の経営は成立しない。戦略はグローバル市場分析とともに始まる。グローバル・マーケットは、単にアメリカ、ヨーロッパ、日本の３極の時代から、次の時代はＮＩＣＳが成長した。次に、中国市場が注目を浴びるように変化し、インド、ブラジル、ロシアが市場化する。ＡＳＥＡＮ諸国、中東地域、アフリカが市場化する。南アフリカでは、１９９４年のアパルトヘイトの廃止以降、黒人の雇用機会は少しずつ増加してゆく。所得水準も上がり中産層の形成がみられる。２００５年ごろには住宅需要が大きくなっていった。市場化は、中産層の形成と不可避である。20世紀型の先進国の富裕化社会が、グローバル化することでグローバル市場が形成されたのである。

かつて先進国は、Ｇ7で表すことができた。アメリカ、イギリス、ドイツ、フランス、イタリア、カナダ、そして日本である。日本以外はすべてヨーロッパおよびヨーロッパの子供であった。アメリカとカナダはイギリス、フランス、ドイツなどヨーロッパの子供である。「世界」はヨーロッパであった。日本だけが例外であった。それは日露戦争の勝利に始まると言っていい。その先進諸国が世界経済を作っていたのが、ヨーロッパ地域以外に広がってゆく。

中国の市場化

中国の市場化は、１９７８年の中国共産党第十一期中央委員会第三回全体会議で改革開放政策が提出され、開始されることになる。１９９２年の鄧小平の南巡講和以降、市場化が加速することとなる。中国は社会主義経済から市場経済へ移行するという過程を78年から進めていき、人民公社を廃止し、国営企業の割合を減らし続けてきた。国有企業の割合は、現在、３割まで落ち込んでいる。ただ、中国社会では国有企業は依然として福祉などの社会主義的政策を担っていることもあるので、完全な資本主義と一線を画する社会の機能を維持する役割を担っているのである。保育園、学校、病院などを国営企業内で抱えていることもある。そのような機能もしだいに薄くなっていっている。

経済の自立化、市場化には二つの蓄積が必要である。一方における資本の蓄積と他方における労働者の創出である。労働の蓄積と資本の蓄積は、マルクスの原始的蓄積について論じたとき、資本主義形成の必要条件であった。低開発国には、潜在的労働者は豊富に存在している。ただ、倫理を含めた教育が必要である。しかも高度の労働には高等教育が必要となる。もう一つの資本に関しては、先進国の企業の進出、そして次の段階として金融機関、銀行の進出が必要となる。グローバル市場形成にとって大きな役割を担っているのが外国の資本である。

ラテンアメリカの市場化

1960年代から80年代の初めにかけて、保護貿易主義がラテンアメリカ諸国を覆った。輸入代替型産業化モデルという理論で、ラウル・プレビッシュが唱えたものである。アメリカを中心とした世界経済の中で、ラテンアメリカ諸国はアメリカの周辺に位置し、その経済の影響を色濃く受けるというものである。一次産品の価格が低下する傾向の中で、工業製品に関税をかけて、国内産業を守るべきだというものである。しかし、この図式はやがて崩れる。グローバリゼーションは世界を股に掛けた生産体制が新たに構築されることになるのだから。

ブラジルは1994年7月のカルドーゾ大統領による新通貨レアルの導入に至るまで、極端なインフレーションが続いていた。月に40%、時には50%にも達するインフレで、月40%は年率にすると5、570%にもなる。たえざる価格変更の対応に人々は慣れてくるという状況であった。

その中でもテレビや自動車の販売台数が伸びるように、市場が形成されていった。1993年でテレビは380万台、94年位は500万台に達する伸びである。自動車は93年に130万台である。

ブラジルは、鉄鉱石や大豆、コーヒー、牛肉、砂糖などが主要産業である。景気が良くなると、物価が上昇し、金融引き締めをするということを繰り返している。牛肉輸出量は世界第一位である。中国が世界市場からの鉄鉱石や牛肉の輸入を大きくしたとき、ブラジルの世界市場での重みが増した。

ユーロ導入とEUの市場化

1993年、ヨーロッパ連合条約（マーストリヒト条約）が発効する。99年にはアムステルダム条約が発効する。ヨーロッパの企業のM&Aが、98年以降、急速に進んでゆく。ヨーロッパ市場ができたことと、アメリカや日本の企業と世界市場で競争する必要が出てきたことが背景にある。ドイツ企業やフランス企業という枠が、ヨーロッパ企業というものに変化し始める。

ユーロの導入によってグローバル市場の形成に拍車がかかった。2002年3月、12か国の3億人が使用する通貨としてユーロが導入された。ヨーロッパの市場統合がこれによって進んだだけでなく、倉庫の整理、物流コストが低下し、ヨーロッパ市場がグローバル市場の大きな一翼を担うようになってゆく。

ポーランドは、2004年にEUに加盟した。その後、10年でGDPは倍になった。これをEU加盟によるものという見方があるが、EU加盟が何をもたらしたかということがより重要である。ドイツやフランス企業の進出である。さらにそれ以上に、市場化ということが重要である。市場化は生産を飛躍させ、労働者を生み出す。労働者が中産層として成長するとき、GDPが倍増するということは各国の経済史にとって一般的な事象である。

社会主義圏の市場化

ソビエト連邦や東ヨーロッパ諸国の社会主義体制の崩壊とともに、世界は単一市場へ動き始めた。社会主義の崩壊は、社会主義という体制が、不効率、不正義を伴うものであり、よくない社会であるという、風潮と印象を世界にもたらした。それは、市場原理への信仰となり、マネタリズムという思想を生み出し、それによって世界は新しい枠組みに向かって動き出した。社会主義の崩壊から数年の間に、大きな変化の波が訪れる。

市場化と小売業の転換

世界の市場は世界の小売り大手が進出するようになる。世界の小売り大手の売り上げランキングは、2005年の段階で、ウォルマートが3、387億ドルでトップ、カルフールが1、172億ドルで2位、ドイツのメトロが832億ドルで3位である。日本はセブン&アイホールディングスが6位で692億ドルである。

外国の小売企業の日本への進出も大きくなる。ルイヴィトンは日本で2、700億円の売り上げをあげている。日本の大手小売業は、ダイエー、イトーヨーカ堂、イオングループ、マイカル、西友などであった。そのうち、ダイエーとマイカルが巨額の債務を抱えて破綻する。2002年、アメリカのウォルマートが西友に資本参加する。フランスのカルフールも日本市場に参入し苦戦し撤退した。トイザラス、GAP、アマゾン、スターバックス、イギリスのブーツ等も、日本市場に参入してきている。95年から2002年にかけて多くの海外企業が参入してきている。

国家独占資本主義の崩壊と市場化

国内市場が独占によって支配されていた時代は、一方で景気循環は独占に飲み込まれていた。独占資本主義の時代には景気循環はごく小さなもので、それ自体、社会全体を揺さぶる大きな意味を持たなかった。むしろ社会構造として、失業も物価変動も投資も、独占資本の計画内で進めることができた。しかも国家が国家独占ないし独占との癒着を強くし、この体制を強化していた。

市場経済は一方で平等と民主主義、個人の尊重をもたらす。そして理想的には経済は永続性を持ち、均衡のとれた、安定した発展を繰り返すという信仰が生まれる。しかし、1929年からの大恐慌によって、この信仰は叩きのめされていた。それ以後の世界は、経済のシステムとして、恐慌を回避するということが経済システム全体の前提であった。政府の景気調節のための需要創出の財政政策を軸として、アメリカでは1933年にグラス・スティーガル法によって、金融の安定化が図られた。投資銀行の自己責任の原則と商業銀行の安全確保ということが、この銀行法の意図である。この法律によって、大恐慌期に起きた9、000行の銀行倒産は、それ以後、ほとんどなくなり、銀行倒産を伴うような金融好況は克服された感があった。この体制は、1980年代から90年代まで存続した。金融革命の時代は市場の自由な活動が尊重される時代になっている。

2. 市民層の形成

中産階層の形成が市民社会の形成となる

BRICsの台頭は、この地域における市場の形成は単に人口や市場の大きさというだけでなく、中間層がどれだけ形成されるかということが肝要である。中間層が形成されると、市民社会の形成につながってゆく。市民層が30％を超えることで市場は爆発的に大きくなる。アメリカの中間層は年収が5万ドルほどであるが、ＢＲＩＣｓや南米、ＡＳＥＡＮ諸国の多くの地域では、年収３、０００ドルで中間層と見ていい。20世紀、21世紀の市民層は、ある程度の可処分所得を持ち、冷蔵庫、洗濯機、テレビだけでなく、自動車、クーラー、住居を買うことができ、飛行機に乗り海外旅行ができる階層になってゆく。

１９７５年の時点で、インドの農村人口は80％を超えていた。人々は圧倒的に農民であった。教育水準も就学率が低く、文盲率も80％を超えていた。シン首相（Manmohan Singh，２００4年5月〜２０１４年5月まで首相）の改革で市場化が進む。中産層が生み出されてゆく。経済インフラができて、産業が育ち、中産層が形成される。時代とともにどのような産業が可能かということが、決まってくる。そこに生産力の構造ということが横たわっている。年収18万ルピーを超える新中産層が１９８５年で１・1％であるが、２００1年で7・3％になっている。自動車や家電製品などの耐久消費財が売れるようになってゆく。２００2年度で乗用車の年間販売台数は71万台、２００4年度で１０6万台になっている。10億人を超える人口からすると、２０２0年には5、０００万台になってもおかしくない。新しいグローバル市場の誕生である。

１９８0年に1億1、５００万人の中間層を持ったアフリカは、現在3億2、６００万人に拡大している。1日に10ドルから20ドル稼ぐ階層は、そのうちの4、４００万人である。ナイジェリアの人口は1億7、０００万人。多くのヨーロッパの企業がナイジェリアをマーケットと見て、進出を始めている。

ブラジルの中間層は、1億人に達し、国民の半数を超えるまでになっている。家電製品、自動車、パソコン、住宅などへの需要が大きくなり経済の活性化をもたらしている。

フィリピンやタイで、中産層が増えている。中産層といっても、年収が日本円換算で30万円から100万円の層で考えてもいい。その国の市場はその人たちが新しい購買者になる。携帯電話やテレビ、冷蔵庫が買えるようになる。低価格による需要の取り込みが起こる。インドでは、20ドルパソコンや、中古車、5,000ドル自動車が市場に出る。日本でも洗濯機が中国のハイアールのものが売れるようになった。価格は格段に下落する。

中産層の形成は市民社会のグローバルな形成と表現するのが当を得ている。中国でもインドでも可処分所得を持つ階層が誕生した。インドでは、2000年の時点で、18万ルピー（約27万円）の年収を持つ階層を中産層に入れることができる。その階層が自動車、クーラーを買うことができるのである。中国では、自転車やカラーテレビは、都市部では100％普及している。冷蔵庫や洗濯機もほぼ普及している。インドネシアの嗜好品消費は、月収4・6万円から急増する。月収500万ルピー（約3万9,000円）を超えると、嗜好品や貯金が急増する。中間層とされるのは、300万ルピーから1,000万ルピーの世帯である。500万ルピーを超えると、レジャー費と貯蓄の合計が20％を超えるようになる。貯蓄は耐久消費財などのまとまった支出につながる（日本経済新聞、2015年7月15日）。

格差社会の出現

アメリカも日本も格差社会になってきている。だから、「ワーキングプア」とか、「老後破産」とかいったことが、切実に多くの人の心を捉えている。日銀の金融緩和でデフレ脱却という主張は、全く人々の心を捉えない。デフレは経済停滞の原因だといっても、経済が良くなるというのは、株価が上がるとか大企業の景気が良くなるというだけで、国民の30％あまりを占める低所得の人にとってはありがたいことではない。株が上がって、企業の業績が良くなっても、破産寸前の老人やアルバイトのフリーターの生活は助からない。

逆に、デフレはありがたい。コメの価格が、10キロ5、000円から3、000円になると生活は豊かになる。たこ焼きが、6個380円が100円になると豊かになる。ダイソーでインクジェットの詰め替えが、108円で買えたら助かる。キヤノン詰め替えインクジェットのカートリッジが3、700円というのはおかしい。ソフトバンクの充電コードが2、700円はおかしい。これもダイソーに行けば108円で買える。

価格下落を日銀は悪と考える。しかし、マネーだけで世界を捉える思想、経済学のほうが間違っていると思う人は多いのではないだろうか。

製鉄業界のグローバルな企業編成

製鉄業は、国家を支える産業として近代国家を形成するものであった。19世紀まで、イギリスを中心に、ドイツ、フランス、スウェーデンなどが製鉄業の先進地域であった。20世紀には、ソビエトとアメリカが台頭し、戦後、EUの形成でその2か国に対抗した。鉄鉱石や石炭の輸入が可能になり、日本の台頭がみられる。

鉄鋼業の成長のポイントとなるのは、需要である。鉄鋼需要は、20世紀初頭は国家の軍事力を支えるという役割を持っていた。かつて鉄の軍需需要は巨大なものであった。大砲のクルップは、第一次世界大戦と第二次世界大戦の主役であった。1890年代の建艦時代は、鋼鉄の戦艦を製造するのに大量の鉄を使用した。鉄道は戦争のための輸送のかなめであった。戦車が登場し、大砲や様々な銃器は、すべて鉄の需要につながった。産業の発展も鉄道を拠点としたインフラ整備によって進められる。

近代都市建設は鉄を素材としたビル建設によってブームを巻き起こす。

しかし、冷戦が終結する1990年ごろの主役は、高度なハイテク軍備に置き換わり、鉄の需要は減少する。グローバル化の中での鉄の需要は、国家市民社会の形成と不可分である。先進国の需要は、自動車、電気製品、建設などを中心に横ばい状況となる。日本の粗鋼生産量は、1億トン余りを継続することで満たされており、製鉄業界は粗鋼よりも特殊鋼などの高度な品質の高付加価値な商品生産へと向きを変えている。明石海峡大橋は直径1・12メートルの鉄製のメインケーブル2本が支える。中に3万7、000本のワイヤーロープが詰まっている。新日鉄の技術である（毎日新聞経済部編『日本の技術は世界一』新潮文庫、2003年、29頁）。生産方法の変化とグローバル化による激しい競争の二つが、高炉を中心とした製鉄業の合理化を推し進めさせることになる。グローバル化の時代を迎える。ブラジルとオーストラリアを原料の供給地とし、鉄鋼業がグローバルな編成が起こる。M＆Aにより、企業再編の波が荒れ狂う。

企業の海外進出と労賃

1972年、ミネベアはシンガポールにベアリングの製造会社を建設した。そして、シンガポール最大の製造企業になる。すると、現地の労働需要が上昇し、賃金が上昇する。ミネベアは、82年に労働集約的な加工工程をタイに移転する。タイやシンガポールで製造したベアリングは、欧米や日本に輸出される。低賃金による価格競争力がそこでモノをいう。ベアリングは、ビデオレコーダーの部品であっただけでなく、軍需用の航空機などの部品でもあった。

富裕層

ブラジルでは富裕層の大半は白人で、鉄鉱石や原油などの資源関係の大企業経営者である。サンパウロやリオ・デ・ジャネイロといった都市に豪邸を構えている。

ロシアの富裕層は旧ソビエト時代の国営企業の民営化でエネルギー関連企業を買収して誕生した。また、ソ連崩壊直後の極度のインフレの中で、バーター取引（物々交換）などで富を築いたものがある。これらの富裕層は、ペテルブルグやモスクワに集中している。

アメリカでは、1960年代中葉に必需品を買う割合が減って、奢侈品を買う割合が高くなっている。物を買うより、サービスを利用する傾向が強くなり、需要構造が変化したといえる。教育、レクリエーション、医療費の支出の割合が増加している。富裕化社会と貧困社会の出現ということには、世界の生産力構造と収奪機構の在り方が決定的な要素となっている。

賃金体系の崩壊

1990年代初頭までは、能力主義的要素を強めつつも、年功賃金体系が維持されていた。そのころから、賃金の安いパート等、非正規社員に雇用構成がシフトしてきた。パートタイマーの1人当たりの平均賃金水準は、正社員の23％である。日本でもどんどん正社員が減っている。非正規の労働者が、現時点では37％に上っている。嘱託、契約社員、派遣、アルバイト、そして個人請負という雇用形態が広がっている。日本の中間層の減少は、正社員の減少が最大の要因である。派遣やアルバイトの人々の割合が増加し、低所得層を大きくしている。

途上国の低賃金が先進国の格差を生み出す

アメリカも、日本も格差社会が生み出されている。その背景にはデフレの進行がある。現在のデフレは、市場がグローバル化する中、価値格差の影響のもとでの大競争が進んでいるのが最大の原因である。アメリカでは、典型的な中間層の家庭は3人家族の場合で、年収42、000ドル〜126、000ドル（約500万から1、500万円）とすることができる。2015年1月現在、アメリカの中間層の人口は、1億2、080万人で全人口の50％を下回った。長期的に減り続けている。中間層の減少は安定より不満が蔓延する傾向を導く。

デフレ

物価は純粋に金融的現象であるという考え方がある。通貨の発行の調整で物価は操作できるとするものである。しかし、デフレは実は実体経済の変化の上で起こっていることであり、金融的な現象として片づけることは、経済の実態を見逃すことになる。物価は景気変動などに左右されるから、経済政策が物価政策として有効なように考えるのであるが、実は物価を決める決め手は労働力の価格である。中国やベトナムで製品が作られ、輸入されるとき、その輸入価格は中国やベトナムの労賃が決定的な要素となる。日本はデフレが経済停滞をもたらしているという議論が盛んである。それがあたかも経済政策のために発生したかのような議論がある。安部政権を支える経済学者たちは20年以上にわたるデフレからの脱却を至上命令と唱えている。しかし、デフレの原因を解くことのほうが先決である。

デフレの根本原因は、大競争時代の労働力の問題を基礎に考える必要がある。世界の労働力商品の在り方が国際的な商品価値を決定するので、各国の労働の在り方と生活費を見ることで労賃の構造を捉えなければならない。

さらに、三つの主要なデフレの要因がある。（1）一つはIT技術の発達による生産力の上昇によってもたらされている。その限りデフレは決して悪いものではなく、多くの庶民にとって歓迎すべき原因によってもたらされているのである。（2）第二の原因は、市場のグローバル化にある。価格が低い国での価格競争が世界全体での物価を押し下げている。そこには新興市民層の所得水準の問題がある。ベトナムやインドで即席ラーメンや衣料を販売しようとするとき、そこの市場での競争に合わせた価格帯の競争が入ってくる。それに合わせた生産体制ができるとき、価格は世界的に下落する。（3）第三の要因は、資産デフレである。不良債権が発生したとき、土地の価格などが下落する。それが物価全体の押し下げという効果を持つことになる。

グローバリゼーションは、企業の世界市場での競争が価格決定と企業戦略を作る。海外市場への進出が「輸出」という程度であった時代では、価格競争でダンピングを行うことはあったが、海外でのシェアを獲得するという意図での進出になるときは、生産量が格段に増え企業の成長は大きく期待できる。自動車市場で、スズキはいち早くインド市場に進出して、そこでの販売のノウハウを積み重ねていった。トヨタやホンダにアメリカ市場で太刀打ちできないという判断で、インド市場に目を向けることで独自の市場戦略を立てていた。インドでは、2008年、10万ルピー（約28万円）の車「ナノ」をタタが発売した。所得に応じた市場価格である。インドでの自動車販売の競争は「ナノ」との競争である。

マンダムは、1969年にインドネシアへの進出を開始している。インドネシアで5グラム入りの整髪剤を雑貨店にぶら下げる。1袋が約5円である。2008年には売上高は、約120億円に達した。インドネシアの物価に合わせた戦略である。フィリピンでも、多くの商品が小袋で売られている。インスタントコーヒーは、1杯分が小袋で売られていて、スーパーで10袋が30〜40ペソ（70〜95円程度）ほどである。コンビニでは、1袋ごとに7ペソほどで売っている。インスタントコーヒーの瓶詰はほとんど見られない。バルクで買うという消費行動がない。日銭を得る階層が多いうえに、所得の低さがその背景にはある。

日本ではダイソーをはじめとする多くの100円ショップがデフレの一翼を担い、先導役を務めたが、中国からの仕入れの比率が大きかった。中国をはじめとするアジア地域との経済統合の結果、低価格商品の輸入がもたらされている。市場のグローバル化がもたらすインパクトでこれも歓迎すべき要素である。生産力の上昇という要因、海外との競争による生産力関係の変化の二つを基礎とし、その競争が国内独占資本主義の崩壊をもたらしているのである。独占の崩壊は価格破壊をもたらすという結果につながっている。日本の産業の生産性の向上と海外移転の努力の結果が第一で、それに加えて、独占体制が終息したことによる海外からの商品の攻勢が、大競争を生み、価格低下をもたらしたのである。

海外の賃金の影響

商品の価格は究極的には、賃金によって規定される。中国の賃金が日本の20分の1であるとき、物価はそれに見合った下落を続ける。現在のフィリピンの最低賃金は月給にして26、000円ほどである。タイの最低賃金もほぼ同じぐらいの価格である。ただ、最低賃金に仕事可能な日数、失業状況などを合わせて考慮する必要がある。タイでは、食費が1日100バーツとして月に12、000円ほどになる。これが賃金を規定（食費が賃金の基準になりそれが商品の価値を決める、ということがマルクスの「価値規定」である）し、物価の基準となる。日本の各企業は、中国での生産への魅力をすでに失いかけていた。多くの技術提供にもかかわらず、その動機となった低賃金が薄れようとしてきている。2014年で、上海市の月給は5、451元（約9万円）に達し、上昇を続けている。

フィリピンでは、仕事がない人はおなかがすいた状態になる。飢えの一歩手前である。のんびりと働いて、ストレスをためないから長生きできるかというと、案外、寿命は長くない。40年ほど前のインドでは飢餓線上の人口が極めて多かった。30％ともいわれていた。餓死は、気候のいい冬、11月から1月に多い。服がないと寒さで死ぬのである。

3．新興国の財閥と外資

新興国の財閥

現在、新しい市場の主役として各国の新興財閥と先進国の資本の協同、合同の動きがグローバル市場で展開されている。貧困国に入れることができるフィリピンでも財閥は桁外れに大きい。中国系フィリピン人のことを、Pilipino-Chineseという。日系カナダ人は、Japanese-Canadianであるので日本出身のカナダ人という意味である。ところが、Pilipino-Chineseというのは、中国人というアイデンティティである。フィリピンに居住する中国人というアイデンティティではないだろうか。Pilipino-Chinese商工会の110周年記念パーティが、2014年11月に行われて、私も偶然、出席できた。フィリピンの経済界を握っている人たちである。フィリピンには、アヤラ財閥で代表されるスペイン系財閥と中国系財閥とフィリピン系財閥がある。

インドでも、経済を支えているのは旧財閥である。タタ、ビルラ、リライアンスをはじめ、インフォシス、ウィプロ、サティヤムといった財閥が、市場のシェアを握っている。言い換えれば、中小企業が育つに至っていないともいえる。中間層が育つまでもう少し時間がかかりそうである。基礎教育を受けた人々が大量に出て、多くの人が産業を起こすことに携わることができるようになる。資本は、様々な金融機関が提供できるので、早い産業化が可能ではある。ポイントは人である。

韓国の大手企業は、1980年代に急成長し、先進国の仲間入りを果たした。96年にOECDへの加盟を果たしている。韓国の大手企業は、自動車、家電、造船、半導体など、現代の主要産業を発展させている。チェボルと呼ばれる同族経営の財閥企業が主役である。サムソン、ダエウ（大宇）、ヒュンダイ、LGなどである。韓国企業の特徴は事業拡大のために大きな借り入れを行って積極的に投資するところになる。韓国社会の「頼もし」などの庶民金融で親族や地縁の人々がおカネを融通するシステムが現代も残っているという、文化的背景があるのではないだろうか。

インフラ整備

中間層の台頭は、インフラの整備とともに大きくなる。水道、下水、光熱インフラ、道路が整備されることで、生活の需要が拡大する。それは同時に、賃金上昇による需要を喚起し、経済を活性化させる。その時、経済成長率は10%を超える市民社会の形成期に入る。かつて日本の高度成長が社会構造を大きく転換させたように、中国、インド、ブラジル、ロシアで経済の大転換が起こってきた。インフラの整備が、グローバルに進んでいくことが、グローバリゼーションの時代の重要な要素でもある。

グローバル企業と財閥

これらのそれぞれの国の財閥がどのように動くかが、それらの国々の近未来を決定する。海外市場への参入には、その国での販路や習慣を掌握する必要がある。第一三共は高血圧症治療薬をインド市場で売り込むために、ランバクシー・ラボラトリーズを約5千億円で子会社化した（日本経済新聞社編『大転換』日本経済新聞社、２０１０年、10頁）。ランバクシーの販売ルートに乗せるためである。グローバル企業は現地の企業や財閥を統合もしくは連携して、これらの国々の未来を作ってゆく勢力となる。

韓国の大企業は、もはや「韓国企業」ではない。サムスンの外資比率60％、ポスコは58％、現代自動車が49％、ＬＧが50％である。さらに、韓国の主要銀行はウリ銀行以外はすべて外資である。韓国の銀行は最大規模でも３００億ドル前後と、日米英に比べて資金力が欠如しているために、外資比率がどんどん高まっている。

外資導入

グローバリゼーションの中で、先進諸国の各企業の世界への進出は産業を移植する効果を持っている。それがかつての植民地支配と違ったものになっている。産業は市場形成と生産活動の両面でも先進国の資本というよりどころとなり、グローバル市場の中で自らの活動の場を見出している。

90年代に入り、ＢＲＩＣｓ諸国は規制緩和、市場の自由化を導入する政策をとり、外資はこぞって進出していった。インドでは、１９９１年から自動車、家電などを中心に、外資に対する開放政策を行う。中国は、92年の南巡講和を機に活発な改革開放路線をとり、外資との協力に動いた。

中国は、外資との合併企業を作ることで市場経済を作っていった。中国資本は外資の技術と資本力に依存しながら生産力をつけていった。中国の市場化推進の大きな力となったのが外国資本の参入である。技術、ノウハウ、資本を導入する近道であったので、外資の導入によって市場化は急速に進むことになった。特に、その導入は社会主義体制の性格を色濃く反映し、中央政府や地方政府とのパイプを作ることのできた企業が参入して利益を確保してゆくという形であった。その結果、中国市場では、独占が大きくなった。マイクロソフトはパソコンソフトの95％、テトラパックは紙容器の95％、ミシュランはタイヤの70％、といった状況が生まれた。世界のトップの小売業が中国に上陸している。スーパーは80％以上が外資である。自由競争の一歩手前である。

中国は2000年を超えた頃には、家電やAV製品などの生産で世界のトップになっている。DVDプレーヤーでは40％弱が、テレビは25％が中国で生産されている。国はこのような生産力を、当初、外資との合弁という形で進めていった。ただ、在庫が過剰になり過剰供給という事態も生まれている。過剰生産は過剰在庫となり、赤字へ転落することになる。松下電器は上海に上海松下を作り電子レンジ生産に乗り出した。しかし、生産コスト競争ではやがて中国の新興メーカーであるギャランツが優位になる。中国市場の70％をギャランツが占めるようになる。松下が630元、ギャランツは300元という価格設定である。造船やトラックといった分野でも同じようなことが起こってくる。労働コストの低さが国内企業の力となる。

【2】新しい技術

大転換の原因——新技術

グローバル市場の形成が、世界中の社会構造を転換させたが、新しい技術の出現はグローバル市場の形成に寄与する一方で、世界中の産業構造を転換させている。新しい技術は新しい企業群の出現をもたらした。新しい労働の構造をもたらす。それが教育制度を変革させる。技術と社会の転換の構図を解明することが、どのような社会ができるか、未来を設計する前提条件である。

技術の発達

生産力構造という概念は技術が生産力を決定し、それが生産体制の基礎となるというところが出発点である。技術の発達が、生産力構造を作りその後の社会の在り方を決定するという過程で、資本主義は発展してきた。第一の技術の発明の時期は、「産業革命」と呼ばれた。1760年代から1820年代のことである。第二の発明の時期は、1870年代から1900年代のことである。そして、第三の発明の時期は、1980年代から2000年代ということができる。

第一の時期：産業革命は、織り機、紡績機、パドル法と言われる製鉄法、ワットの蒸気機関などの発明による新しい生産力構造の出現によって現れた。鉄道や蒸気船の発明もこれらの技術から生まれる。１７６０年代から１８２０年代にかけての技術の発明が、その後の産業資本主義の生産力構造を生み出した。

第二の時期：１８６０年代から90年代にかけての発明が20世紀の生産体制を作る条件を提供していた。発電機、新しい製鉄法、内燃機関という3大発明が、20世紀の生産力構造を生み出したわけである。それ以後の資本主義の形はここでできた生産力構造の上に構築されたものであった。１８６０年代からの発明の時代は、新しい製鉄法、発電機、内燃機関などの発明を軸にしながら、電話、ミシン、アスピリン、そして飛行機などの多くの発明に支えられ、生産力につながる技術は、生命のカンブリア紀の爆発のごとく噴出した。鉄鋼業、自動車産業、化学工業、電気産業を核とした生産体制が新しい時代の資本の形を生み出し、金融資本主義という独占企業の体制をつくり出していった。１８９０年代から１９１０年代のアメリカにおける独占資本の形成は、以後の世界の支配体制を決定づけてゆくものである。

第三の時期：１９８０年代から新しい技術が誕生する。メカトロニクス、ＭＥ革命（マイクロエレクトロニクス革命）と呼ばれた革命はコンピューターと関連して新しい発明を生み出してゆく。生産機械の分野で、ＣＮＣ旋盤、マシニング・センターなどがメカトロニクスの時代を切り開くものであった。ＭＥ革命はやがてＩＴ革命に進化し、大きな転換をもたらす。この転換は、生産方法にも、マーケティングなどの産業のみならず、社会全体を覆うものとなる。インターネット元年が、１９９４年のことである。産業用ロボットが、１９７５年に作られ、１９８０年がロボット元年、本格的なロボットによる生産が１９８５年に日本で始まってゆく。液晶の技術をはじめ、電卓や時計にもコンピューターが内蔵される時代を迎え、人類の生活は一変する。

20世紀の後半にも決定的な技術上の新しい発明があった。半導体、コンピューター、インターネットが、重要なものであると言える。コンピューターのプログラミング言語も時代を切り開くものと言える。もちろん、ビデオカセットレコーダー、カラーテレビ、携帯電話などの発明も重要な発明であるが、そのような発明は数百数千に上る。これらの発明が、生産体制を構成してゆくこととなる。

独占資本主義の下でも、いくつかの発明があった。アメリカの時代である。ラジオ（1920年）、テレビ（1923年）トランジスター（1947年）、カラーテレビ（1954年）、ビデオ（1963年）などはアメリカで発明され、商品化された。

断絶の時代

かつて、ピーター・ドラッカーは「断絶の時代」という表現で、生産力の技術的前提が変化する時代をそう呼んだ。19世紀末から20世紀初めにかけてが、まさにその時代であった。先述した第二の時期である。その時、独占が形成され、独占の時代を迎えることになった。それは、金融資本主義の時代ということができる。金融資本グループが先進資本主義の各国に独占体制を築いてゆく。

そして今、大きな変化が起こってきている。その第一の要素はこの生産力の技術の新たな変化の時代、「第二の断絶の時代」を迎えようとしていることである。それが、「世界市民社会の形成」という事態に関連して起こっているということである。「第二の断絶の時代」は、コンピューターの発達によってもたらされる大きな変化であるが、それが金融革命につながり、国家という単位を地球という単位に置き換えるまでに大きな変化をもたらそうとしている。

産業のコメ

かつて鉄は「産業のコメ」といわれた。あるいは「鉄は国家なり」ともいわれた。鉄はあらゆる産業に生産財となるということで産業のコメと言われるのである。経済全体の景気を見るのに鉄を見れば判別できる。19世紀末から20世紀を通じて、そして現在でも鉄は産業の生産連関のかなめであった。鉄の需要は、建設、機械、電気、自動車、造船など多岐にわたる。また、大砲をはじめとする軍需も鉄が中心に位置した。

現代では、半導体産業は鉄に代わって、「産業のコメ」と言われる。事務、生産財、消費財、防衛産業などの市場で半導体は要となっている。しかし、今では半導体はやや斜陽の傾向がある。ＩＴ技術は高度に発展し、ＮＡＮＤチップなどの特殊な半導体と多岐にわたる技術上の発明品、ソフトなどが加わってきている。そしてクラウドの時代に移行し始めている。

現代の軍事技術は半導体に依存している。レーダー、ミサイル、軍艦、戦闘機、爆撃機、その他指揮管理系統もすべて半導体が大きな役割を担っている。アメリカの半導体産業が斜陽化し、日本、台湾、などの国が、半導体産業の主導権を握るとき、軍事の在り方も、日本や台湾との連携が必須となる。ＤＲＡＭ（Dynamic Random Access Memory）の製造は74年ではアメリカが１００％のシェアを持っていた。日本は88年で80％のシェアを持つに至っている。生産力の問題である。そしてまもなく台湾の半導体産業がリードするようになった。

インターネットの時代の始まり

１９９４年は、インターネット元年と呼ばれる。この年に、アメリカでインターネットという言葉を知っている人が3分の1になった。多くの人がウエッブを実際に知るのは97年以降である。90年代後半、ＩＴ革命がもたらす経済がうまれた。１９９４年にはアメリカで一挙にインターネットが普及し始めたのである。ネットスケープという会社が、１９９５年8月に株式を公開する。インターネット・ブラウザーを開発した会社である。株価は、初日に3倍になり、これが発火点となってハイテク株ブームが起こる。１９９５年8月9日は、インターネット株ブームが始まった日となった。ネットスケープ株の新規公開が始まった。ネットスケープはシリコン・バレーの小さなソフトウエアの会社であり、売り上げはまだない。しかし、同社のブラウザー・ソフトでインターネットの利用者が爆発的に増えた。それが株の購入に火をつけた。ネットスケープに続いて、インターネット関連のベンチャー企業が次々と公開し株価全体の上昇につながった（アラン・グリーンスパン『波乱の時代』日本経済新聞社、２００7年、上２３８頁参照）。

インターネットは急速に普及した。日本でも、１９９9年に2、７００万人に普及している。そして、今やほとんどの人と言っても良い。さらに、パソコンでのインターネット利用から携帯電話＝スマートフォンでの利用によって利用頻度が急上昇している。パソコンの普及は、92年で１７６万台、世帯の12％、99年で９９４万台、世帯の30％、２０１４年で78％である。

ＩＴ独占

ＩＴは、大競争時代をもたらしたが、一方で独占形成による利潤獲得は、ＩＴ関連産業の事業戦略の最大のものとなっている。

マイクロソフトは、Ｗｉｎｄｏｗｓというソフトを提供することで、独占体制を築き、ビル・ゲイツは、巨大資産を形成した。しばしば、独占禁止法での訴えを受けながら、独占を形成してきた。Ｗｉｎｄｏｗｓ

の使用率は、70％にも上る。価格は独占的に決定することができる。

ソフトバンクの戦略は、インフラを獲得することで、独占を実現することであった。独占を形成し、高利潤を獲得するためには、極端な低価格を資本の力で実現することで契約者を広げ、恒常的高利潤を獲得しようとするものである。0円での販売で、虚偽の容疑で告発されるという事件まで起こした。

電話事業はかつて、電電公社という公共のものが行っていたインフラであった。競争原理が導入されたが、もともとインフラ的性格の上に形成される事業であるので、公共独占は私的独占にとって代わることになる。EO光は関西電力の子会社が運営する。関西電力などの電力会社は、私企業であるが公共性が極めて高い。公的性格を持っている。それが、インターネット事業に参入するとき、回線工事を含め、公的インフラという要素を持っている。

インターネットもインフラとしての公共性と競争原理の両方の上にできている。クリントン政権（1993年1月〜2001年1月）はインターネット時代が新しい産業を生み出すと考えインターネットを重視し推進した。学校へのパソコンを導入するなど、IT教育を推進した。副大統領のアル・ゴアの提唱した「情報スーパーハイウェイ構想」を推進し、IT産業の育成と、IT化による生産性向上を押し進めた。

IT革命がもたらす経済構造

1999年〜2000年に、過熱した投資がIT分野に注がれ、ネットバブルを発生させた。2001年にバブルははじけたが、社会構造を変えるインパクトとなっている。それは、金融を変え、国民国家という枠組みを変え、生産体制を変え、マーケティング方法を変えるものであった。グローバルな大競争の時代は、インターネットの発達によってもたらされている。時代の変化は急速になり、イノベーションは加速してゆく。キヤノンは、パソコン事業、電子タイプライター事業、光カード事業から撤退し、コピー機、プリンター、デジタルカメラに絞り込むことで、業績を上げた。シャープは液晶技術に力を入れ過ぎて、破綻の危機に瀕している。しかし、液晶技術が未来をどれくらい開くかは、だれにもわからない。シャープの努力で新しい道が開けるかもしれない。

パソコンの普及

日本のパソコン普及率は、2005年で54%である。新しい市場の国々では、その時点で数パーセントであるが、急速に普及してゆく。中国4%、インド1・2%、ロシア13・2%であった。インターネットの普及率も、2008年で、日本75・4%、インド4・4%である。しかし、技術の変化、オフィスや経営、会社の形態に至るまでのイノベーションは、生産力構造全体の大転換に帰結している。

労働の変化

ホワイトカラーの職に激変が起こっている。それは、事務能力中心の時代から新しいオフィスの技術が生まれ始めている。コンピューターを使えない人間は、職から追いやられてゆく。事務員や秘書の仕事は、ワードやエクセル、パワーポイントを使えることが必須の技能になる。建築や工業製品の設計はコンピューターでする作業となる。高学歴であってもこれらの技能がないと多くの就職からは外れることになる。それは世代の問題にもなっている。経営者がコンピューターを導入するのは、生産性が増大するという予想から生まれる。絶えざる技術的進歩の中で何が必要かという判断が絶えず求められることになる。

そして数百万人のアメリカ人が突然、創造的破壊の暗黒の側面に直面する。この転換の時期には、1週間に百万人の労働者がアメリカで退職している。そのうち、40%がレイオフされている。会社合併による人員削減も多い。

自動車の技術転換

技術革新は、ますます大きくなっている。自動車も新しい技術革新の中にある。一つはハイブリッドか、電気自動車か、という技術。もう一つは自動運転技術。ガソリン自動車から電気自動車への転換は、リチウムイオン電池に注目を集めるようになる。リチウムイオン電池は、現在の多くの商品にとって重要な部品となっている。スマートフォン、タブレット、パソコンなどに使用されている。さらに、電気自動車はリチウムイオン電池が主力になる可能性が高い。EV1台に搭載されるリチウムイオン電池は、パソコンの200台分、携帯電話の8,000台分に相当する。その需要は大きいが、現在の状況は、プラグインのハイブリッド車と電気自動車の優劣にかかっている。プリウスに代表されるトヨタのハイブリッド車の普及は、単純な電気自動車の到来を予想することを覆しているといえそうである。

三菱重工業は、リチウムイオン電池生産から撤退する。長崎造船所内で、2010年から100億円かけて完成させた電池工場設備を、売却することにしている。原因は、電気自動車市場の停滞である。リチウムイオン電池は、一部のハイブリッド車にも需要はある。しかし、電気自動車は10倍以上の電力量である。パナソニックはリチウムイオン電池で世界市場の25%を生産している。テスラモーターズと共同でアメリカにリチウムイオン電池工場を新設する。ハイブリッドは自動車の主流になろうとしている。

２０１０年ごろは電気自動車への熱が高かったが、ハイブリッド車は今後20年から30年は自動車の主流であり続けるのではないだろうか。ガソリン車は日本でも半数以下に急速に量を減らしている。価格ではハイブリッドより若干安いが、燃費を考慮に入れるとハイブリッド車が優位である。エタノール車、水素電池車、は主流にはなりえない。ガソリン消費量は確実に減ってきている。石油離れは、環境の面からも人類共通の課題となってきている。

技術と人類史

人類の発展は生産様式によっている。生産様式は産業を生み出し、それが社会の形を作る基礎条件であった。生産様式は技術によってもたらされる。大きな時代を決定する技術というものがある。最初の革命は、「農耕の始まり」である。それによって食料の生産ということが行われるようになり、人類は定住するようになった。第二の革命は、「産業革命」と言われるものである。近代社会は、商品経済の広がりから生まれたのであるが、綿織物にかかわる技術的発明が衣料という商品を社会全体に浸透させてゆく。第三の革命は、「製鉄法、発電機の発明、化学技術の発明、内燃機関の発明など」によってもたらされる。新しい産業分野が定着し、新しい消費生活が始まる。その革命の結果できた社会は現在まで継続しているが、１９９０年代から第四の革命が始まっている。第四の革命をもたらした技術は「ＩＴ革命」であり、それによって産業の構造は根本から変化した。その結果、市民社会のグローバル化ということが社会を変えるインパクトとなる。これによって、新しい社会が生まれようとしている。

現代の科学技術の発展は、多様な分野に広がっている。かつて火薬の製造などで「死の商人」の代表格であったデュポンは、ナイロンとテフロンを発明し、人類の生活に密着した商品を世に送り出してきた。そして、今、未来に向けてハイブリッド種子を事業の中核に据えている。２０６０年には地球の人口は、１００億人になる。食糧生産が課題になる。７倍の収穫量を持つトウモロコシを開発し、エチオピアのトウモロコシ農家を潤している（日経ビジネス、２０１４年６月２日号）。

度量衡のグローバル化

金融革命は制度インフラの問題として始まる。制度の革命的変換である。製造業ではＪＩＳ規格であったものがＩＳＯ（International Organization for Standardization）による国際規格に転換する。グローバル化の中での変化である。金融制度、会計制度がグローバルな統一性に動き出す。その方向は自由化である。市場が先行しているのでグローバル化に適応することは市場化によって成し遂げられ、それは全面的な規制撤廃ということになる。

【3】グローバルな生産力構造の出現

1. 生産力構造の理論

生産力構造の理論

生産力は、生産量÷労働量で表される。それには技術的資本構成が決定要素となる。資本の有機的構成が高くなり、固定資本の比率が大きくなるとき、生産力は大きくなっていった。生産力を大きくするような技術の開発が社会の発展であったと言える。生産力は技術を前提とした生産方法によって決まってくるのである。産業技術は品質のいいものを大量に生産するという目標のもとで絶えず改良され進歩がもたらされる。

産業資本主義の時代の資本構成を仮に、不変資本（固定資本）100＋可変資本（労働力）100＋剰余100としよう。商品価格が300の想定である。剰余価値率は100%の想定である。独占資本主義段階では、不変資本100に対して可変資本が極度に減じる。例えば5としよう。その時、商品価格が300であれば剰余価値は195（300−（100＋5）＝195）となり、剰余価値率は195÷5＝39で、3,900%となる。これが独占価格の威力である。300という価格は、250

にすることもできるし、350にすることもできる。市場を独占支配もしくは寡占支配しているので、このような価格設定が可能となる。

労働は変質する。可変資本を5としておく必要はなくなり30ほどにできる。19世紀までの産業資本主義では労働の搾取が主な利益の源泉であった。独占資本主義の段階になると、労働の比率が小さいので、利益の源泉は「独占」に移っている。その時、労働者の側に可処分所得が発生することになる。技術の役割は大きくなるので、技術労働や教育を受けた労働者の給与が上昇することになり、階層社会が生まれることになる。

生産において固定資本が大きくなるかどうかは、産業分野によって違ってくる。大きな装置を作ることで高い生産力を実現し、それが社会の需要と合致しているときに強力な産業分野が誕生する。20世紀初頭の独占資本の時代はそのようにして形成されていった。

技術が労働量を決定する。労働は常にコストの主要なものであるので、生産力はその労働の在り方に依存して決まる。労働が資本にとって主要なコストであるということが、経済の構造を考えるにあった出発点となる。労働力商品は生産できないということが、資本主義の根源にある。

単純な手作業でかごを編むとき、10人が1日に100個作れたとすると、1人の労賃が2、000円としてかごの価格は、2、000円×10人÷100個＝200円より大きくなければ作る意味がない。例えば、かごの価格が500円としよう。その時、労賃を払って300円が残る。地代などの経費を1日・1個当たり150円として、材料費を1個当たり50円とすると、利潤100円（300−（150＋50））＝100）が得られる。

高度な機械を1、000万円で導入して、10人で1日に1、000個作れるようになると想定しよう。その時の1個の価格を500円から300円に下げる。年間200日の実働、機械が5年間有効に作動すると、想定する。1個当たりの材料費は20円、一般経費20円になると想定すると、経費と利益は次のようになる。

売上：300円×1、000個×200日＝6、000万円
10人分の労賃：20、000円×200日＝400万円
1、000万円の借入の利率を5％とすると元本200万＋利子50万＝250万の返済
一般経費：20円×1、000個×200日＝400万円
材料費：1個当たり20円　年間で20円×1、000個×200日＝400万円
年間の利益：6、000万円－400万円（労賃）－400万円（一般経費）－400万円（材料費）－250万円（機械の減価償却費と利子）＝4、550万円
となる。

ここではむしろ需要が大きな問題となり、大量販売という課題が出てくる。ただ価格は、500円から300円になっている。さらに100円ぐらいまで落とすと、より競争力を持たせるようになるし、労賃が2、000円から5倍の1万円にして、価格を300円のままにするということも可能である。機械化とIT化によって生産力が100倍、1、000倍となることが事態の本質である。労賃の高騰があることが、富裕化、市民層の形成になることになる。利潤の極大化が独占資本の体制につながる生産力である。

生産力構造の転換の歴史

経済の世界は、商品と貨幣が広がることによって作られる社会である。いわば流通過程が出発点で

ある。その意味でマルクスは『資本論』を「商品」から始め「商品」が社会のすべての要素の原基（アルケー：根本原理となるものという意味）であると考えた。商品や貨幣という流通形態が生産を包み込み商品生産が成立することで近代資本主義社会が成立した。生産過程を商品形態によって行うことが、生産技術の改良につながる。資本は技術の改良によって生産性と品質の向上、新しい商品開発をもたらす。産業革命期や大不況期（1873～1896年）の新しい生産力構造をもたらし、新しい社会体制を築きあげていった。そして、今、グローバル化という変化は、大不況期以来の生産力の根本構造を変化させようとしている。大不況期以降、独占資本主義、金融資本主義という社会体制が形成されており、20世紀の学歴社会も、階層化社会も、この体制の下でできていたものであった。それが今や新しい社会構造へと変換されようとしている。その変化を動かすものは、グローバル化と結びついた産業＝生産力構造の転換である。

産業連関の問題

主要産業が鉄鋼業、電気産業、自動車産業、化学工業などの重化学工業の時代になったと言っても、農業がなくなるわけではない。また、綿工業はある量の綿製品を世に出し続けている。何が変わったかというと、産業の大きさの比重である。かつて農業は産業の90％を占めていた。19世紀では綿工業が労働者の65％が従事する産業であった。そして、重化学工業の時代、5％の農業従事者がこれまでの10倍の農産物を生産し、5％の繊維産業の従事者がこれまでの10倍の繊維製品を生産し、そして50％の労働者が新しい重化学工業という産業に従事し、多くの新階層の人々が事務、会計、その他のサービス産業に従事するといった社会が生まれたのである。

農業の生産力構造と食糧と労働力

中世は農耕社会であった。90％の人が農耕に従事していた。農業革命によって、農業の資本主義化が進み、農村人口は激減し、多くの人が浮浪者になった。浮浪者とスラムの歴史は資本主義形成の歴史でもあった。農業の生産量は、5倍になり、農業人口が10分の1になったとすると、農業の生産力は、50倍になったことになる（5÷0・1＝50）。生産力構造の転換は、技術の発達とともに生産力にかかわる資本構成の変化となる。農業の過剰人口は浮浪者群を発生させたが、その人たちが産業予備軍として、新しい産業を担う労働の予備軍となってゆく。産業革命はその予備軍を労働力に転化しながら進んでいった。

現代の食品産業は、農業から隔絶している。日本で、食品産業の総売上高は、約33兆円。農業は7兆円ほどで、あとの26兆円は食品工業である。外食産業が24兆円、中食産業が7兆円でいずれも贅沢の要素を持った食である。畜産が4兆6千億円、水産が3兆3千億円、穀物関係が1兆3千億円で、残りが清涼飲料、パン・菓子、酒類などである。タバコも2兆8千億円。この食のうち生きるために食べるといった要素が減っているともいえる。産業は奢侈によって発達しているというゾンバルトの論を食も裏付けているといえる。

需要の限界　繊維産業の場合

2002年の世界の繊維の総需要量は5、200万トンであった。2004年で5、700万トンである。1人あたりの繊維の消費量は、約9kgである。日本は、20kgあまりである。アジアの平均で4kgから5kgでまだ成長産業である。市場化が起こるとき、繊維のような必需品の需要は伸びるので経済成長は急速に進展する。ある一定の消費に達すると消費は頭打ちになり需要も頭打ちになる。その頭打ちの繊維消費量は、アメリカで30kgあまりなのだから、20kgから30kgと考えることができる。それ以上の需要を増やすことはあまり意味がない。

新しい産業の展開

株式会社として成立した大企業は、どれくらいの比重を占めるのであろうか。まず、1890年代から1900年代にかけて、鉱山・製鉄部門で全就業者の49%から55%が株式会社に属している。機械製造部門では、就業者の35%が、株式会社に属していた。

1920年代には、新しい産業分野が発展する。化学工業は合成染料や化学肥料の分野を発展させ、またナイロンやプラスチックを商品化している。1938年、デュポンがナイロンを発明し、日本では1951年東レがデュポンと技術提携している。電気工業は電信と電話を発展させ、家庭用電気製品を世に送り始めている。自動車工業はベルトコンベアを使った流れ作業による大量生産システムを展開し、価格低下による大衆車の時代を作った。石油産業はガソリンや工業燃料の需要が高まった。アルミニウム工業が軍需生産に関連して発展した。建築技術の発展で、高層建築や共同アパート、郊外の個人住宅の建設が進展した。これによって、1920年代のアメリカで住宅への投機ブームも起こった。

必需品から贅沢品

需要はある意味では無限である。無限になるためには、商品にちょっとした変化を与えなければならない。それは優雅さであり、おいしさであり、洗練であり、便利さであり、遊びであり、新しい欲望をもたらすものである。欲望は人間の本質であるのではなく、商品の本質である。「店」はもともと「見世」であり、見せることで欲望を刺激する。欲望の刺激はお試し品であり、試食であり、体験してみることで与えられる。無料での商品の提供はそこに意味があった。

このような商品の生産は、産業革命で爆発的に増え、そして19世紀末から20世紀初頭にさらに大きな爆発をした。ある意味ではけち臭い人間の営みであるが、現代文明や経済の発展といった政治目標となることで、使命を与えられ、重みと神聖さを与えられている。

2. 国民国家・市民社会

国民国家の誕生

生産力構造が、資本主義の発達とともに推移してきた。商品生産が行われるようになったことが、近代市民社会を作り、国民国家の母体になった。

近代国家の誕生は、内乱の終結によってもたらされる。ドイツ30年戦争やフランスのユグノー戦争やイギリスのばら戦争などの内乱が終結することは、中央集権の国家形成となった。日本の戦国時代の平定を織田信長が、岐阜城に入場して「天下布武」を唱えたときのことと重なった事柄である。近代国家はいきなり、共和国ができることや国民国家ができるということで始まるのではなく、まず、中央集権的な国家形成となって実現する。世界史的には、１６４８年のウエストファリア条約で「国家主権」がいわば国際社会で認知されたことを近代国家という枠組の出発点と考えることができる。

もちろん近代国家は国民国家が誕生するということが肝要であり、市民社会が形成されるということが、市民政府を要請し、市民政府を樹立するために必要である。そのために市民革命が起こったということが、近代国家成立の意義である。市民革命のすぐ後に、憲法、人権宣言が成立し、近代国民国家の内実が出来上がる。

市民社会と国民国家

市民社会は、単に商業圏が広がるだけではなく、その商業圏が商品生産と結びつくところに成立する。ブルゴーニュ地方が広い商業圏の広がりがあったところに、羊毛工業を中心とした産業が生まれて、世界最初のオランダという共和国が市民の手で作られた。市民がもっとも必要としたものは、「営業の自由」である。絶対王政が大商人たちに営業特権を与えて財政の基盤としていたことを否定し、すべての市民が自由に営業できることが市民革命の意図であった。自由な社会は近代社会の意味であり、それは商品生産という経済の変化に対応する事柄であった。市民革命で、実現されるのは、自由な社会であり、その核に営業の自由があった。

1581年オランダは連邦議会で独立の方針をとる。1596年にネーデルラント連邦共和国の成立に至る。イギリスは、ピューリタン革命で、イギリス共和国Commonwealthが建設される。アダム・スミスの『国富論』は、Wealth of Nationsであるのは、国家の富ということが、市民社会を作り国民国家を作るという発想となっている。

国民国家の歴史は、現在まで世界の根本的枠組みを作ってきた。国家主権は、現代でも大前提である。しかし、他面、グローバリゼーションの中で国家を超えた経済協力が始まっている。特に生産力構造が一国的なものではなくなるということが、国家を根底から揺さぶる事態なのである。

公共性の変化

公共性の誕生は、市民社会の形成の一つの道標である。かつて、ギリシアのポリスにアゴラ（広場）があり、そこで人々が語り合い、その中で、弁証法、対話といった哲学が生まれ、人類の精神が育った。近代社会は新聞を生み出した。トラファルガー広場で、新聞を朗読してくれる人の周りに文盲の人たちが集まり、公共に触れた。パブやコーヒーハウスが、人々の憩いの場であった。フランスのサロンで近代啓蒙の精神が育っていった。近代の理性や合理性は公共性と不可分に成長した。映画館や大衆娯楽である演劇、プロ野球観戦は人々が誘い合って楽しめる場所であった。

今、SNSは新しい公共の場となるであろうか。新聞やテレビといったマスコミという媒体は、危機に瀕しようとしている。年賀状は住所を知らないと送れない。住所を知らないでも送れるところに、SNSの魅力を見る発想は「草食系人間」に適した交流の姿であると言える。他面、コミュニティ・センター、ボランティア活動などが新しい公共の場につながる。人々が集まる場を新たに作ろうとする動きもある。

民族の時代は終わる

サムエル・ハッチントンが、「文明の衝突」として民族を描いたのは、21世紀の予感としてもてはやされた。それは市場主義が民主化と一緒に市民社会を描いたことに対する反省でもあった。21世紀のグローバル化のなかで、市場は、確実に広がっている。ただ、市民社会の建設には多くの課題を残している。

アラブの春の失敗は、市民社会の未成熟の帰結である。その中から、IS（イスラム国）が生まれ、スーダンの内戦やリビアの内戦につながっている。マララ（Malala Yousafzai）の主張は単に善意の希望であり、国を作ってゆくものとはなりえない。フランス革命のロベスピエールやそのあとのナポレオンは近代の制度を強力に建設していった。ドイツではシュタイン・ハルデンベルクの社会建設を経てやがて１８４０年代につながるドイツの産業の勃興を迎えている。日本の明治維新は強力な近代国家の建設ということが国家の死活問題としての課題であった。これらの指導者の周りに無数の優れた知識人たちが活躍していた。市民社会のあらゆる面での建設ということが、先進国と言われる国々だけでなく、かつて植民地であった地域に広がるべき時期に来ている。

3．グローバルな生産力構造の出現

産業の大転換が起こっている。各主要産業に現在起こっている変化を見てゆこう。

a．鉄鋼業

世界の鉄鋼生産

１９８9年の時点で、世界の鉄鋼生産の総額は7億8、３００万トン、ソビエトが約1億5、０００万トンで、日本とアメリカが約1億トンで世界の主な鉄鋼生産国であった。その後、世界は一変する。現在、世界の粗鋼生産量の約半分を中国が占めている。１９９６年に中国は1億トンの粗鋼生産を達成し、日本を抜いて世界で1位となった。２００6年には4億2、０００万トンになった。生産量は需要の問題である。特に鉄は多くの産業の素材を提供するものであるので、中国では他産業の厖大な需要があったのである。他の産業が成長することで鉄鋼の需要が創出されていた。鉄鋼産業はすべての産業の生産力に支えられて発展する。需要がキーとなる。

ミタルがアルセロールを買収し、世界最大の鉄鋼企業となった。しかし、中国の生産量で粗鋼生産量がそれを上回る。かつてのスターリンや毛沢東の重工業優先政策をほうふつとさせる。この増産体制は、世界中に低価格をもたらし、鉄冷えの原因となっている。

グローバル企業合同の時代――鉄鋼業

鉄は国家であった。八幡製鉄が日本を作った。クルップがドイツを世界最強の国家にした。USスチールはアメリカを世界最強の国家にした。しかし、グローバル市場での競争は、必要な技術と資本と生産規模をめぐって、国家を超えた合併へと企業を転換させた。１９９０年代末からの出来事である。「鉄は産業のコメ」といわれる。地球は鉄の星である。地球の中心は鉄でできている。供給はその意味で無限に近い。鉄の生産量は、需要によって決まる。機械、建築、自動車、電機産業などで、鉄は素材として必要である。産業の需要が製鉄業の大きさを支えることになる。

国家が産業に依拠するということでは、現代国家は鉄鋼業とともにあった。軍事産業を支えたのも鉄鋼業であった。国家は、軍需と国民的産業の発展の両方で鉄を基礎としてできていた。

中国の製鉄業は、鄧小平が新日鉄の協力を得て、国有製鉄所を始めたところから始まる。日本、アメリカ、ソビエトが、それぞれ1億トンの生産力を持っていた時代である。２０１５年の現在、中国は、8億2千万トンの生産力を持っている。高度成長を続けた国内産業の需要がこの生産量を実現させた。しかし、現在は2億トンの過剰生産である。社会主義的な経済発想の残滓がそこにはある。雇用優先と先と生産量巨大化は、社会主義国では可能であるが、国家経済の衰退をもたらすこととなりかねない。中国は、粗鋼の輸出で対応しようとする。鉄鋼の国際価格が下落する。ASEAN諸国に2、500万トン流れ出た。タイの鉄鋼大手のサハウィリア・スチール・インダストリーズが経営破綻した。インドのタタ製鉄も大規模解雇を行う羽目になっている（日本経済新聞、2015年10月17日）。

2005年6月に韓国の製鉄会社ポスコは、インドに一貫製鉄所を建設決定している。19世紀まで鉄鋼生産の中心は、ヨーロッパを舞台としていた。20世紀になると、アメリカとドイツが中心的に位置を占めるようになり、日本が続いた。そして、21世紀には、中国、インドなどに移りつつある。そこには市場のみならず生産においても資本の競争原理が働き、もはや資本主義は国という単位を超えている。

金融革命とともに世界の製鉄産業に根本的な変化が訪れる。フランスのユジノールは韓国の製鉄会社のポスコと新日鉄と協同体制を作る。そして、ヨーロッパの製鉄産業は合併を繰り返し、アルセロールという巨大製鉄会社を生み出す。2002年、フランスのユジノール、スペインのアセラリア、ルクセンブルグのアルベットが合併してアルセロールという世界で2位の大企業ができた。さらに注目すべきは、そのアルセロールが1位のミタル・スチールに統合されるという事態である。ミタル・スチールは、グローバルの独占になろうとしている。ミタルは鉄工所から始まり、合併を繰り返して大きくなった。ミタルは日本の新日鉄をも併合の視野に入れながらM&Aを繰り返す。競争は世界独占のインパクトとともに存立するようになる。市場は、グローバル市場となる。市場のグローバル化に対応する形で、国際的合同の波がやってきた。それは過去の合同が国内市場を前提とした合同であったのと根本的な違いがある。

しかも、ミタル・スチールという会社自体が、かつて20世紀の産業を支えた企業ではないということとである。高炉を製造することなく、買収に買収を重ねて急成長した企業である。いわば、自己の金融的な手腕で拡大し続けて、世界のトップ企業となった。

鉄鋼業の頭打ち

中国は過剰生産に陥っている。中国製の鋼材が世界に溢れている。鉄鋼製品は2015年9月現在で、1年で4割下がった（日本経済新聞、2015年9月1日）。割安な中国製鋼材が、世界各国の輸入を増やすことになる。例えば、タイの輸入は1月から6月で11億ドル分となった。インドのタタ製鉄は一部の圧延設備の操業を休止している。アメリカ、USスチールの高炉の一つが閉鎖に追い込まれる、といった具合に、世界中に波紋を投げかけている。

需要の限界は、生産力が大きくなっている時点で、デフレ現象を生み出し、それがグローバル市場に広がってゆく。生産縮小、操業休止などにつながり、不況をもたらす。需要は、輸出によって得られることもある。特に、19世紀では世界市場の広がりはそのまま好景気につながった。今日の日本の需要も外需に依存する割合は大きい。

アルセロール・ミタルは、中国の安い鋼材の輸入でヨーロッパ市場での利益を確保できなくなっている。赤字に転落した。輸入規制を、高関税をEUに働きかけている。新日鉄は、販売先の6割が国内である。住友金属工業との統合後の合理化効果が年1、400億円に上る。中国製の鋼材の流入も円安などで歯止めがかかっている。

鉄鉱石

世界の鉄鉱石の産出は、次の三つの時期で捉えることができる。第一期は、ヨーロッパ中心に採掘されていた時代で、製鉄業はヨーロッパで発達したものであった。産業革命のパドル法の時代から、ベッセマーの転炉の発明、シーメンス＝マルタン法の閉路の発明、トーマス法の発明によって、やがて20世紀の鋼の時代を迎えることになる。

第二期は、アメリカとソビエトの巨大国家が鉄鉱石の産地と石炭の産地を結んで、巨大生産に挑んだ時代である。ヨーロッパはそれに対抗するために、ドイツのルール地方とフランスのロレーヌ地方を結び付けるべく、石炭鉄鋼同盟を１９５８年に創設し、今日のＥＵにつながる統合を成し遂げた。その意味では、ＥＵは、一面では国家を超えた存在でありながら、他面では巨大国家を目指すという側面を持っている。

第三の時期は、鉄鉱石市場がグローバル化した時代である。ブラジルのミナス州のウジミナス製鉄所やカラジャス鉄鉱山は、世界に鉄鉱石を供給するようになる。日本の製鉄業の発展は、釜石などの少量の鉄鉱石の産出ではもたらされない。ブラジルとオーストラリアの鉄鉱石を輸入することで実現された。それを仲介したのは、日本独特な企業である商社、特に三井物産と三菱商事であった。この時代は、やがて鉄鉱石の先物取引市場へとつながってゆく。

世界の鉄鋼の輸出は、ブラジルのヴァーレが31％を持ち、１位である。２位が17％のリオ・ティント、３位が14％のＢＨＰビリトンである。４位に日本の三井物産が入る。６％である。２００６年の鉄鉱石の世界海上貿易量は、７億２、１００万トンである。オーストラリアが35％、ブラジルが34％を占めている。三井物産は、１９６０年代から資源にかかわる事業投資をして、鉄鉱石をはじめ多くの分野で、権益を得てきている。Mitsui Iron Ore Development Pty.Ltd. によるオーストラリアでの鉄鉱山がある。また、ブラジルのヴァーレの株式を取得している。ヴァーレは、鉄鉱石のほか、ボーキサイト、マンガン、銅などを生産している。

石炭開発のグローバル化

三菱商事は、オーストラリアに１００％子会社のＭＤＰを１９５６年に創設している。石炭開発事業の会社である。２００６年には世界最大の資源会社であるＢＨＰビリトンと50：50の共同出資でＢＨＰ、Billiton Mitsubishi Allianceを創設し、三菱商事がボードメンバーの半数を持ち、日々の経営に参加する体制をとっている。

資源争奪戦

資源の獲得は、企業レベルの問題であると同時に、国家の問題でもある。中国による囲い込みが顕著であるが、先進資本主義国は政府の支援を得ながら企業が契約や土地の購入によって権利確保に乗り出している。

資源の問題は、石炭、鉄鉱石、金、メタル、レアメタル、石油、天然ガスに及ぶ。同時に農産物もここで考慮しなければならない。生産と市場の問題ではない。資源は「商品生産」の問題ではなく、「商品化」の問題である。そこにグローバル化する市場に国家が独占という機能をこうじることができるわけである。

b．電機産業

20世紀は電気の時代

ロシア革命の意味をレーニンは「電化」と表現した。20世紀は電気の時代で、松下電器は、電化を生活必需品の供給と捉え、「水道の哲学」として表現した。蛇口を回すと水が出てくるように電機製品を大衆が利用することができる社会を目指した。エディソンの作ったゼネラル・エレクトリック（GE）は、世界の電機産業をリードした。J・P・モルガンがGEの大株主として、支配下に置いていた。GEはフランスに進出し、フランス・エディソン会社を設立した。ドイツでは、AEG（アルゲマイネ・エレクトリツィテーツ・ゲゼルシャフト）が成立し175から200の会社を支配していた。電線、自動車、飛行機に至るまでの製品を製造している。

1980年代の前半は、日本の電機業界は黄金時代を迎えていた。家電企業は軒並み2桁の利益率を稼ぎ出していた。1976年VHSのビデオデッキが発売された。1979年、ソニーがウォークマンを発売した。世界市場で独占できる技術である。独占はいくつかのやり方があるが、ほかの企業が追随できない技術というのは最有力の独占を形成させるものである。家電産業は輸出産業の花形となった。輸出比率は、VTRが80％、カラーテレビが40％、テープレコーダーが88％、などである。カラーテレビは世界の需要の46％を日本企業が担っていた。家電業界の国内生産金額が1984年には約7兆円となった。そして1980年代にもビデオカメラ、デジタルカメラ（1989年）が発売されている。

新日本製鉄の時価総額は、ソニーよりも低い。ソニーは電機業界の中で、白物家電などの生活の電化とは無縁な商品を送り出してきた。それが時代の需要であった。その需要に乗って急成長を遂げたのである。遊びや娯楽という要望に結びついた需要であった。ホイジンガの『ホモ・ルーデンス』という概念が20世紀を特徴づける人類の存在形態となる。人間存在にとって「遊び」というファクターの重要性に注目した人間観である。ソニーはこの時代を代表する産業となる。しかし、そのソニーも2000年代には頭打ちになる。新しいエンターテインメントの競争が始まった。その中で、スマートフォンの持つ市場規模が急速に進展した。携帯電話やコンピューターがインターネットを経由し、SNSがゲームという娯楽で人々の需要を引き付ける。その過剰が色々な社会問題を生み出すまでになっている。

電機産業の頭打ち

2000年以降、デジタル家電の時代になる。日本の企業は商品開発で主導権を握り、グローバル市場での優位を保つ。DVDレコーダーは60%、液晶テレビは45%、プラズマテレビは50%、デジタルカメラは80%のシェアを持っていた。

テレビが日本中心にプラズマか液晶かを競っていた時代に、サムソンはブラウン管テレビに力を入れて、低価格品を作りアジアやアフリカで販売した。高度の品質よりも需要に応じた広範な需要にあった低品質の商品を提供することが、低開発国が成長するときに必要な商品であった。新しい市場の形成はそこから始まった。グローバル市場の意味はそんな側面も持っている。

「ジェネリック家電」という言葉がある。日本の家電は技術力への信仰が強い。新しい技術を開発し、優れた商品を開発することで、利益を得ようとするものである。その技術が古くなって、それを使用して単純な電化製品を低価格で提供しようとするものがジェネリック家電である。品質の一つにアフターケアがある。ヤマト運輸が家庭電気製品の修理工場を作り、アウトソーシングし始めた。6、000億円の市場がそこにあるという。必要は発明の親。この連携によって全体の需要が創出される。大手家電は今の方針を維持する限り、崩壊しかない。パナソニックがプラズマテレビから撤退し、シャープは倒産の危機にあえぎ、NECはスマートフォン製造事業から撤退を決めた。技術激動の時代である。

C. 自動車産業

自動車産業

自動車産業は、今、技術の曲がり角に来ている。石油に依存してきたエネルギーから、バイオ燃料、そしてさらには電気自動車への転換である。内燃機関の勝利は20世紀の産業を支える技術であった。今では電気自動車の生命線は電池の高性能化にかかっている。映画「アイアンマン」のモデルとなったイーロン・マスクのテスラモーターズは電気自動車のみを生産する。自動車会社の収益で世界の7位を占めるまでになっている。新しい時代の生産力構造となろうとしている。モータリゼーションは、過剰な排気ガスを生み、大気汚染、地球温暖化をもたらしてきた。温暖化をもたらした二酸化炭素の排出は、人工光合成の技術で克服されるかもしれない。しかし、その前に過剰な二酸化炭素の排出で、自然破壊は壊滅的な段階まで進む可能性もある。

自動車産業の変化

デトロイト市が倒産した。180億ドルという大きな負債を抱えた倒産である。自動車産業の街は人口も半数以下になっていた。デトロイトの自動車産業は、強いアメリカ産業の象徴であった。鉄鋼業はすでにUSスチールの衰退によって、アメリカを支える産業ではなく、今、自動車産業も、ビッグスリーといわれアメリカを代表する企業三社は、トヨタ、ホンダ、日産などの日本企業に世界市場でシェアを奪われてきている。日本の企業は生産拠点をすでに中国・ベトナムなどに移している。そして、産業用ロボットの導入などにより、いち早くロボット化で労働コストを減らしている。資本の有機的構成は極めて高くなっている。そして何よりも、燃費の向上、高い品質を実現してきた。生産による優位である。リーマンショックの一因ともなった、GMファイナンスの過剰融資は、自動車産業の方向性の錯乱とも映る。

自動車産業は広範な関連企業を持つ。製造、販売、整備、資材の分野にわたっている。自動車産業の就業人口は、日本で約500万人である。全就業人口の8%ほどになる。1台の自動車は、2万～3万点もの部品からできている。完成車メーカーは、自社で部品を作るだけでなく、タイヤやバッテリーなどのように、構成部品を購入して生産する。

1998年、独ダイムラーと米クライスラーが合併した。世界の自動車産業が合併の必然性を持つ時代の到来である。原因の一つは、グローバル市場での競争の始まりである。「400万台の世界生産台数のない自動車メーカーは生き残れない」といわれた。「400万台クラブ」という言葉が生まれた。自動車は、現在、年間、世界中で約8、000万台生産されている。インド、ブラジル、アフリカ、アラブの多くの人口が中産階層になってゆくにつれてその生産台数はやがて1億台を突破してゆくことになると思われる。

ゴーン・ショック

1999年、日産自動車は仏ルノーと、電撃的な資本・業務提携に突き進んだ。ルノーから派遣されたカルロス・ゴーンの下で「日産リバイバル計画」を発表した。従来の日本的経営では不可能な対策であった。人員の大幅削減、設備能力削減、系列経営に軌道修正を加え、部品会社を競争で選んだ。日産系の部品メーカーは、世界的なサプライヤーの競争、世界戦略に飲み込まれてゆく。

また、自動車鋼板の入札を始めたことは、鉄鋼業界の再編の引き金となる。新日本製鉄は、神戸製鋼・住友金属工業と資本提携・業務提携を行い、連携を強化している。

鉄道

財閥を支えてきたのは、鉄道事業である。ヴァンダービルト、メロンといったアメリカの財閥は、鉄道によって資産を構築していった財閥である。さらに、石油産業独占の優位を鉄道利用によって達成したロックフェラーが、アメリカ最大の財閥であることは言うまでもない。

ヨーロッパでは、金融王ネイサン・ロスチャイルドは、鉄道事業への参加で後れを取ったのを教訓にすぐヨーロッパ大陸にいる兄弟たちに指示を送り、フランスとオーストリアのロスチャイルド家が鉄道業での利権を獲得する。金融業に母体を持つロスチャイルド家も、鉄道業が財閥の基礎となってゆく。

現在、高速鉄道が世界中に広がろうとしている。高速鉄道は、日本の新幹線が十八番であり、フランスのＴＶＧがヨーロッパを代表する技術を創り出した。新幹線の技術は、太平洋戦争で活躍した零戦の技術が母体となって生み出されたものである。

d．化学工業

石油化学工業の生産は、日本では１９５８年に始まっている。エチレンの生産量は、それ以後、急速に増え続け、１９７０年に３００万トンの線を超えて、それ以降は、横ばいになっている。アメリカでの石油化学工業の企業化は、１９２０年ごろである。アメリカは戦後、１９５０年代から６０年代にかけて、世界のリーディングインダストリーの地位に上る。

化学工業は、漂白に使うさらし粉に始まる。続いて、合成染料であるインジゴがアドルフ・バイヤーによって発明される。アンモニアの合成ができるようになり、窒素肥料と火薬の原料である硝酸を製造することができるようになった。デュポンによる化学繊維・ナイロンの発明が衣料の分野に革命をもたらす。そして、化学工業は、医薬品の開発、プラスチック、ビニール、合成ゴムなどの製造へと広がってゆく。

化学工業は、コンビナートという形をとる。化学の技術の発達とともに様々な発明が行われることで多様な製品が作られてゆく。副産物が産出されるからである。食塩水の分解で苛性ソーダを製造することを目的とした電解法ソーダ工業で、紙、パルプ、石鹼が製造されたが、副産物として生じる塩素が、猛毒で廃棄も難しかった。塩素からさらし粉を作ることはできたが需要に限界があった。塩素の利用できる範囲で、苛性ソーダの生産が制限されるということになる。ところが、塩化ビニルを製造し、利用することができるようになり、副産物の塩素の問題は解決する。逆に制約は苛性ソーダの需要のほうに移った。副産物の有効利用が主製品のコストダウンにつながっていった。

石油化学コンビナートは、装置産業の象徴的な存在であった。国の産業を支える一つの柱となる。住友化学はサウジアラビアの石油化学事業に投資している。国営石油会社サウジアラムコと合弁会社を作っている。原油高や円高などの世界経済環境の要因で日本を生産拠点とした貿易に依存できない。中国の石油化学メーカーとの競争もサウジアラビアでの生産という動きを後押しする。

三菱化成と三菱油化が合併し、三菱化学が1994年にできる。1997年、三井石油化学工業と三井東圧化学とが合併して三井化学ができる。グローバル競争に備えた大規模化の動きである。

現在の化学業界は、総合化学メーカー7社（三菱ケミカルホールディングス、三井化学、住友化学、旭化成、宇部興産、昭和電工、東ソー）が、コンビナートの中核をなし、エチレンなどの基礎素材から誘導品まで幅広く取り扱っている。エチレン生産は、1999年の768万トンをピークにしている。製品の生産量に依存するより、光ファイバー、シリコンウエハー、情報産業材料、有機ＥＬパネルなどの市場が、利益を生むものとして主流になろうとしている。

e. 石油

石油

石油は特殊な商品である。しかも、20世紀の生産力構造に大きなウェイトを持った商品である。生産コストが低く、独占することで巨額の独占利潤を得ることができる。地政学的な要素が強く政治情勢が色濃く反映する。そのことから現在では産油国側で国家が石油産業に強くかかわっている。

ロックフェラーがスタンダードオイルという形で独占を確立したのが石油産業の第一段階である。石油は、アメリカ資本主義の発展の動力であった。ロックフェラー財閥はＷＡＳＰ（アメリカの白人社会を表す言葉である。White, Anglo-Saxon, Protestant）のアメリカを代表する企業集団を形成した。アメリカに始まる石油の産業化は、ロックフェラーによる巨大独占の形成と一つのものであった。石油精製をロックフェラーが統括し、原油生産を支配するに至る。新しい生産力構造の変化は、石油という産業にも大きな変化をもたらす。石油産業は自動車産業との結びつきが大きい。自動車産業は、１９１０年代にはガソリンによる内燃機関を動力として使用するという形に収斂されてゆく。

第一次世界大戦で戦車や飛行機といった軍事兵器を動かすのが石油ということになると、イギリスとオランダ、そしてフランスが国家的使命感から石油産業に乗り出すことになった。これらの国々は中近東に進出し、そこで石油の利権を獲得する。ロイヤルダッチシェルとブリティッシュペトロリアムができる。アメリカのスタンダード石油が独占禁止法によって解体された後も、セブンシスターズと呼ばれる石油資本＝メジャーの五つにロックフェラー家が携わり続ける。

1960年にOPECができる。国家が資源を管理しようと乗り出した時代である。石油価格は、OPECの会議で決まるようになってゆく。しかしそれを一変させるのがシェール革命である。アメリカで新しい石油が産出する。そして、カナダのサンドオイル、ロシア、中国という新しい産油国の動きで、OPEC中心の世界の構図は変わってゆく。

燃料としては、原油からエタノール、シェールガス、メタンハイドレードへと移ってゆく。動力源としては、ハイブリッド車、電気自動車へと転換してゆき、内燃機関から電気を利用した新しい動力源の在り方に移ろうとしている。

1973年と1979年の2度にわたるオイルショックで石油価格は釣り上げられた。1バレル2ドルから20ドルに急騰した。OPEC（石油輸出国機構）によるものである。そして2010年代には、100ドルを超えて140ドルにまでなっている。この高価格はシェールオイルの生産に拍車をかけた。ところが2015年から石油価格が暴落している。シェールオイルの普及が世界市場の動乱をもたらした。石油の生産コストは、1バレル10ドルから20ドル。シェールオイルは、30ドルから50ドルである。OPECは独占を守るために生産コストの差額に目を付け、シェールオイル潰しに出た。石油価格が、140ドルから50ドルさらに27ドルまで低下すると、産油国もダメージを受けるがシェールオイル産業は倒産に追い込まれる。このような石油価格の下落によってシェールオイルは致命的な打撃を受けることになった。

自動車の石油離れを受けて、先進国の産業の石油依存度は低下し始めている。1980年にアメリカ経済の原油への依存度は、8・0％であった。2004年には2・6％になっている。日本でも、1980年の原油依存度は、6・0％で2004年には1・8％に減っている。

石油の時代が終わる

2016年は、世界的な株価の暴落で始まった。チャイルショックと呼ばれる。「チャイナ」と「オイル」が不況の原因を作る。リーマンショックは3年ほどで回復したが、チャイルショックはもっと根深いのではないかという予想がある。これは、2010年代を作っていた世界経済の構造の根幹部分、生産力構造の部分の変化にかかわるからである。中国の役割の変化と石油の時代の終わりということになりそうである。

石油は、セブンシスターズの時代からOPECの時代に移行し、石油という国家的色彩を持った商品を生み出していた。その意味で、石油は政治であった。シェール革命で事態は一変し、メタンハイドレードの可能性、ハイブリッド車が先進国の乗用車の主力となり、電気自動車という新しい技術が、自動車産業を電器産業と化学産業に変化させた。もはや、OPECは過去のものになり始めている。中東の時代も終わりを迎える。イスラム金融に至っては、刹那の注目でしかなかったと言われ、忘れ去られる日がやがて来るのではないだろうか。石油そのものが生産力構造の主力から外れていくことになると言えそうである。

ロシアは原油と天然ガスが輸出の6割を占めている。ベネズエラは外貨収入のほぼ全額を原油に頼っている。この2国では、通貨は急落し、景気は低迷し始めている。世界的に原油価格が低迷している。

4．グローバルな労働力

グローバル化時代の労働

生産力構造の転換の時期は、世界史的には、第一に産業革命の時期であり、第二に、大不況期から20世紀初頭にかけてであった。そのとき、労働力の大きな変化が発生していた。産業革命期には、単純な肉体労働が多量に生み出され、それは労賃が食料の価格ときっちり一致する時代を作っていった。独占資本主義の形成は、労働者の階層化と富裕化をもたらした。それが金融資本主義時代の労働者の形であった。そこでは、学歴社会がその構造を支え、現代法で労働者の権利が確立し、福祉国家が実現された。

そして、今の大転換は、労働者の在り方がグローバル産業の在り方となっていく。各国の食糧費の違いが賃金の違いとなり、格差社会はあらゆる国で生み出され、さらに国際間の価値関係を生み出していっている。

世界の賃金の状況

メキシコの工場労働者の賃金は、アメリカの7分の1から8分の1である。コスト競争力が強い。ジャカルタの最低賃金は、２０１１年で月１５０ドルである。低い地域（ジャワ州中部）では79ドル程度である。ハノイやホーチミン市は75ドルである。フィリピンやタイが２７０ドル程度である。

日系企業の工場労働者の賃金は、２０１０年で、ベトナムで１０７ドル、インドネシアで１８２ドル、タイで２６３ドル、インドで２６９ドル、中国で３０３ドルである。賃金を決定するものは、食料品の価格である。そして賃金が商品の価値を決定するので、大競争時代の価格競争は、国を選ばない。国を超えて低賃金の生産力を求める。商品の価値は、それに投下される労働の量で決まるというマルクスの「労働価値説」は多くの経済政策を中心とした経済学説からは無視されてきたが、現実は労働コストが価値を決定しているのである。２０１６年現在で、フィリピンの人口は1億人で平均年齢が23歳である。低賃金のフィリピンは、東南アジア諸国連合経済共同体の製造拠点になる可能性が高い。

東南アジア諸国連合経済共同体

ＡＳＥＡＮが経済共同体に発展しようとしている。共同の経済圏ができることで、貿易ではなく域内のどこでも売れるというメリットがある。製造と販売が広域で行われ、地域での販売網と製造拠点の計画が広域で立てられるようになる。例えば、イオンはトップバリュの製造をタイで一括し、カンボジアのプノンペンなどのショッピングモールで売るということが行われるようになる。ＡＥＣ（ＡＳＥＡＮ Economic Communityアセアン経済共同体）は、ＡＳＥＡＮ10か国の物品・サービス、人の自由な移動ができるようになる経済連携である。自動車などの製造業では、サプライチェーンも国境を越えて拡大する。より大きな市場を前提とすることで、規模の利益が出やすくなる。調達網が広がる。シンガポール、マレーシア、バンコク、ハノイ、中国を結ぶトラック物流サービスが始まっている（日本経済新聞、２０１５年12月17日参照）。

中国は、世界の工場となっていた。しかし、鉄鋼需要が低迷し社会主義経済独自の過剰生産が世界の鉄鋼事情を変化させ、各国に鉄鋼不況をばらまいている。また、中国の安価な労働力に基づく生産拡大・高度成長は、労賃の値上がりとともに終焉を迎えようとしている。生産拠点はタイ、インドネシアに移り、さらにフィリピン、ベトナムに移行し、さらに最後のフロンティア・ミャンマーを巻き込んでゆく。低賃金の国を求めて、生産体制が移行し、そして地球全体の市民社会のグローバル化につながってゆく。

労働力の国際的な移動

日本への海外の労働力の流入は、1990年代に始まる。中小企業の鍛造、鋳造、プレス、メッキ、溶接、塗装、機械加工などの現場では多国籍な労働力が製造を支えた。中国、パキスタン、バングラデシュからやってきた不法就労の労働者である。彼らは本国ではエリート階層に属している。優秀な労働力であることが多い。

フィリピンは、GDPの10%以上を海外労働者からの仕送りが占めている。年間100万人以上の人々が海外で働く。サウジアラビア、ドバイなどの産油国が第一で、カナダやニュージーランドでの出稼ぎも多い。国内産業が育っていないことからくる現象である。町の中心部に、Manpower Agenciesがあふれかえっている。その多くが、海外での就労を紹介するセンターで、政府の認可をとっている労働力海外派遣業者である。看護師、介護士、技術者、英語の教師など、行先の国の労働力需要によって職種が変化してゆく。

労働力を求めて工場が海外に移転する。コイル大手のスミダコーポレーションの従業員数は、2万人余りであるが、そのほとんどが海外である。中国、タイ、ルーマニアである。日本には開発者を中心に600人程度が残るだけである（日本経済新聞社編『大転換』日本経済新聞社、2010年、4頁）。

5. 消費の形

小売業の変化

自由化と巨大資本の波が1990年代にやってくる。1974年に日本では百貨店法が廃止され、大店法が施行された。百貨店法は許可制である。売り場面積や営業時間などに多くの規制を受けていた。大店法は、世界的な自由化の波の中で生まれたと言える。大店法は届け出制なので規制はあるが、より自由な活動ができるようになった。1994年には店舗面積1、000㎡未満の原則自由化、開店時刻などが緩和された。コンビニエンスストアも営業時間が大幅に長くなってまさに「便利convenient」になった。セブン-イレブンはアメリカで朝7時から夜11時まで店が開かれているので、セブン-イレブンだった。日本のセブン-イレブンも当初その時間を踏襲し、それが長い時間に感じられていたが、その後より長い時間の開店になっていった。

ユニクロは、母国の日本をはじめ、中国、韓国、台湾では、人気がある。ヨーロッパでもそれほど悪くはない。ところが10年前から進出しているアメリカではあまり人気がない。ファーストファッション分野のアメリカ市場で苦戦している。スペインの「ZARA」やスウェーデンの「H&M」、アメリカのカジュアル衣料品チェーンの「GAP」や「フォーエバー21」、デザイナーブランドの格安品を扱う「ロス」や「TJマックス」などの強豪がひしめく。ティーンズ向けカジュアルの「アメリカンアパレル」は2015年10月に破産法の適用を申請した。「GAP」の店舗も、4分の1を閉鎖する。熾烈な競争である。

市場占有率

大競争時代をもたらした主な要因は、国内市場がグローバル市場にとって代わられるという事態である。その事態を生み出したものに、交通の発達や通信技術の発達がある。それを進めた技術は、IT技術であることは間違いない。この市場の転換は、1980年代半ばに始まりだし、1990年代に本格化してくる。1990年の時点では、ほとんどの企業はまだ、国内の市場占有率を視野に入れて経営計画を立てていた。しかし、2000年にはほとんどの大企業は、世界市場を視野に入れて経営計画を立てている。そして、中小企業もその渦の中に入ってくる。すべての企業が、海外市場、海外進出、海外からの労働力の取り込みなどを進めるようになっている。

消費蒸発

需要は、20世紀の経済の第一の要素であった。

消費者が「賢く」なる。マーケティングのツールと方法が変わる。それによって、消費が消滅する。不要なものを買わなくなる。店は、商品を見せる場所で、「見世」に由来する。「見世」が日本で初めてできたのは室町時代のことである。

不要なものを買わない。裕福がおカネと所有によってもたらされ、それがサクセスを意味した時代から価値観が変わってきている。消費が消滅すると、需要が減る。供給過剰になり、一段とデフレが進行する。

ネット消費

三井物産は中国のポータルサイト大手の網易（ネットイースト）と提携し、中国での日本製品の販売を始めた。中国のネット消費は、アリババが圧倒的に強い。ネットイーストは商品を買い取り、保管倉庫で在庫として抱えておくことで中国全土に短期間で宅配できるようにする。２０１６年には、売り上げ8、０００億円を目指している。そのうち半分を日本製品が占める見通しにしている。日本製品の高品質が消費者の信用を受けている。爆買いに代わる新しい消費の形である。

２０１６年3月の時点で、ネット消費は、イギリスで15％、アメリカで10％弱、日本で5％ほどである。

商社の変容

日本の金融資本主義の一翼を担っていたのが、商社である。商社受難の時代が１９９０年代である。商社は、鉄鋼、造船、重機械、石油化学の独占企業と結びつき、企業集団のかなめの一翼を担っていた。また、原油、ガスを販売する権利を保有することで産業のインフラ的部分も担っていた。取引先に対して、売掛金、受取手形、貸付金、債務保証、出資という形で、商社金融機能を持っていた。

ところが90年代末には、商社の長期社債の格付けが引き下げられた。商社の金融の危機といえる。資金調達のコストが増大する。財務内容が悪化し、業界再編が行われるようになる。90年代半ばまでの商社は、三菱商事、三井物産、住友商事、伊藤忠商事、丸紅、日商岩井、トーメン、ニチメン、兼松が、「9大商社」と呼ばれて安定していた。２００１年10月伊藤忠商事と丸紅は鉄鋼製品部門を切り離し、伊藤忠丸紅鉄鋼が誕生する。２００３年4月にニチメンと日商岩井が事業統合する。その後、双日となる。２００２年2月、三井物産と住友商事は建材部門を三井住商建材に統合する。２００３年

1月、三菱商事と日商岩井は鉄鋼取引部門を統合し、メタルワンを設立する。2006年4月、豊田通商はトーメンを吸収し、新しい豊田通商となる。兼松は、脱総合商社化する。商社は、統合、合併を繰り返し、商社業界は一変してしまう。もはや、日商岩井、トーメン、ニチメン、兼松は姿を消している。双日などいくつかの新しい形の企業に生まれ変わっている。このような商社の再編で、金融資本主義の一翼を担っていた商社の機能は、部門ごとの営利に基づいた企業活動に転換していった。

6．企業の脱国家的性格

生産の戦略

市場がグローバル化することで、企業は世界市場での競争が激化した。90年ごろまでは市場競争や市場占有率は、国内市場が中心で、海外市場は次の段階のものであった。貿易は重要な要素ではあったがあくまで貿易であった。ところが、2000年ごろには世界市場こそが第一の市場となってくる。〈海外市場対国内市場〉という枠組みは、グローバル市場での競争が第一となり、企業の体制そのものがグローバル化している。生産が国内生産対海外生産で考えるべきものではなく、何をどこで作り、どの部分をどの企業にアウトソーシングするか、必要な場合は技術を持った企業や必要な部署を買い取ってしまうということが経営戦略の当然のベースとなったのである。アップルはスマホの商品企画をアメリカで開発し、部品を韓国・台湾や日本で生産契約し、世界で販売する。マイクロソフトはウインドウズを、IT技術者が安く大量に獲得できるインドのバンガロールで開発する。

グローバル生産

グローバルな共同生産が始まっている。生産力構造がグローバル化するといえる。航空機生産は、アメリカのボーイング社とヨーロッパのエアバスが最大手である。日本の企業がその部品の多くを生産するようになっている。制御装置大手のナブテスコは、ボーイングの制御装置を受注している。IHIは、エアバスの部品を生産している。三菱重工、富士重工業、新明和工業、ジャムコ、川崎重工などが、飛行機部品を製造し、ボーイングとエアバスに提供している（日本経済新聞、2015年9月30日）。

建築業もグローバル展開し始めている。日本の住宅大手が海外で大規模開発に動き出している。積水ハウスはオーストラリアで6、200戸の住宅を、2020年までに供給する。ダイワハウス工業は2016年度から3年間で1千億円を海外事業に投じる。三菱地所レジデンスは2014年からバンコクで6、000個余りのマンション開発に着手している。

国家企業

中国、ロシア、中東の国営企業が台頭してきている。国家の庇護のもと国内市場を独占し、膨大な利益を上げている。これを、社会主義と呼ぶ人もいるが、見当違いの概念である。その利益は、国家ファンドの資金源となり、投資市場に回っている。タイでは、タバコ、砂糖、石油などの産業が国営である。マレーシアでは、石油、重工業、自動車、インドネシアでは、石油、航空機が、フィリピンでは石油、鉄鋼などの業種が国営である。かつて、インド国民会議派の時代では国家の経済の役割が大きかった。それは社会主義ということと重なったイデオロギーからくる方針であった。

銀行の海外での活動

日本のみずほ銀行、三井住友銀行、三菱東京ＵＦＪ銀行は、海外への展開で投融資事業を民間レベルで行う。民間は国家国民性を超えて活動することが可能である。みずほ銀行は、中国の天津市の特区の管理当局と業務協力を行っている。三菱東京ＵＦＪ銀行は「新シルクロード構想」の要所として福建省福州市に支店を開設した。これらの銀行は、特区で中国企業との取引を増やしている。３メガバンクの２０１５年３月の時点での中国向け貸出残高は、約3兆8、０００億円である。今後10年間で見込まれる新興国でのインフラ需要は、４００兆ともいわれる。その58％は電力である。道路や通信など多くの分野で投資が見込まれる。

システムD

国家の規制や税を逃れている全く自由な企業が世界のＧＤＰの半分を占めている。規制や登録など国家の制度に適応していない経済圏は、世界の半分以上を占めているのである。これは「システムＤ」と呼ばれる。

フィリピンでは、「大資本対庶民」という対立構造が鮮明にある。ファーストフード店のJollibeeは、海外進出をできるぐらいの経済的力を持っている。マクドナルドを凌駕している。内税で、12％の消費税が明記されている。町の露店のマンゴー屋さんは、消費税を払っているようには思えない。システムＤ（税金や規制を無視した市場社会）の世界が庶民の世界のようである。トライシクルと呼ばれる自転車タクシーや道ばたの露店などは、税金を払っているのだろうか。税金のシステムが住民の状況に結びついていない。

【4】産業と社会システムのグローバル化

海外投融資

国家は道路、水道、電気、港湾、空港などのインフラを作り需要を喚起し、その国の市民社会を豊かなものにすることを使命としていた。教育も国家の将来を担う市民を生み出すという使命のもと、国家政策として積極的な意義があった。公立の学校制度は一種のインフラという側面をも持っている。マレーシアのマハティール首相は、国家の予算を教育に費やしても海外へその人材が流れてゆくことを悩んだ。あらゆるインフラが、岐路に立たされている。

マニラの鉄道整備計画に約2、400億円の円借款を供与する。2005年にはトルコのボスポラス海峡横断地下鉄整備事業に1、837億円、インドでは鉄道事業に総額約4、000億円を供与している。ウクライナでは地下水処理場改修事業に1、000億円の円借款を行っている。中国のアジアインフラ投資銀行に対抗するかたちで、日本政府は様々なインフラ供与を行おうとしている。

世界のクレーンの3割がドバイに集結しているといわれる。2番目はスーダンの首都のハルツーム。スーダンの建設ラッシュを支えているのはアラブの産油国である。サウジアラビア、クウェートが、石油開発、金融、農業、通信、空港、観光などに投資する。ハルツームには証券取引所もある。

グローバルインフラへの動き

経済の離陸はインフラの確立とともに実現する。現時点で、東南アジアのインフラは大きな注目を浴びている。世界中で離陸前夜のインフラ整備が要望されており、それがアジアインフラ投資銀行の設立へもつながっている傾向である。

日本政府も海外インフラ投資の支援策を作っている（日本経済新聞、2015年9月4日）。国際協力機構（ＪＩＣＡ）、アジア開発銀行（ＡＤＢ）、国際協力銀行（ＪＢＩＣ）、などが中国指導のアジアインフラ投資銀行（ＡＩＩＢ）に対抗する形で、ファンドを形成し、インフラ整備に乗り出している。これらはいわば、ケインズ政策が一国的なものであったのに対し、グローバル版ケインズ政策という要素を持っている。

バングラデシュ銀行（中央銀行）は、インフラ整備を目的とした国家ファンド（ＳＷＦ）を設立する。海外で働く労働者からの送金で外貨準備が膨らみそれをファンドにする。また、外貨準備から輸出企業への融資枠も設ける。

中国の習近平は２０１３年に広域経済圏構想「一帯一路（新シルクロード）」を提唱した。それを受けて西へ動き始めている。新疆ウイグル自治区のカシュガルに繊維の新工場を建設する。ここからインドパキスタンへの道を開く。新しい貿易圏、経済圏ができてきている。

特区

様々な国で外資導入策がとられている。特に、外資を招いた工業団地、特区を創設してゆく。上海の工業団地にソニーの合弁会社が作られる。品質管理で世界のトップ水準のテレビが作られる。中国では大連や広州にも経済特区を作り外資導入を行っている。タイでもベトナムでもフィリピンでも、特区ができている。また、フィリピンの金融の中心であるマカティ市に財閥が集まったグリーンベルトと名付けられた超高級地区ができ、外国の金融資本はBGC（Bolifacio Global City）という特別地区、別天地に集まっている。

多くの小売業・レストランも特区を中心に出店している。大戸屋、ペパーランチ、ダイソー、紀伊國屋書店、ユニクロ、ミキハウスなどの日本企業も、H&M、ZARA、IKEAなども、特区にも中心街にも進出している。伊勢丹は1993年に上海と天津に出店した。

中国だけでなく多くの国の市場化・市民社会の形成期には外資導入が行われる。日本の高度成長はむしろ外資から日本企業を守ることで、企業に国内市場独占の恩恵を享受させた。NIES諸国は、1980年代から外資を積極的に導入した。それがGDPの上昇につながった。ASEAN諸国も同じ時期、積極的に外資導入を行っている。

住宅投資、水道や電気のインフラを整備することが産業発展の基礎となった。そして、クーラーの普及により、暑さで働くことに嫌気がさすこの地域の人々が、活発な経済活動を行うようになる。市場化と市民層の形成は、第一に政府の市場化政策、自由化政策にあり、それを推し進めるのが、外資の導入とインフラ整備であると言える。

中東におけるグローバル化の波と反グローバリゼーションの傾向

マーケットがグローバル化する中で、反グローバリゼーションの動きがある。それは、商品の論理に対する否定もしくは抵抗である。代表的なものは、イスラムである。宗教はもともと商品の論理や利潤、利子といったものを否定する。さらに民主主義や近代的な社会制度を否定する。近代は非宗教的にできているからである。法も、宗教的倫理によって否定する。イラン革命は、その意味で民主主義を信奉する市民社会的常識から忌み嫌われた。ホメイニ師は、狂信的な厄介物と多くの先進国の人々には映った。

アラブの春は、そのイスラム地域に民主主義を、自由を、もたらすものであるはずであった。しかし、市民層はにわか仕立てでしかも薄い層しか存在しなかった。指導者がいなかった。政治組織として民主主義を実現させる人々がいなかった。宗教的政党と軍部がすぐに復活する。エジプトでは、イスラムの政党が、モルシ氏を党首としてイスラム政権を樹立させ、世界をイスラム教にするという理想をかかげた。オスマン帝国が世界をイスラム化したときには、寛容な政策の下で他の宗教も総じて容認されていたが、今のイスラムは時代の流れの中で緊張感を持つためか、きわめて不寛容に走る。殺戮をいとわないＩＳ（イスラム国）がその行き着く先といえるかもしれない。ＩＳは、最も矛盾が先鋭化した地域で生まれた。

商業を発展させ、市民層や市民社会につながる道を歩み始めている国が、リビアであり、スーダンである。外国資本と結びつき、極端な裕福を実現したＵＡＥのドバイやスーダンのハルツームは、建設ラッシュと投機の中に、欧米日本先進国の企業と結びつき、ファンド経済、投機経済を生み出している。１億弱の人口を抱える、エジプトやイランは、宗教的政治体制と非宗教的な民主主義の中間で揺らいでいる。

#【5】金融機関のグローバル化

1. 金融システムの改革

金融恐慌が大きくなり頻発する時代

リーマンショックへの対応で、ジョージ・ブッシュ大統領は、金融安定化法案で7、000億ドルの不良資産救済プログラムを設けた。2009年初めには、オバマ大統領が、7、870億ドルの景気対策法案を採択した。国家が、金融危機の対策のために多額の資金提供を行ったのである。事態はそれほどまでに大きな影響を持つに至っているといえる。自由主義市場は失敗した、と捉えて、国家の役割、国家の経済での役割に期待する考え方も生まれてくる。金融革命は、グローバル化と新しい生産力構造によってもたらされ、それはグローバル化した市場の時代ということができるが、その後の市場の不安定のために市場の時代は終わったという感想が生まれてくる。

リーマンショックまでは、銀行は債券商品のマーケットメークを行っていた。大量に債券商品を保有して、流動性を保持し、行き過ぎた価格の変動を抑えて市場の安定を図ってきた。リーマンショック後の規制強化で、マーケットメークが姿を消している。自由化の中で銀行は市場の調和よりも自行の利益を優先する体質に変化していった。また、サブプライム危機からリーマン恐慌の原因となった住宅市場は、需要を取り戻している。危機を起こした原因が危機を超えて経済を活性化させている。

金融肥大化社会

リーマンショックの原因は、サブプライム危機と連動した、金融商品の大量販売にあった。CDOやCDSが大量に作られ、それを投資銀行が、ヘッジファンド、保険会社、住宅ローン会社、商業銀行に販売していった。それによって、巨大な金融資産を膨らましていった。サブプライム危機が表面化することで、一種のバブルがはじけたとも言える。このバブルは、あまりにも大きすぎた。すべての金融機関を巻き込んで、経済の根底にまで達していた。リーマン・ブラザーズの破綻時の負債は、60兆円に上る。巨大な負債である。6、000億ドル（60兆円）で、リーマン・ブラザーズは吹っ飛んだ。この負債は、ダイエーなど巨大企業の倒産の15倍以上の規模である。

アメリカ人は、それまでバブルを次から次へと起こすことで、景気と経済と生活を維持しようとしてきた。資本主義社会にバブルはつきもので、バブルが崩壊すれば次のバブルを待てばよいという考えになる。そのような観念の下で、金融機関も、トレーダーも動いている。

しかし一つの考え方としては、金融セクターの肥大化は間違いであるという認識から出発しなければならないかもしれない。トレーダーが、MBAの優秀な頭脳や宇宙工学、数学者の天才が出世の代名詞となる社会が、病理の中にあるといえるかもしれない。金融資本は富を生み出さないのである。富を収奪できるだけである。言い換えれば、ほかの者が作ったものを集めて、奪い取るという作業なのである。金融によって生産活動が活発化し、生産活動が円滑になるということでは、金融の機能は意味を持つ。しかし、金融が独自に肥大化して、ただ利益をかすめ取るというだけになると社会全体が不健全となる。

ＧＤＰに焦点を当てると、経済の一般的な認識も誤謬を生む。経済の現実を人間にとっての意義をもとに考え直さなければならない。富とは何か、価値とは何かといった根本からの考察が必要である。金融部門でも利益が出れば、ＧＤＰは上昇しうる。しかし、ときとしてＧＤＰの増大は数字だけ独り歩きしてしまっている。全体として資産が増えても、豊かさにつながっていない場合があるのである。現に、収入の中間値は低下している。中産階級は崩壊し、貧困者の仲間入りをしているという事実は、日本に限られたことではない。金融革命によってもたらされている社会は、「格差社会」と呼ばれるゆえんである。格差社会を生み出しているのは、収奪の機構なのである。価値を生み出した人々から、価値を生み出すことのない人々のほうへ価値移転を起こす経済システムが「収奪」の機構であり、現代の金融の膨張や土地への投機という現象は、そのような収奪のシステムであるということができる。

金融商品とデリバティブの広がり

為替や債券だけでなく、不動産、エネルギー、穀物までも金融商品化し、金融取引の対象となっている。２０１４年、牛肉の先物市場が大きくなることで、牛肉の価格は上昇した。中国でも牛肉消費量の増大がある。この傾向を敏感に先物市場に反映させることで、ヘッジファンドや投資銀行はそのデリバティブ市場を拡大させ加速化させる。サブプライム問題をきっかけに、資産担保証券（Asset Backed Securities）の市場は混乱した。証券化の行き過ぎを危険視する見方は広がっている。しかし、それは恒常的な見解ではない。上下動を繰り返す市場の乱高下によってトレーダーたちが利益を得る機会を増幅させている。

リーマン危機を受けて、金融機関の間に信用不安が広がった。信用収縮を生み出している。マネーは、その中で商品市場に流れるようになった。金が経済危機に強いのは、金は商品であるからである。商品は価値の源泉である。現代ではまず原油が金融商品となる。続いて世界を作っている鉄鋼の原料である鉄鉱石が投資の対象となる。また、なんといっても人類に最も必要な商品は食糧である。穀物は古くから先物取引の対象であった。現代ではあらゆるものが、金融商品とデリバティブになっている。

巨大な信用創造

スーパーバブルは、リーマンショックにつながった。リーマンショック後、バブルは消えたのであろうか。あるいは、バブルは規制されるようになったのであろうか。各企業はM＆Aを積極化しながらグローバルな視野で企業戦略を進めている。国家ファンドがヘッジファンドや投資銀行を活用しながら活躍の場を拡大している。プライベート・エクイティ・ファンドは時代の主役となりつつある。運用資産が3兆ドルのブラックロックは、メリルリンチ・インベストメントマネージャーズやイギリスのバークレーズ・インベシターズなどを統合して巨大運用会社になった。アメリカの会社かイギリスの会社かということの意味がなくなってきている。これらの現象は、リーマン恐慌後の新しい時代を思わせるものである。金融膨張は拡大し続け、デリバティブは高度化し、大量化し、金融資産は膨らみ続けている。地価や住宅価格は再び上昇し始めている。住宅ローンは、証券化して市場で販売することで、金融機関は新たな資金を調達できた。その資金を貸し出しなどに回すこともできる。証券化と結びついて金融機関自身による信用創造が拡大している。

信用取引

東京には日本証券金融株式会社、大阪には大阪証券金融株式会社、名古屋には中部証券金融株式会社という会社がある。株式取引のため、おカネを貸すだけではなく、株も貸す会社である。おカネを貸すのが融資で、株を貸すのが貸株である。株を借りて売るのが「空売り」である。空売りは、株が安くなると読んだ投資家が、株を売っておいて、安くなったとき株を買って返すという仕組みである。現在では、個人のデイトレーダーが増えて信用取引が個人レベルから行われるようになっているので、そのような空売り、信用売りが一般化している。

現代ではその手法がますます大きくなっている。ラップ口座の広がりなど大衆の投資活動の形となっている。そしてこれらは現代の金融革命の中でも大きな役割を演じ、それが金融工学と結びついて、投機が一般的に庶民にまでも広がりやすくなっている。

2. 政府の対応とその限界

リーマンショックに対する政府の対応

リーマンショックでは、大恐慌の教訓から、FRBもアメリカ政府も世界の経済機構も、資本注入、預金保護の拡大、債務の保証など、金融システムの安定化のための措置を矢継ぎ早に実施した。2008年10月には、金融経済安定法（EESA）が成立し、7、000億ドルの公的資金が用意される。

リーマン恐慌の原因はサブプライムローン問題より始まり、サブプライム問題発生は、GSEの発行したRMBS（住宅ローン担保証券）より始まる。そして、この政府系住宅貸付機関は、サブプライムの破綻からリーマン恐慌にかけて破綻した。しかし、この機関GSEを破綻に終わらせると市民生活と金融システムへの影響は致命的なものとなる。しかも厳密にはGSEは政府機関ではなくても、政府の信用の形をとっているので、人々はこの機関を信用した。GSEは、政府的な保証を道義的に期待できる機関であるので、政府はGSEを救済せざるを得ない。リーマンショックに先立って、2008年9月7日に、ヘンリー・ポールソン財務長官は、GSEを政府管理下に入れるという対策をとった。2,000億ドルで優先株を買い入れる。そして、住宅ローン担保証券（RMBS）を買い取ったのである。

バーナンキ議長は、マネタリストとは言い難い側面を持つものの、大量のマネー供給に乗り出した。財務省との連携は功を奏したと言える。財政的な資金供給で一時的な銀行倒産を最低限に抑えながら、大量のドル供給で銀行がこの危機を乗り越えてゆく環境を生み出した。それは、大恐慌が1931年に最大数の銀行の倒産に帰結し、未曾有の大不況に落ち込んでいくのとは、対比して評価できる状況を生み出している。

リーマン恐慌の信用不安、流動性危機に対応するために、2008年11月にFRBは、大規模な金融緩和を行う。第一に、金融機関への貸し出しを行う。第二に、国債の買い取りを行う。第三に、サブプライムローンの証券化商品であるMBSの買い取りを行う。総額は、1.7兆ドルである。2010年11月にはさらに6,000億ドルの国債の買い取りを行う。2012年9月には、MBSの買い取りを毎月400億ドル行い続ける。これは、住宅市場のテコ入れである。住宅価格はこれで持ち直しだす。物価の安定、住宅価格や株価の上昇ということがある程度実現することで経済状況が安定したという考えである。そして、デフレ対策ということで2012年1月にはインフレ目標を2％と定める。日本の安倍政権の第一の矢と同じ数字である。

大きすぎてつぶせない

2008年のリーマンショックで政府による大手金融機関の救済が行われた。大きすぎてつぶせない（too big to fail）という言葉が広がった。TBTFと略語で言われるほどである。アメリカ政府の基本方針は国家が経済活動に関与することをできる限り控えて、自己責任で対処させるというスタンスが根底にある。ベンジャミン・フランクリン以来のアメリカニズムの思想の自助（Self-help）の原則という国民的精神を生み出してきた。経済政策での顕著な例は、1987年のブラックマンデーの前後に、多くのS&L（貯蓄貸付組合）は倒産した。大量の不良債権を出したS&Lの危機に際しては、政府の救済は行われることがなかった。不動産価格も下がった。バブルを税金で補塡するということは、納税者を巻き込む不当な行為であるということが原則である。FRBは金利引き下げで対処した。アメリカの企業は不良債権に対してあっさり不良資産を売却してしまった。資産を減らし、バランスシートを圧縮して利益の出せる体質を作るということがアメリカ企業の多くの考え方である。いつ上がるかわからない資産を持ち続けることをしないで、積極的な改善に手を打ったのである。日本と対照的な財務体質である。

2008年11月に多くの銀行が倒産している。アメリカ政府は、1月24日にシティバンク救済策を打ち出す。シティ・グループは、1998年にトラベラーズとシティ・コープが合併して誕生した。組織があまりにも巨大で複雑になり円滑なマネジメントができなくなった。組織的な弱さに、サブプライムローン問題が重なって損失を大きくした。不良債権は、3、060億ドルで、政府がその損失のうち290億ドルを超える分を負担する。そして、合計450億ドルの資本注入を行う。シティ・グループは資産総額2兆ドルである。2008年3月まで全米1位であった。2009年末までに優先株

２００億ドルを返済、残りも普通株転換後、２０１０年中に政府が売却を完了する計画で、金融危機後の業績低迷から復活した。

金融制度の修正

金融恐慌を繰り返すことはできない。しかし、どのようにそれを食い止めればいいのだろうか。リーマンショックへの反省として、金融制度や規制に関して修正すべき点が考えられた。①金融機関のリスク管理体制、②トレーダーに与えられる高額報酬の体系、③規制監督体制の在り方、④格付け会社の格付けの仕方に関する検討と規制、などである。確かにこれらの政策は理にかなっている。金融帝国を維持するための修繕と言うべきものかもしれない。

２００７年12月から、ＦＲＢは新しい流動性供給制度を作っている。商業銀行や貯蓄信用組合などの預金金融機関だけではなく、大手投資銀行や証券会社までＦＲＢから資金を借りられるようになっている。金融商品をアメリカ国債と交換する仕組みになっており「投資適格格付け」の証券化商品をＦＲＢが抱え込むようになった。ＦＲＢ資産のうちほぼ半分がこの制度で受け入れた証券になっている。その額は4、０００億ドル余りである。ヨーロッパでは、大手金融機関が国有化された。ヨーロッパの銀行は周辺国への貸付の回収に回った。すると、アイスランド、バルト三国などが資金不足に陥る。

金融規制改革法

２０１０年7月15日、アメリカ議会上院は、金融規制改革法を可決した。銀行によるリスクの高い投資を制限し、連邦準備理事会（ＦＲＢ）の金融監督権限を強化することが柱になっている。

1. 銀行の本体によるリスクの高い投資を制限する（「ボルカー・ルール」）。ヘッジファンドなどへの投資は、銀行の中核自己資本の3％までとしている。
2. 銀行の本体によるデリバティブ取引を禁止している。
3. 公的資金での金融機関の救済はしない。破綻処理制度を整える。
4. FRBが大手金融機関の監督を一元的に担当する。そのために、財務省、FRB、連邦預金保険公社（FDIC）で構成する「金融安定化監督評議会」を設置する。
5. 消費者保護の政策を行う。住宅ローンやクレジットカードなどをチェックするといった内容を含んでいる。

この法案が可決されてから何年間も執行されていなかった。ようやく2015年7月21日から適用されることとなった。自己勘定での証券売買やヘッジファンドへの出資などが禁止されることになる。銀行の自己資本規制も強化される。金利水準が変更したときに発生しうる損失である銀行勘定の金利リスクに対しても、自己資本の上積みが求められることになる。

3. 国際金融への対応

規制の主体

国家による金融の規制が、先進各国で検討されている。特に、アメリカは当事国といえるようなポジションにある。例えば、金融危機を回避するため次のような規制が考えられる。

1．租税回避を使った取引には規制をかける。
2．消費者が理解できないような複雑な証券化商品を排除する。
3．マネージング・ディレクターやトレーダーの報酬に制限をかける。
4．レバレッジ規制をする。

しかし問題がある。その規制はだれが行うのか。これまでは国家が規制の主体であった。もはや、グローバル化の中で、このような規制は国家という枠組みを超えたものとなってきている。規制の主体は、国家か、BISやIMFのような国際機関か、といった問題がある。そのいずれも適した組織ではない。世界は依然、国家が規制の主体であり続けている。BISもIMFも、本来、貿易決済を行うための協定に過ぎない。金融を規制・統制する機関ではない。新しい規制主体の組織化が求められなければならない。

新しい金融の世界体制

金融恐慌の時代は続くのだろうか。世界の経済をすべて巻き込んだ恐慌が発生する可能性は高い。経済が国を超えているということは、一国の政府では対処できないということである。2008年11月、G20で規制改革が検討の対象となっている。金融安定理事会（FSB）、バーゼル銀行監督委員会（BCBS）、証券監督者国際機構（IOSCO）などの世界の金融当局でつくる国際機関が、規制を検討することになった。

しかし他面、世界の金融をめぐる経済活動は進化し続け膨張し続けている。金融リスクは、シャドーバンクによって拡大されている。ほとんどがアメリカのもので、2007年で世界の41％を占めている。アメリカとヨーロッパで、2013年末時点で79％となっている。CDOや再証券化商品などは、アメリカ、ヨーロッパで広がっている。証券化に関する規制は徐々に進められている。新しい動きがある。主役は、ファンドである。投資銀行に代わって金融を担う新しい動きである。投資銀行とヘッジファンドが投機に走った時代は、やがて落ち着いた秩序に帰着するのではないだろうか。そうならないと、金融恐慌は繰り返され頻発する。自由に対する規制が功を奏するとも思えない。

超バブルは終わっていない

サブプライムローン破綻とそれに続くリーマンショックは、超バブルの崩壊と言える。しかし、その超バブルははじけて問題が解決されるわけではなかった。超バブルは継続して膨らみ続けている。世界各国のマネタリーベースは、リーマンショックのときの3倍になっている。アメリカは、4倍に膨らんでいる。マネタリーベースは、市中を出回る現金と金融機関が法定準備金の形で中央銀行に預けている資金の合計である。株式や不動産、国債、社債などの資産価格を押し上げている。資金は過剰という状況を超えて、異様な世界を生み出している。「投機」ということが社会全体を覆ってしまっている。

２０１０年5月に「フラッシュ・クラッシュ」が起きた。瞬間暴落である。30分間に株価指数が10%近く暴落した。２０１３年、春には「テーパー癇癪（taper tantrum)」という現象を起こした。当時のベン・バーナンキＦＲＢ議長が、量的緩和の段階的縮小を示唆したことへの過剰反応である。株式市場は、過敏になっている。極端な変動が起きやすくなっている。

現代の国際金融への対応

東京証券取引所の日本株売買で、外国人投資家が占めるシェアは50%から60%である。金融活動全体が、グローバル化して一つのグローバル市場となってきている。金融がグローバル化することが金融革命の一つの帰結であるが、国際的な金融危機に対して、国際機関は不十分である。各国の中央銀行がＧ20などで協議して、協調体制をとっている。そして、融資によって危機を乗り越えるということが主な対策である。そこで、ＩＭＦの特別引き出しの枠を広げるということが、行われるようになってきている。ＳＤＲの拡張である。しかし、この対応は付け焼刃的なものと言わざるを得ない。世界金融危機の根本的対応とはなっていない。資金供給だけでは片付かないのである。

アメリカ国債からハイリターン商品へ

国家の外貨準備金の投資先として、安全な資産と考えられていたのはアメリカ国債であった。その資金がアメリカに還流することで、１９９０年代以降のアメリカの金融革命が進行した。２００２年ごろから、金融革命の巨大リターンを見た国家ファンドは自ら株式をはじめとした様々な投資先への投資を模索するようになった。

ＥＵの銀行行政

欧州の銀行の不良債権は約1兆ユーロ（１３０兆円）に上る。貸し出しに占める不良債権比率は５・６％である。この額はＧＤＰ総額の７・３％にあたる。アメリカの不良債権比率は約３％である。キプロスは50％が不良債権となっている。ユーロ圏19か国の銀行の破綻処理は２０１６年1月から一元化される。ヨーロッパ中央銀行の代表とヨーロッパ委員会と問題を抱える国の金融当局で構成する「欧州破綻処理委員会」で提案を作り、それに基づいて欧州委員会が破綻処理を決定する。

投資銀行の時代は終わるのか

ゴールドマン・サックスの２００５年度の利益は、約６、６００億円である。野村証券は約９５０億円、三菱東京フィナンシャル・グループは３、４００億円である。リーマンショックの前後でアメリカの５大投資銀行が消滅した。あるいは形を変えた。リーマン・ブラザーズ、ベア・スターンズ、ソロモン・ブラザーズの３社は姿を消した。ゴールドマン・サックスは健在である。

投資銀行が消滅した原因は、証券化された金融商品とデリバティブに関する業務にあった。それが投機的な信用膨張につながり巨額の利益をもたらしていた。その利益に投資銀行は酔いしれて、わが世の春を突き進んだ。その周辺に巨額の富を手にする金融機関や関連業者の姿があった。

時代の要請は、Ｍ＆Ａを中心とした企業構造の中にある。投資銀行はその企業のアドバイスに大きな役割を持つものであった。また、株式・債券の引受業務は直接金融の重要度を増す企業の現在の在り方からして、主要な金融に対する需要を作っている。Ｍ＆Ａのアドバイスと株式・債券の引受業務という投資銀行の業務は、投資銀行を復活させるものである。日本の銀行各社も投資銀行業務を今後の課題としている。

デリバティブ市場

米インターコンチネンタル取引所（ＩＣＥ）グループは２０１５年11月にＩＣＥシンガポールを立ち上げる。商品別デリバティブ売買高は、２０１４年で、原油を除いて中国の上場商品が軒並み上位を占めている（日本経済新聞、２０１５年10月9日）。中国では個人投資家に加えてヘッジファンドが立ち上がり、活発に売買している。ドイツ取引所グループでデリバティブを運営するユーレックスも16

年以降にシンガポール市場に参入する。アメリカで始まったスーパーバブルは、ヨーロッパに伝染し、世界に広がった。そして今、アジアなどの地域にもデリバティブのための金融インフラを構築し、世界中を覆おうとしている。

国家と投資銀行の関連

ギリシアの財政危機にも金融的な側面が存在する。投資銀行は各国政府に資金調達のアドバイスや国債引受業を行っている。ギリシア政府は通貨スワップと証券化を利用している。それによって債務縮小を図っただけでなく、宝くじや観光収入などの証券化を検討している。また、ＣＤＳ取引も行っており信用が低下するとき、ＣＤＳ価格に影響している。このような金融的な政策で、財政再建に対応しようとしているのである。

協調融資

間接融資の中で協調融資が広がっている。社債市場は金利変動に影響を受けやすい。低金利で地方銀行の融資が増える中、協調融資が広がった。主幹事は、３メガバンクが9割を占める。海外でも、日本の銀行の協調融資が広がっている。３メガバンクが、世界の協調融資の上位に位置している。三菱ＵＦＪフィナンシャルが5位に、みずほが6位に、三井住友フィナンシャル・グループが12位に入っている。フィリピンのＢＤＯユニオンバンク向けの融資では、中国、群馬、百五、八十二などの地方銀行が参加している。プロジェクト・ファイナンスの主幹事では三菱ＵＦＪが世界で首位になっている（日本経済新聞、２０１５年8月3日）。

金融のグローバル化

かつて世界市場は貿易であった。現在では、貿易は一つの要素にすぎない。マネーは世界の金融市場を視野に入れて動いている。株式市場は言うに及ばず、銀行、金融機関は、社債、国債、先物、デリバティブなどあらゆる金融商品にマネーが投下されている。ヘッジファンド、投資ファンドをテコにして年金基金、保険会社の基金、個人の資産をファンド化したファンドオヴファンズ、さらに国家ファンドなどが、世界の金融市場を毎日毎時間動き回って有利な投資先をめぐり歩いている。銀行、ヘッジファンド、投資ファンドなどすべての金融機関が連携し、そして同時に競争しながら、高い利率、高収益を目指して凄まじいビジネスを繰り広げている。時としてそれは強欲と言われ、金の亡者という姿となり、世界のデカダンスを表すがごとき様相を呈している。

中国銀行は、2001年秋、華僑商業銀行など9行を統合し、巨大銀行を誕生させている。最後のフロンティアといわれたミャンマーでも金融インフラが作られ始めている。民間最大手の銀行、カンボーザ銀行が2015年7月にクレジットカードの発行を始めた。ATMの設置台数を2016年末までに現在の2倍の1,000台に増やす計画である。CB銀行は、三菱東京UFJ銀行と提携し、ネットバンキングなどを強化している（日本経済新聞、2015年7月28日）。

金融のグローバル化の中で、健全な金融システムの整備・拡大が推し進められる一方で、投機的な金融活動も急速に大きくなっている。さらに、金融が膨張している現状で、金融大恐慌の可能性がある。起こる可能性のある金融大恐慌の規模は、リーマンショック時の数倍から十数倍の金融膨張がある中で、経済恐慌は世界の経済の崩壊に導く可能性がある。金融が寸断され、金融に依存していない個人経営の小企業のみが存続できる。大恐慌の時は、独占企業は存続できるゆとりを持っていた。90年の日本のバブル崩壊では、財テク、企業金融に手を出していない企業は、影響が少なくて済んだ。リーマンショック時には、金融商品と無縁な企業への影響は軽微に済んだ。しかし、現時点での金融膨張はリーマンショック時の10倍ほどの規模になる。この膨張を進めているマネタリズムの誤謬にそろそろ目覚める時が来ているのではないだろうか。

【6】M&Aと金融の新しい役割

グローバル市場における企業合同

金融革命の時代はグローバル市民社会の形成時期でもある。グローバル市民社会の形成が、金融革命の主要な原因である。1990年代に本格的なグローバル市場形成に入る。グローバル市場が登場した時代は各国の企業が国内市場以上にグローバル市場を見据えた企業活動に入った時代である。世界の鉄鋼業は、国際間での合同を迎えた。それ以上に石炭産業は巨大独占が世界市場を寡占状態にさせた。鉄鋼業もグローバル生産体制に変化した。新日鉄は、中国鉄鋼最大手の上海宝山鋼鉄と自動車用鋼板の合併事業を進めている。中国側では、参入規制を始める。普通鋼、1、000万トン、特殊鋼100万トン以上の規模がある大企業に参入を限定するようになる。自動車産業でも、トヨタもホンダも海外での販売台数が国内での販売台数を上回るようになった。自動車の市場は、日本、アジア、ヨーロッパ、アメリカの市場を、トヨタ、GM、フォード、ホンダ、クライスラー、ベンツ、日産、現代が競い、統合、提携を繰り返してきた。

M&Aの新しい時代

生産力構造がグローバル化するとき、グローバルな企業合同は重要な企業戦略になる。ミタルの企業買収による成長は一つの象徴的な現象である。鉄鋼業という産業がグローバル化する中で、規模の獲得は新たな独占価格形成のかなめである。同時に、生産手段（溶鉱炉の獲得）、技術の獲得は、金融的手法であるM&Aによって達成されるという時代になっている。

金融革命は、独占金融資本主義を崩壊させ、企業を大競争へ突入させる。それは同時に企業のビッグチャンスでもあった。企業集団を作っていた金融資本は、グループの垣根を超えた再編へと向かう。アメリカは企業合同の歴史を持っている。独占の時代は企業合同によってもたらされた。そして今度は、企業合同によって独占の時代を終わらせようとしている。独占の形成の企業合同では、企業合同によって、トラストが形成されるだけでなく、それが持株支配を通じて企業集団を形成していった。独占の時代を終わらせる企業合同は、1980年代のLBOブームに始まり、1998年以降グローバル市場の大競争の中での企業合同であり、金融革命の始まりの中で発生した企業合同である。それは金融独占資本主義を超えた企業の新しい結びつきにつながっている。

3種類のM&A

M&Aの目的は、3種類に分けることができる。

第一のものは、株を買い占めて、買い占められた企業に高値で引き取ってもらおうとするもの。グリーンメイラーと呼ばれるものである。ブーン・ピケンズのやり方がそれに当たる。

第二のものは、企業を買い取って、経営を刷新して、企業価値を上げてから転売するというものである。プライベート・エクイティ・ファンドが目的とするM&Aである。それには、三つの場合がある。バイアウト、破綻に瀕している企業を買うもの、ベンチャー企業を買うものの三つである。バイアウトは、会社を買収して、その会社を経営する。有能な経営者を外部から投入する場合が多い。その際、一旦非上場にして会社の価値を上げてから再上場することが多い。5年以内にその作業を行って多額の利益を生み出そうとするものである。

第三のものは、自らの事業で一から立ち上げるのに時間と労力とノウハウを必要とするので、企業を買い取ることで時間を短縮して事業を立ち上げようとするものである。会社を立ち上げるときの手法として広く用いられるようになってきている。

M&Aをする意図

企業戦略の中でM&Aは、いくつかの効果をもたらし、加速化する経済の動きの中で、効率のいい経済活動につなげるために行われる。M&Aには次のようなものがある。

第一のものは、新しい事業に参加しようとするものである。東芝は、ウエスティングハウスを買収することで原子力発電の分野でグローバルな展開を確立しようとしている。買収金額は、4、200億円であった。日立製作所はアメリカのGEと、三菱重工はフランスのアレバと提携関係にある。しかし、買収している東芝のほうが自由裁量で進めることができる。しかし原子力発電の将来は決して明るくない。廃棄物処理や危険性など多くの問題を残すものであり、人類にとっては生き延びる道をとるべきだとしたときには、この動きはそのまま大きな負担、赤字につながる。まず、良心的な方向から事業内容を検討すべきであった。

第二のものは、生き残り統合である。統合により、様々な効果がある。百貨店の統合はその典型的な例である。仕入れ、流通の合理化、統合によって規模が大きくなることで、人員を削減できる。人員削減によるコスト低下で、価格低下をもたらし競争力につなげることもできることがある。

第三に、市場の獲得である。特に、グローバルな経済活動の展開では、他国の市場に進出するとき現地企業を買収することにより、現地企業が持っていた市場を獲得するという戦略が立てられる。

第四に、販売のノウハウの獲得である。マンダムのベトナム進出や、製薬会社のインド市場進出などは、現地の会社を合併して、販売ノウハウと取引先を引き継ぐことで、市場進出を可能にした。

第五に、特許や技術の取得である。特許や技術の取得は、絶えず企業買収の最大の意図となっている。

第六に、事業の再編にかかわるものである。シャープと台湾の鴻海（ホンハイ）の合併では、事業部門や工場の閉鎖など、事業の再編・立て直しが行われる。多くのM&Aは事業再編で、経営状態を改善することが求められる場合が多い。

系列から業種のシェアによるM&Aへ

2015年5月、三菱重工はクレーン事業を、住友系列の住友重機械搬送システムに譲渡することを決めた。以前は系列を核に動いていたものが、同じ業種で合併するという形になっている。現代のM&Aの形である。この合併で、事業規模は300億円になり、競争力が出る。クレーン事業は、500億円から1,000億円の規模の産業である。

タイの鉄道新路線を、住友商事、三菱重工業、日立製作所の3社連合が受注することが内定した（日本経済新聞、2015年7月18日）。「やわらかい国家」が、企業連合を支える。政府の資金支援もある。グローバル競争は、時として国家単位、時として、これまでの企業系列を超えた協力などで行われる。

M&Aによるヨーロッパ企業へ

EUでは、99年にM&Aの数と規模が本格的に大きくなっている。99年12月にドイツとフランスの2重国籍の企業が誕生した。製薬会社のアベンティスである。ドイツのヘキストとフランスのローヌ・プーランが合併してできた。この背景には、競争が国内市場ではなく、グローバル市場において展開されるようになっているということがある。アメリカのメルク、イギリスのスミスクライン・ビーチャム、スイスのノバルティスなど、グローバルに活動する製薬会社の時代になっている。製薬会社の新薬の開発に、1、000億円を投入する時代になっている。資本規模の巨大化が製薬という産業分野の状況となっている。

提携

M&Aと並んで、提携を考慮しておく必要がある。それは系列の時代から企業戦略の重要なファクターであったけれど、M&Aの時代になった現在でも、絶えず考慮すべき一つの方法である。提携には、研究開発の協力を目指した技術提携、代理店契約などの販売提携、部品供給、OEMなどの生産提携、プロジェクトベースの合弁会社の設立提携などがある。

企業のグローバルな動き

マーケットがグローバル化する中で、企業の競争がグローバル化し、企業の存在形態がグローバル化するように迫られる。かつてアメリカで走っている自動車は、GM、フォード、クライスラーであった。国内独占ができていた。現在、アメリカのテレビのコマーシャルでは、現代（ヒュンダイ）の宣伝が流れ、インド車、トヨタ、ホンダ、GMといった具合に宣伝が流れる。市場での競争は激化し、企業が淘汰、合併することにより、優位な市場競争力を身に着けようとするようになる。いわば、「独占の時代」が「再編の時代」になっている。

2015年7月30日、出光興産が昭和シェル石油を経営統合することで基本合意したと発表した。海外展開を加速化する中で成長が模索される。昭和シェル石油は、イギリスとオランダのロイヤルダッチシェルの系列会社である。かつて10社あった石油元売り大手は4社になる。グローバル市場を見据えた企業活動のもたらす傾向である。

フィリピンの大手複合企業サンミゲルは、フィリピン国内で9割のビールシェアを持ち、インドネシア、香港にも進出している。オランダの「グロルシュ」とイタリアの「ペローニ」の買収入札に参加する。2社はイギリスビール大手のSABミラー参加の会社である。サンミゲルは東南アジア最古のビール会社で国内ではほぼ独占状態で、新たな大きい市場進出をもくろむ（日本経済新聞、2016年1月16日）。

投資会社を基盤にした新しい企業の形

ウォーレン・バフェット氏の率いるバークシャー・ハザウェイは、金融革命後を象徴する企業の形といえるかもしれない。同社は投資会社としてスタートし、多くの企業を買収していった。現在では、投資部門は全収益の17％にすぎず、80％以上が投資先の企業の利益にある。保険、製造業、鉄道、公益エネルギー、金融商品などの企業を傘下に持っている。ジェネラル・リー（保険）、ガイコ（保険）、オマハワールドヘラルド（新聞）、ネブラスカ・ファーニチャー・マート（家具）、バーリントン・ノーザン・サンタフェ（鉄道）、NVエナジー（電力・ガス）などを傘下に収める。また、IBM、コカコーラ、クラフト・ハインツ、ウエルス・ファーゴなどの大株主である。連結会社の従業員数は、34万人に上る。本社単体では25人に過ぎない。

バークシャー・ハザウェイの事業モデルは、グーグルやソフトバンクが同じような方向を模索している。Ｍ＆Ａの時代を象徴する企業群が生まれようとしている。これまで、銀行などの金融機関が経営のかなめの位置にあった。今や投資会社の資金融通力が、企業統治の新しい形を生み出そうとしている。バークシャー・ハザウェイの連結純利益は、２０１４年で１９８億ドル（約2兆5、０００億円）、時価総額は３、５００億ドルに上る（日本経済新聞、２０１５年8月18日）。

投資銀行のゴールドマン・サックスの子会社、ジャパン・リニューアブル・エナジー（ＪＲＥ）が、バイオマス発電（生物資源）に参入する。燃料となる木材チップを製造販売するエコグリーンを数億円で買収する。バイオマス発電所の建設も始める。投資銀行が産業に進出し始めている。

【7】ファンドの時代

庶民から遠い存在――ファンド

金融革命によって作られた新しい資本主義は、ファンドが大きい比重を持つ社会である。しかも、ファンドは多くの庶民にとって遠い存在である。かつて大企業が遠い存在であったのであるが、すべての人々は、大企業が作る商品で日々の生活をし、周りには大企業の名前が溢れていた。石川島播磨や三菱重工、日立製作所といった巨大企業が、新幹線や発電所を建設する。これらの企業の活動には、庶民に親しみはなくても、新幹線や関西電力、東京電力といった電力会社には親しみがある。新幹線を利用し、電気を使っているのだから。ところが、現在ではさらに人々の意識の届かないところで、世界が動くようになってきている。

鉄鋼会社が合併し、自動車産業が世界展開するのに様々な提携と合併が繰り返されている。それをコーディネートしているのが、投資銀行であり、プライベート・エクイティ・ファンドである。通貨の変動や株式の変動で多額の利益を享受しているのが、銀行であり、ヘッジファンドであり、投資銀行・証券会社である。巨大企業にとっても、M＆Aは絶えず考慮に入れなければならない経営戦略となっている。通貨のレートの変動、企業資金の金融、さらに企業の財務の独立した利益追求と企業を取り巻く環境は、多くの金融機関の業務と深くかかわり、その背後に巨大なファンド、すなわちバイアウトファンド、買収ファンド、ベンチャーファンド、アクティビストファンド、国家ファンドなどが動きを先導している。これらのファンドの動きは、黒子のような側面を持ち、新聞のニュースにさえ乗らないことが多い。

ファンドの台頭

投資銀行と並んで、現在の経済に大きな役割を持つようになっているのが各種のファンドである。M&Aの時代的な広がりとともに、成長した産業である。投資ファンドはその活動内容の違いによって、いくつかの種類に分けなければならない。それはM&Aの目的やトレーディングの内容によって違った活動をしている。古くから存在するファンドとしては、投資信託がある。日本では1951年の証券投資信託法の施行によって生まれ、60兆円規模の市場になっている。アメリカのミューチャルファンド市場は、1,000兆円規模であるので、桁外れに大きい。

ファンドは複数の機関投資家や個人投資家から資金を集めて、事業会社や金融機関に投資し、経営に関与して利益を得る会社である。特にバイアウトファンドは、企業を買い取って優秀な経営者を送り込み、会社の企業価値をあげて売却して、買収時の価格と売却時の価格の差額を利益とする。買収ファンドは倒産しかけの企業を買い取り、不良債権や資産を整理回収したり、場合によっては部門を切り離して再生したりするファンドである。「サービサー」という特別認可を得ている巨大企業のみができる仕事である。ベンチャービジネスに投資して将来の成長を見越して企業を育てるベンチャーファンドもある。

プライベート・エクイティ・ファンドは、もともとプライベート・エクイティ、すなわち未公開株への投資をするところからその名前があるが、近年では公開株を対象とする運用規模の方が大きくなっている。M&Aによる買収とその後の事業再生という内容は変わらないが、M&Aが株式の購入でも行われるようになっているわけである。

三大プライベート・エクイティ・ファンドは、ブラックストーングループ、KKR（コールバーグ・クラビス・ロバーツ）、そしてカーライルである。例えば、カーライルの運用資産は9兆円、世界の34か所に事務所を持つ。

日本上陸

1997年は、日本にとって金融危機の年であるが、外資系の投資銀行や投資ファンドが、大量に不良債権を買い始めた年でもある。東京三菱銀行や住友銀行が大量の不良債権を外資に売った。1990年代に、日本に外資のファンドが上陸を始めた。穀物メジャー・カーギルの金融子会社、ローンスター、ゴールドマン・サックスなどである。不良債権の買い取りと企業買収を行うことが、主なファンドの行動である。当時の日本の不良債権は、バブルで巨大に膨れ上がったのち10年にわたって日本経済の課題となった。おおよそ、30兆円から120兆円に上る不良債権があったと計算されている。

カーライルはDDIポケットに資本参加し、ウイルコムを立ち上げた。1990年代の後期のことである。リップルウッドが日本長期信用銀行の買収で注目された。最近では、アクティビストファンドのサードポイントなどが多くの部面で話題に上る。日本マクドナルドの買収、ソフトバンク株の取得などにもかかわっている。セブン&アイ、スズキ、ソニー、IHI、ファナックなどの多くの日本企業をターゲットとしてきている。

プライベート・エクイティ・ファンドのM&A

M&Aのアドバイスの中でアドバイスの枠を超えて、企業経営を視野に入れる投資ファンドが、新たな勢力となってくる。ブラックストーン、KKR、カーライルなどのプライベート・エクイティ・ファンドが、巨大な資金力を持ちつつ、中心的な役割を担うようになってくる。

プライベート・エクイティ・ファンドは投資銀行以上にM&Aを積極的に行う。プライベート・エクイティ・ファンドは、自ら買収する本体ともなる。投資銀行は、企業の買収のアドバイスを業務とし経営には関与しないが、プライベート・エクイティ・ファンドの方は、買収ののち経営にかかわって企業価値を上げることを主な目的としている。その意味では、新しい金融の役割の登場と言える。もはや、バイアウトファンドとして、プライベート・エクイティ・ファンドは、金融の枠を超えた活動をしているともいえる。

バイアウトファンドは、①傘下に収めた企業に資金を供給する。②M&Aをサポートする。③経営者を送り込む。④投資対象が破綻企業の場合、スポンサーを務める。などといった活動をする。1999年から2005年までに、約160のバイアウトファンドが設立された。企業を買い取ると、「選択と集中」によってコア事業と不採算事業などに仕分けされる。コア事業を育て上げ、不採算事業を整理売却する、といったことを行う。ドライで、大競争時代に対応した、企業経営の一つの形である。経営者を送り込むということはMBI（マネージド・バイイン）という。自らの社員を送り込むこともあるが、外部から優秀な経営者をヘッドハントして送り込むことが多い。

KKRは1980年代半ばに、セーフウエイや、トロピカーナジュース、サムソナイト、ベアトリス・カンパニーズを買収している。1988年には、RJRナビスコを買収する企てをして買収合戦に参加した。

ブラックストーンは、産業界に優れた人材を輩出してきた。センダント・コーポレーションのヘンリー・シルバーマン。債券投資会社ブラックロックの創業者、ローレンス・フィンクは、ともにブラックストーンの出身である。両社は、ブラックストーンから独立した会社である。

国富ファンド

国家は経済主体ではない。市民社会に対立する存在である。ところが、現代の状況の中で、国家ファンドが経済主体として活動するようになっている。かつて、絶対王政王室が国家であり、国家をある意味で私物化していた。その王政を倒して近代国家を作り上げたのが市民革命の意味であった。現在ではいくつかの国で国家の私物化が行われ、国家主権の尊重という原則から、それは自由になっている。国家はファンドを作り、その経済力を活用して金融的な投資に登場するようになっている。しかも、石油価格の暴騰という経済的背景や貿易黒字によって蓄積された財が大きなウェイトを持つようになっている。

国家ファンドは3兆ドル以上の資産規模をもっている。石油や天然ガス、鉱物資源などの輸出による貿易黒字を資金源としたものと、一般の商品輸出の黒字を資金源にしたものがある。前者には、アラブ首長国連邦のアブダビ投資庁、サウジアラビア通貨庁・政府年金基金、クウェート通貨庁、ロシア安定化ファンド、カタール通貨庁、リビア投資庁、などがある。後者には、シンガポール政府投資公社、シンガポール・テマセクホールディングス、中国投資有限責任公司、香港為替ファンド、韓国投資公社、などがある。それと並んで機関投資家である年金機構も、国家が管理して国家ファンドとなっているものがある。ノルウェー政府年金ファンドなどである。

石油は1999年ごろまでは、1バレル数ドルから20ドルまでで推移していた。2002年ごろまで、30ドル当たりの価格になったが、その後、急騰し100ドルを超えそして140ドルに達するまで高騰した。その間、産油国は急速に国家ファンドを成長させた。石油はドル建てが多く、投資先の中心はアメリカ国債であった。しかし、原油価格はシェールオイルの開発で供給過剰となり、2014年秋から価格が下がり始めている。2015年7月27日には、1バレル46・91ドルまで値を下げた。シェールオイル生産会社は撤退するところが多くなり、設備投資も中断するようになっている。その後、30ドルを切り、27ドルまで下落した。

増加した国家ファンドの資産規模に合わせて、投資銀行担当者を雇い、また、外部の運用会社に委託するということが多くなっている。中国やシンガポールの国家ファンドは、アメリカの投資ファンドが設定するファンドを通じて投資するようになっている。さらに、アジアや中東の国家ファンドはアメリカやヨーロッパの企業を買収するということを行うようになっている。逆にアメリカなどから自国防衛の意識が高まっている。中国海洋石油（CNOOC）が、米ユノカルの買収をはかったがアメリカの反対勢のために実現しなかった。

日本にも公的ファンドが存在する。年金積立金管理運用独立行政法人（GPIF）である。GPIFは、2014年10月、運用資産に占める国内株式の比率を12％から25％に倍増させた。公的マネーが株価を下支えすることになる。公的マネーは、GPIF以外に、地方公務員共済組合連合会などの共済、ゆうちょ銀行がある。

政府系ファンドは、国家の政策の一環としての役割を持つ。バングラデシュ中央銀行は、政府系ファンド（SWF）を創設する。インフラ整備に充てる。その原資は、出稼ぎ労働者の送金である。フィリピンだけではなく、ベトナムやバングラデシュも出稼ぎ労働者の本国への送金が、経済を活性化する役割を持つようになってきている（日本経済新聞、2015年8月4日）。

グローバル資本主義

グローバリゼーションと呼応して進展してきた金融革命は、新しい資本主義の枠組みを生み出した。それは、ファンドを核とした資本主義である。グローバル企業は、グローバル市場を視野に入れて、たえずM&Aを企業戦略の要素としながら戦略を立てる。様々な金融機関がそれに対し、グローバル金融を組織化してゆく。われわれはこの時代の人間と社会の在り方を、人間性を開花させるにはどのようにしたらいいかを、世界組織の中で模索しなければならない。

あとがき

『金融革命』は、前著『国家の死滅』の延長線上で執筆した。イギリスのＥＵ離脱やトランプ大統領の主張にみられるような民族主義への傾斜が世界の多くの国で見られ、国家への志向は強まっている感もある。しかも、市場主義はもはや過去のものとなりかけている。しかし同時に、グローバル社会は定着し、グローバル化の傾向は着実に進んでいる。この歴史的傾向の中で、新しい市民社会、資本主義の形が徐々に定着しようとしてきている。

我々は、一つの危惧と人類の不幸を目前にしている。文化、人倫、そしてさらに自然の喪失である。文化は忘れ去られ、人倫的絆は日々失われて行っている。自然は蹂躙されている。かつて、ミヒャエル・エンデが『モモ』や『ネバーエンディングストーリー』でテーマとした「虚無」の広がりといっていい。ロマン主義はファンタジーや童話の心に人間の本質を見ていた。民族主義のルーツを提供するものであるが、文化、人倫、自然の喪失は、文明社会の明るさの裏面であるが、人類の不幸につながるものでもある。文明が経済至上主義的発想と結びつくとき、大量の「鬱」を生み出しているストレス社会が広がってゆく。

自然も、文化も、人倫も、そして人間という存在のファジーさそのものも見直すことで人間が救われる。ある意味では、いい加減さの許容範囲を認め合える社会は、ヒューマニズムの根源ではないだろうか。人間 Human Being は、human という形容詞に意味がある。それは、言語的能力を持つという意味であり、言語的能力は対話できる他人を理解したり、受容 acceptance したりできるということで、近代ヒューマニズムの「寛容」の精神につながっていた。「厳密さ」より「いい加減さ」の価値が問い直される必要がある。厳密さの宗教的表れである原理主義は宗教的不寛容につながり、究極的には「テロ」につながってゆく側面を持っている。プロテスタンティズムもヒューマニズムと対立する時代に不寛容で、宗教戦争を生み出していった。エラスムスとルターの対立した思想の中に、ヒューマニズムと厳格な信仰の対立、言い換えれば「人間」と「神」の対立があるといえるかもしれない。今後の教育への志向の中で、いい加減さの価値を見つめることも意義をもつものと思う。価値の違うものを受け入れるという精神は、移民でできた国の出発点であった。アメリカは人種のるつぼ、カナダは民族のモザイクということを国家的精神としている。これらの国では、diversity（多様性）という概念が、市民社会の公共性の地平に置かれている。さらに、家族を崩壊から救うのは、「権威の威厳」ではなく、「理解」でもなく、「受容」であるということが、現在の家族の置かれている状況であると言わざるを得ない。

自然の温存は農耕の出現で発生したものを反省しなおしておくことであり、自然農法と土地の共有、自然トラストへの志向、common land の復活であってもいい。縄文文化が栗林によって、農耕生活と狩猟生活の入り混じった社会を形成して1万年もの長きにわたって継続したとすれば、そこに、ユートピアを見出すことも、一つの有効な思想といえないだろうか。自然の中で癒されることで、多くの病んだ心が救われるとすれば、人間社会の在り方への新たなる警鐘となってもおかしくはない。

現在の資本主義は、非生産的な腐朽化した資本主義なのだろうか、あるいは生産力が極度に発達し、人間的労力をより人間的なものに使用できるゆとりのある資本主義なのだろうか。確かに一方では、金融が肥大化し、投機が頻繁となり、非生産的な経済活動の比重が生産的経済活動の数十倍にもなっている。それゆえ、それはカジノ資本主義と呼ばれたり、ハイエナ資本主義、強欲資本主義などと呼ばれたりしている。他方では、生産力の一層の増大は商品の過剰を生み出し、デフレや価格破壊といった現象を生みだした。同時に介護や医療というものに大きな比重をかけることも可能となっている。マルクスのいわゆる「資本物神」は社会の指導者、企業家の中にはびこる悪魔・虚無でありながら、社会そのものが転倒性を強くしている。社会の成功者であること、アメリカンドリームの実現者であることは、一部の者には尊敬され、また多くのコモンセンスを持つ者からは、悲嘆と悲しみと絶望を持って眺められている。ただ、現在では、資金供給が経済の発展の大きな要因となっているので、国家の規制から自由な国際的な金融グループの動きが新しいグローバル経済の主役として登場したと言える。

『金融革命』が『国家の死滅』の続編であるというのは、金融資本主義の崩壊と新しい資本主義への転換を説き起こさないと、国家の死滅の道程や今起こっている変化が捉えられないということであった。

「国家の死滅」は歴史的必然である。しかし、今は国家の死滅を急ぐ必要はない。むしろ国家の存続の中に人間として大切なものを社会に実現しておくことのほうが重要である。単に過去への回帰と憧憬よりも、大切なものの温存を図るべきである。そんなところに政治の現時点での使命があるのではないだろうか。政治の使命（仮題『日本の使命』）に関しては、次作で追求すべく準備中である。

◆略歴

服部正喜（はっとり まさき）

1974 年　大阪外国語大学　インド・パキスタン語学科　ヒンディー語専攻卒業
1977 年　神戸大学大学院　哲学専攻　修士課程修了　ヘーゲル、カントの哲学を研究する。
1986 年　神戸大学大学院　社会科学基礎論専攻　博士課程修了　法律学と経済との関係を思想史・歴史において探求する。
1995 年　英語学校　GEN Canada College をカナダのバンクーバーにて設立し、その後、留学サポートの仕事に従事する。

日本語学校　東京JLA外語学院を設立。現在、理事長
大阪産業大学、近畿大学、その他の大学、専門学校などで、非常勤講師。社会思想史、哲学、社会学、倫理学、英語などを教える。

著書：1983 年『宇野弘蔵の世界』有斐閣（共著）
1991 年『近代人の自由と宿命』創元社
1994 年『国際化時代の実用英語』山口書店
2013 年『国家の死滅』創元社

金《きん》融《ゆう》革《かく》命《めい》 1985～2008

社会構造《しゃかいこうぞう》の大転換《だいてんかん》！　そのメカニズム

2017年3月20日　第1版第1刷発行

著　者　服部正喜
発行者　矢部敬一
発行所　株式会社　創元社
本　社　〒541-0047　大阪市中央区淡路町4-3-6
TEL.06-6231-9010(代)　FAX.06-6233-3111
東京支店　〒162-0825　東京都新宿区神楽坂4-3　煉瓦塔ビル
TEL.03-3269-1051
http://www.sogensha.co.jp/
造　本　上野かおる（鷺草デザイン事務所）＋東 浩美
印　刷　株式会社　太洋社

©2017 Printed in Japan

ISBN978-4-422-30069-6 C1033

〈検印廃止〉
落丁・乱丁のときはお取り替えいたします。

JCOPY 〈(社)出版者著作権管理機構　委託出版物〉
本書の無断複写は著作権法上での例外を除き禁じられています。複写される場合は、そのつど事前に、(社)出版者著作権管理機構(電話03-3513-6969、FAX03-3513-6979、e-mail: info@jcopy.or.jp)の許諾を得てください。